Angela Verse-Herrmann / Dieter Herrmann

Studieren, aber was?

Ein Ratgeber für Eltern & Schüler

Gut informiert entscheiden

STARK

Die Autoren

Dr. Angela Verse-Herrmann war mehrere Jahre Mitarbeiterin in der Zentralen Studienberatung der Universität Trier. Sie arbeitet als Autorin und Seminarleiterin im Bereich Stu-
dien- und Berufsplanung und als private Studienberaterin *(www.bw-dienste.de)*. Zahlreiche
Veröffentlichungen mit Dieter Herrmann, zuletzt: *1000 Wege nach dem Abitur. So entscheide
ich mich richtig; Erfolgreich bewerben an Hochschulen. So bekommen Sie Ihren Wunschstudienplatz;
Der große Studienwahltest. So entscheide ich mich für das richtige Studienfach.*

Dr. Dieter Herrmann war mehrere Jahre Studienberater für deutsche und ausländische
Studierende an der Universität Bonn. Er war Geschäftsführer einer Wissenschaftsorganisation.

Coverbild: Jekaterina Nikitina

© 2019 Stark Verlag GmbH
www.berufundkarriere.de
7. aktualisierte und überarbeitete Auflage

Inhalt

Einleitung

Liebe Leserin, lieber Leser,

jeder Autor stellt sich die Leserinnen und Leser vor, für die er sein Buch schreibt. Für dieses Buch sind das Schülerinnen und Schüler, die in den nächsten ein bis zwei Jahren ihr Abitur machen oder die Fachhochschulreife ablegen und die noch eine Reihe von Fragen haben. Oder deren Eltern, die Informationen für die Studien- und Berufswahl ihrer Kinder benötigen.

Sie sind sich vielleicht noch nicht sicher, ob Sie direkt studieren oder erst einmal eine berufliche Ausbildung machen wollen. Vielleicht haben Sie auch gehört, dass es seit einigen Jahren Kombinationsausbildungen gibt, in denen Sie parallel eine Lehre und ein Studium absolvieren können. Möglicherweise haben Sie sich bereits dafür entschieden zu studieren, sind sich jedoch noch nicht sicher, ob ein Studium an einer Fachhochschule oder an einer Universität das Richtige ist. Oder Sie wissen noch nicht genau, welches Studienfach Sie belegen wollen. Sie fragen sich womöglich, wie die Berufschancen später sein werden oder wie Sie ein Studium finanzieren können. Wenn einige dieser Punkte auf Sie zutreffen, werden Ihnen die folgenden Kapitel bei der Entscheidungsfindung weiterhelfen.

Damit Sie dieses Buch optimal nutzen können, möchten wir Ihnen einige Informationen zum Aufbau geben: Zunächst erfahren Sie, welche Möglichkeiten Ihnen das Abitur oder die Fachhochschulreife eröffnen. Sie können zwischen mindestens acht verschiedenen Wegen wählen. Sollten Sie nach der Lektüre des ersten Kapitels zu der Überzeugung gelangt sein, dass Sie studieren wollen, helfen wir Ihnen bei der Entscheidung, ob ein Universitäts- oder Fachhochschulstudium für Sie passender ist. Im nächsten Kapitel machen wir Sie mit den Studienmöglichkeiten an deutschen Hochschulen vertraut; auch hier gibt es wieder viele verschiedene Optionen.

Danach bekommen Sie 180 Studienfächer im Überblick vorgestellt. Wir geben Ihnen eine Anleitung, mit der Sie unter den vielen Möglichkeiten das für Sie optimale Studium herausfinden können. Sie erfahren, welche Fächerkombinationen und Abschlüsse möglich sind und wie Sie sich richtig entscheiden. Nachdem Sie Ihre Wahl getroffen haben, werden Sie wissen wollen, wie Sie an Ihren »Wunschstudienplatz«

herankommen. Natürlich spielt auch die Zukunft eine Rolle: Wir werfen einen Blick auf die beruflichen Chancen, die Sie nach Ihrem Studium einmal haben werden. Im Anschluss stellen wir Ihnen die beliebtesten Studienbereiche genauer vor. Und da Sie Ihr Studium ja irgendwie finanzieren müssen, erfahren Sie auch, wie Sie das bewerkstelligen können.

Zudem haben wir jede Menge Ansprechpartner für weitergehende Beratungsmöglichkeiten und die wichtigsten Internetangebote für Studieninteressenten zusammengestellt.

Die ersten sechs Ausgaben dieses Buches stießen auf sehr gute Resonanz. In dieser Neuausgabe haben wir sämtliche Informationen aktualisiert und alle neuen Entwicklungen aufgenommen. Neue Kapitel informieren etwa über das Triale Studium, Studienmöglichkeiten für Studieninteressenten ohne Abitur, aber mit beruflicher Qualifizierung, über Promotionsmöglichkeiten für Fachhochschulabsolventen und über den Berufseinstieg mit Bachelor- und Masterabschluss.

Die Angaben wurden gründlich zusammengetragen und geben den Stand Dezember 2018 wieder. Da sich im Bereich Ausbildung und Studium immer wieder schnelle Veränderungen ergeben, kann für die tagesaktuelle Vollständigkeit und Richtigkeit des Inhalts keine Gewähr übernommen werden. Die Autoren und der Verlag freuen sich über Erfahrungen und Anregungen. Schreiben Sie bitte an:

Dr. Dieter Herrmann und Dr. Angela Verse-Herrmann
E-Mail: *angela.verse@t-online.de*

Viel Spaß bei der Lektüre des Buches und einen erfolgreichen Start ins Studium wünschen Ihnen

Ihre Autoren

Studium und interessante Alternativen: Ausbildungsmöglichkeiten nach dem Abitur und der Fachhochschulreife

Das Abitur und die Fachhochschulreife bieten außer Studium und Berufsausbildung (Lehre) eine Reihe von Möglichkeiten – einige davon sind vielen gar nicht bekannt. Deshalb lautet der erste Schritt zur optimalen Entscheidung: in Erfahrung bringen, was überhaupt zur Auswahl steht.

Welche Ausbildungsmöglichkeiten gibt es überhaupt nach dem Abitur und wie lange dauern sie?

Studium	Dauer in Jahren durchschnittlich
• an Universitäten und Technischen Universitäten	3 – 3,5 Jahre in Studiengängen mit dem Abschluss Bachelor, 5 – 6 Jahre in Studiengängen mit den Abschlüssen Master (nach vorherigem Bachelor), Staatsexamen, Diplom, Magister Artium
• an Kunst-, Sport-, Musikhochschulen	4 – 6 Jahre mit Abschluss Bachelor, Master, Diplom, Meisterklassen-Zertifikat, Konzertexamen
• an Fachhochschulen (nennen sich jetzt überwiegend »Hochschulen«)	3,5 – 4 Jahre (ohne Vorpraktikum) in Studiengängen mit dem Abschluss Bachelor, 5 – 6 Jahre in Studiengängen mit Abschluss Master (nach vorherigem Bachelor)

Erläuterung:

An Universitäten und Fachhochschulen haben die Bachelor- und Masterstudiengänge eine unterschiedliche Dauer. An Universitäten und Technischen Universitäten sind Bachelorstudiengänge auf eine Studiendauer von drei Jahren angelegt, ein darauf aufbauender Masterstudiengang dauert zwei weitere Jahre. Somit müssen mindestens fünf Jahre Studienzeit veranschlagt werden.

An Fachhochschulen hingegen dauern Bachelorstudiengänge in der Regel dreieinhalb Jahre. Einige Fachhochschulen bieten auch dreijährige Studiengänge an, vereinzelt findet man zudem Bachelorstudiengänge mit vierjähriger Studienzeit. Auch bei den Masterstudiengängen an Fachhochschulen gibt es Unterschiede zu den Universitäten: Sie dauern häufig eineinhalb Jahre, können aber auch auf zwei Jahre angelegt sein. Ein kombiniertes Bachelor- und Masterstudium an Fachhochschulen dauert somit ebenfalls mindestens fünf Jahre.

Berufliche Ausbildung	Dauer in Jahren durchschnittlich
• in einem anerkannten Ausbildungsberuf	2,5 – 3,5
• an einer Berufsakademie	3
• im öffentlichen Dienst (gehobener Dienst)	3
• in einer Berufsfachschulausbildung	2 – 4

Die Fachhochschulreife bietet folgende Möglichkeiten:

Studium	Dauer in Jahren durchschnittlich
• an Fachhochschulen	3,5 – 4 Jahre (ohne Vorpraktikum) in Studiengängen mit dem Abschluss Bachelor, 5 – 6 Jahre in Studiengängen mit Abschluss Master (nach vorherigem Bachelor)
• an Kunst- und Musikhochschulen	4 – 6

Berufliche Ausbildung	Dauer in Jahren durchschnittlich
• in einem anerkannten Ausbildungsberuf	2,5 – 3,5
• an einer Berufsakademie (nur eingeschränkt)	3
• im öffentlichen Dienst (gehobener Dienst)	3
• in einer Berufsfachschulausbildung	2 – 4

Aus dieser Übersicht wird deutlich:

1. Abiturienten steht fast jede Ausbildung offen. Einzige Einschränkung: Es gibt keine Garantie, den Studien- oder Ausbildungsplatz sofort zu erhalten.

2. Mit dem Abitur kann man theoretisch an allen Hochschulen studieren, mit der Fachhochschulreife sind die Möglichkeiten eingeschränkt.

3. Bei den beruflichen Ausbildungen sind die Möglichkeiten mit Abitur und Fachhochschulreife praktisch gleich.

4. Es gibt neben dem Studium viele andere Optionen, eine berufliche Qualifikation für den Arbeitsmarkt zu erwerben. Diese möchten wir im Folgenden kurz erläutern.

Rund 350 Angebote: Betriebliche Ausbildungen

Fast alle Hauptschüler/-innen, die meisten, die die Schule mit einem Realschulabschluss verlassen, und etwa ein Drittel der Abiturienten eines Jahrgangs entscheiden sich für einen der rund 350 anerkannten Ausbildungsberufe.

Diese Berufsausbildungen laufen alle nach einem bestimmten Schema ab, das man »duales System« nennt. Das heißt, die praktische Ausbildung im Betrieb wechselt sich mit dem theoretischen Unterricht in der Berufsschule (ein bis zwei Tage pro Woche oder in entsprechenden Blöcken) ab. Das Verhältnis Praxis zu Theorie beträgt etwa drei Viertel zu einem Viertel. Die meisten Ausbildungen sind auf drei Jahre angelegt. Eine wichtige Information für Abiturienten: Für sie besteht die Möglichkeit einer Verkürzung auf zwei bis zweieinhalb Jahre, wenn die Leistungen im Betrieb und in der Berufsschule stimmen und der Ausbildungsbetrieb damit einverstanden ist.

Die Ausbildung endet mit einer Prüfung vor der Industrie- und Handelskammer oder vor der Handwerkskammer. Während der Ausbildung wird generell eine Ausbildungsvergütung gezahlt, die – von Beruf zu Beruf verschieden und ansteigend mit dem Ausbildungsjahr – zwischen 300 und 1 200 Euro brutto liegt. Die Praxis steht bei der betrieblichen Ausbildung eindeutig im Vordergrund.

Interessant ist eine betriebliche Ausbildung also für all diejenigen, die einen möglichst raschen Berufseinstieg und damit schnelle finanzielle Unabhängigkeit sowie einen großen Praxisanteil in der Ausbildung anstreben. Die Bewerbung um einen Ausbildungsplatz beginnt spätestens ein Jahr vor dem Abitur oder der Fachhochschulreife. Vor allem bei großen Unternehmen (u. a. bei Banken und Versicherungen) sollte man sich etwa eineinhalb Jahre vor Ausbildungsbeginn (1. August / 1. September eines Jahres) bewerben.

Die Betriebe wählen ihre Auszubildenden anhand der eingereichten Bewerbungsunterlagen aus. Ob man zum Vorstellungsgespräch eingeladen wird, hängt vom letzten Schulzeugnis, vom Gesamteindruck der Bewerbung und von den Noten in den Fächern ab, die für die Ausbildung wichtig sind. Da es sich in der Regel um die erste Bewerbung handelt, sollte man ausreichend Zeit für das sorgfältige Erstellen der Unterlagen einplanen. Eine schlampige, fehlerhafte Bewerbung kann nicht durch noch so gute Schulnoten kompensiert werden. Personalverantwortliche legen auf komplette und ordentliche Bewerbungsunterlagen besonderen Wert.

Literaturtipp: Die Ratgeber von Jürgen Hesse und Hans Christian Schrader zur Bewerbung und zum Vorstellungsgespräch, vor allem *Bewerbungsunterlagen erstellen für die Ausbildungsplatzsuche. Kommentierte Unterlagen erfolgreicher Kandidaten* und *Die 100 wichtigsten Tipps für Ausbildungsplatzsuchende.*

Informationen zu den Ausbildungsberufen erhält man bei der Berufsberatung der Bundesagentur für Arbeit und in den Berufsinformationszentren (BIZ), in denen viele Materialien zu Lehrberufen zum Mitnehmen auslegen. Auch in der Berufe-Datenbank der Bundesagentur unter *www.berufenet.arbeitsagentur.de* werden Ausbildungsberufe sehr gut beschrieben. Die Recherche nach freien Ausbildungsstellen können Sie entweder über die »Jobbörse« der Arbeitsagentur unter *www.arbeitsagentur.de* durchführen oder Sie suchen branchenspezifisch, etwa unter *www.autoberufe.de* oder *www.it-berufe.de.* Weitere gute Recherchemöglichkeiten bieten die Lehrstellenbörse der Industrie- und Handelskammern unter *www.ihk-lehrstellenboerse.de,* die Websites der jeweiligen Handwerkskammern und die Angebote unter *www.meinestadt.de.*

Außerdem ist es sinnvoll, sich auf der Homepage von Unternehmen das Lehrstellenangebot anzusehen und bei infrage kommenden Betrieben direkt nachzufragen.

Eine Vielzahl von Unternehmen bietet ihren Auszubildenden während der Lehre die Möglichkeit, zusätzliches betriebswirtschaftliches Wissen zu erwerben, ebenso weitere Fremdsprachen- und IT-Kenntnisse, und auch Auslandsaufenthalte bei ausländischen Niederlassungen. Die Datenbank unter *www.ausbildungplus.de* (Rubrik »Datenbanken«, dann »Zusatzqualifikationen«) gibt einen sehr guten Überblick über diese Ausbildungsangebote.

Kaderschmieden der Unternehmen: Berufs- und Wirtschaftsakademien und die Dualen Hochschulen Baden-Württemberg (DHBW) und Gera-Eisenach (DHGE)

Ebenfalls dem dualen Ausbildungssystem zuzurechnen ist die Ausbildung an einer Berufsakademie (BA, auch Wirtschaftsakademie, abgekürzt WA). Berufsakademien gibt es derzeit in Berlin, Hamburg, Hessen, Mecklenburg-Vorpommern, Niedersachsen, im Saarland, in Sachsen und in Schleswig-Holstein. Die Ausbildungsregelungen und die angebotenen Fächer variieren von Standort zu Standort. Die Fächer umfassen den technischen Bereich (Elektrotechnik, Informatik, Maschinenbau, Mechatronik, Kunststofftechnik, Medizintechnik, Versorgungs- und Umwelttechnik u.Ä.), Wirtschaft (z.B. Bankwirtschaft, Handelsmanagement, Spedition/Transport/Verkehr/Logistik, Steuern und Prüfungswesen, Tourismuswirtschaft) und an einigen Berufsakademien Gesundheit/Pflege und Sozialwesen. Während der gesamten drei- oder (seltener) dreieinhalbjährigen Ausbildung stehen die Auszubildenden in einem vertraglichen Ausbildungsverhältnis mit einem Betrieb (an den folglich auch die Bewerbung zu richten ist) oder mit einer Gesundheits- oder Sozialeinrichtung. Die Ausbildung erfordert Abitur oder (weniger häufig) Fachhochschulreife und gute Noten. Sie führt, je nach Studienrichtung, üblicherweise zum Bachelor of Arts (B. A.), Bachelor of Engineering (B. Eng.) oder Bachelor of Science (B. Sc.), nur noch wenige Berufsakademien vergeben das Diplom (BA).

Das Land Baden-Württemberg hat 2009 seinen acht Berufsakademien den Hochschulstatus zuerkannt und sie in der »Dualen Hochschule Baden-Württemberg« zusammengefasst. Ihre Abschlüsse sind akademische Grade, die ein Weiterstudium an in- und ausländischen Hochschulen ermöglichen. 2016 wurden im Bundesland Thüringen auch die Berufsakademien Gera und Eisenach zur »Dualen Hochschule Gera-Eisenach« erhoben.

Es gibt in Deutschland zwei Systeme bei der Berufsakademie-Ausbildung: nacheinander und parallel. Nacheinander heißt, erst folgt die praktische Berufsausbildung, anschließend die Ausbildung an der Berufs- bzw. Wirtschaftsakademie. Das zweite System verbindet Blöcke im Betrieb und an der Berufsakademie im Wechsel. Hinter den Berufsakademien stehen in der Regel große Unternehmen, die sich auf diese Art und Weise ihren betrieblichen Führungsnachwuchs heranbilden.

Der Betrieb oder die Sozial- bzw. Gesundheitseinrichtung zahlt für die gesamten drei Jahre eine Ausbildungsvergütung (zwischen 600 und 1 200 Euro pro Monat, mit jedem Ausbildungsjahr ansteigend), also auch während der Studienphasen an der Berufsakademie, die man sich wie eine kleine Hochschule vorstellen kann (mit Bibliothek, Mensa, Wohnheimzimmern usw.).

Die Ausbildung an einer Berufsakademie ist für viele Abiturienten eine interessante Alternative zum reinen Studium: zügig, praxisnah, bei Personalverantwortlichen in gutem Ansehen und zudem noch bezahlt.

Weitere Informationen zu Ausbildungen an einer Berufsakademie geben die Arbeitsagenturen sowie das Kapitel »Berufsakademien« in der Veröffentlichung *Studien- und Berufswahl*, die kostenlos über die Schulen verteilt wird. Im Internet bietet sich die Seite *www.ausbildungplus.de* zur weiterführenden Recherche an. Alle Standorte der Dualen Hochschule Baden-Württemberg sind unter *www.dhbw.de* zu finden, die Hochschule Gera-Eisenach mit ihren zwei Standorten unter *www.dhge.de*.

Auf der Homepage einer Berufsakademie bzw. einer Abteilung der zwei Dualen Hochschulen sind für die jeweiligen Studienrichtungen Übersichten der ausbildenden Betriebe zu finden. Die Bewerbungen sind dann nicht an die Berufsakademie oder die Abteilung einer Dualen Hochschule, sondern direkt an die Betriebe zu richten.

Auch hier gilt, was für alle Bewerbungen um einen Ausbildungsplatz Gültigkeit hat: Auf die gute Bewerbung kommt es an. Mindestens ein Jahr vor dem Abitur sollte man sich bewerben und eineinhalb Jahre vorher Informationen einholen.

Dienst beim Staat: Diplom-Verwaltungswirt /-in

Auch der Staat bietet besondere Ausbildungen für Abiturienten und für Personen mit Fachhochschulreife an, die sogenannte gehobene Laufbahn. Die Ausbildung dauert drei Jahre und ist eingeteilt in die praktische Berufsausbildung in der Behörde und den Theorieunterricht. Bei der gehobenen Laufbahn wird anstelle des regelmäßigen Theorieunterrichts ein in der Regel eineinhalbjähriges fachbezogenes Studium an einer Fachhochschule des Bundes oder eines Bundeslandes für öffentliche Verwaltung (FHöV) absolviert. Wie bei der Ausbildung an einer Berufsakademie erhalten die Auszubildenden während der gesamten Zeit eine Ausbildungsvergütung (etwa

800–900 Euro). Am Ende der Ausbildung werden nach bestandener Laufbahnprüfung ein staatliches Zeugnis und ein Diplom zum/zur Diplom-Verwaltungswirt/-in oder ein Bachelor of Public Administration verliehen. Einige Bundesländer lassen für Teilbereiche der Verwaltung auch an »normalen« Fachhochschulen – statt an einer Fachhochschule für öffentliche Verwaltung – ausbilden.

Die meisten Ausbildungen im Staatsdienst sind Verwaltungsausbildungen, die dazu qualifizieren, später in einer Behörde (mit entsprechenden Aufstiegsmöglichkeiten) zu arbeiten. Man spricht deshalb auch vom nichttechnischen Dienst. Darüber hinaus gibt es – allerdings etwas seltener – auch einige technische Ausbildungen.

Für den gehobenen Dienst bilden verschiedenste Behörden aus: städtische Behörden, Kreisbehörden, Landesbehörden und Bundesbehörden. Die Ausbildungsplätze werden auf der Homepage der jeweiligen Einrichtung und in Tageszeitungen ausgeschrieben oder sind den Arbeitsagenturen bekannt.

Interessenten lesen am besten die Informationen zu den Ausbildungen auf der Homepage der jeweiligen Behörde. Ausschreibungen können entweder über die Homepage einer Behörde oder auch sehr gut über das Portal *www.bund.de* recherchiert werden (Pfad »Stellenangebote«, dann »Ausbildung & Studium«).

Interessant, doch nicht immer gratis: Berufsfachschulen

Für einige Berufe gibt es keine Lehre und auch kein Studienfach. Für solche Berufe wird an Berufsfachschulen ausgebildet. Hierzu gehören vor allem verschiedene Assistentenberufe in der Medizin, therapeutische Berufe, der Beruf des Heilpraktikers, Assistententätigkeiten im Hotel-, Gaststätten- und Fremdenverkehrsgewerbe, Fremdsprachenausbildungen (Europasekretär/-in, Fremdsprachenkorrespondent/-in) und diverse Schönheitsberufe.

Staatliche Berufsfachschulen verlangen normalerweise keine Ausbildungsgebühren, allenfalls müssen Arbeitsbekleidung oder Lernmittel selbst beschafft werden. Bei den privaten Berufsfachschulen fallen Ausbildungskosten an. Alles, was die Berufsfachschule nicht selbst zur Verfügung stellt, muss auf eigene Kosten angeschafft werden. Auch für ihre Krankenversicherung sind die Teilnehmenden selbst zuständig.

Für die gesamte Ausbildungsdauer (einschließlich Prüfungsgebühren) sollten zwischen 5 000 und 20 000 Euro veranschlagt werden. Bei einer Ausbildung in staatlich anerkannten Ausbildungsberufen kann eine Unterstützung nach dem Bundesausbildungsförderungsgesetz (BAföG) beantragt werden.

Weitere Informationen zu Berufsfachschulen sind bei den Berufsinformationszentren und auf der Homepage der Bundesagentur für Arbeit *(www.arbeitsagentur.de)* erhältlich. Wer unter *www.berufenet.arbeitsagentur.de* einen Beruf aufruft, bekommt im Menü die Option, zu den jeweils ausbildenden Schulen zu gelangen (Pfad »Perspektiven«, dann »Ausbildungsangebote«). Alternativ kann auf der Arbeitsagentur-Homepage *www.arbeitsagentur.de* direkt die Datenbank »KURSNET« für die Recherche verwendet werden.

Kombination von Ausbildung und Studium: Duale Studiengänge

In den vergangenen Jahren hat sich die Tendenz, Ausbildung und Studium zu verzahnen, noch verstärkt. Eine Reihe von Betrieben arbeitet mit Fachhochschulen und – seltener – auch mit Universitäten zusammen und bietet kombinierte Ausbildungs- und Studiengänge an. Solche Kombiausbildungen, auch **duale Studiengänge** oder **ausbildungsintegrierte Studiengänge** genannt, umfassen vor allem die Bereiche Wirtschaft, Ingenieurwesen / Informatik und Studiengänge für den Bereich Gesundheit und Pflege. Besonderheiten sind etwa Angebote für Landwirtschaft (Universität Kassel, TH Bingen, Hochschule für angewandte Wissenschaften Weihenstephan-Triesdorf, Standort Freising), für Weinbau und Önologie (etwa Hochschule Geisenheim University, TH Bingen, HS Ludwigshafen, Standort Neustadt an der Weinstraße) oder Sportmanagement (HS Koblenz, Standort Remagen).

Es gibt sehr unterschiedliche Modelle, aber das zugrundeliegende System ist meist ähnlich: Ein Unternehmen schließt einen Vertrag mit einer Hochschule, in der Regel einer Fachhochschule vor Ort. Häufig sind auch mehrere Betriebe an einer solchen Kooperation beteiligt. Der Betrieb übernimmt die praktische Ausbildung oder stellt Praktikumsplätze zur Verfügung; ein technischer oder betriebswirtschaftlicher Fachbereich der Hochschule übernimmt den theoretischen Teil, also das Studium. Es erfolgt eine Verzahnung der Ausbildungsinhalte, und die Ausbildungsdauer wird festgelegt. Anschließend werden Ausbildungsverträge abgeschlossen, die auch die Ausbildungsvergütung oder Praktikumsbezahlung regeln. Gleichzeitig sieht der Vertrag eine Immatrikulation an der Hochschule vor – entweder mit Ausbildungsbeginn oder zu einem späteren Zeitpunkt. Sind in einem dualen Studiengang statt des Abschlusses eines Ausbildungsberufes längere Praxisphasen vorgesehen, spricht man von »praxisintegrierten Studiengängen«.

Je nach Bundesland und örtlichen Besonderheiten gibt es verschiedene Modelle, nach denen der duale Studiengang aufgebaut ist, etwa Lehre und Studium parallel oder erst Lehre und anschließend Einstieg in das Studium. Die Ausbildungsdauer beträgt in der Regel – einschließlich der beiden Abschlüsse – dreieinhalb bis viereinhalb Jahre.

Die dualen Studiengänge an Fachhochschulen und Universitäten können in den Datenbanken unter *www.studienwahl.de* und *www.hochschulkompass.de* recherchiert werden:

- Bei *www.studienwahl.de* geht man in die Datenbank »FINDER« (*www.studienwahl.de/de/studieren/finder.htm*) und wählt unter »Studienform« im Scroll-Menü »Dual: Ausbildungsintegriert (Studium + Lehre)« und / oder »Dual: Praxisintegrierendes Studium«.

- Bei *www.hochschulkompass.de* recherchiert man unter »Studiengangssuche«, dann unter »Erweiterte Suche« und wählt in der Datenbank unter »Studiengangsmerkmal« »ausbildungsintegrierend«.

- Für Bayern sind die dualen Studiengänge an Fachhochschulen sehr gut unter *www.hochschule-dual.de* recherchierbar.

Recht neu sind duale Masterstudiengänge, die sich sowohl an duale als auch an nicht duale Bachelorabsolventen richten. Sie sind auf drei bis vier Semester angelegt, die Hälfte der vorgesehenen Regelstudienzeit wird im Unternehmen verbracht. Diese Masterstudienangebote können auch in Teilzeit absolviert werden.

Das Triale Studium – drei Abschlüsse für Handwerker / -innen

Das Duale Studium verbindet eine Berufsausbildung oder längere praktische Phasen in einem Unternehmen mit einem dazu passenden Studium. Es wechseln sich also Praxis im Betrieb und Theorie an der Fachhochschule oder der Universität ab, sodass nach etwa dreieinhalb bis viereinhalb Jahren zwei Abschlüsse erworben werden können – der Abschluss entweder in kaufmännischen, technischen oder IT-Berufen, im Handwerk oder im Gesundheits- und Sozialwesen und der Bachelor einer Fachhochschule oder einer Universität.

Recht neu und auf Handwerksberufe beschränkt ist das Triale Studium. Vereinfacht ausgedrückt, verbindet eine solche »Turboausbildung« in etwa fünf Jahren drei Abschlüsse: den Gesellenbrief in einem handwerklichen Beruf, den Bachelor an einer Fachhochschule sowie den Besuch einer Meisterschule mit dem Abschluss eines Handwerksmeisters / einer Handwerksmeisterin. Das Ganze ist in etwa fünf Jahren zu bewältigen. Wollte man die drei Ausbildungen nacheinander absolvieren, würde man bis zu neun Jahre brauchen (drei Jahre Berufsausbildung, drei bis vier Jahre Studium, zwei Jahre Meisterschule). Bei diesem Ausbildungsmodell ist auch der »Quereinstieg« für Interessenten mit abgeschlossener Handwerkslehre möglich, die dann das Bachelorstudium und die Meisterweiterbildung absolvieren.

Den Ablauf kann man sich in etwa so vorstellen: Die Ausbildung in einem Handwerksberuf wird auf etwa zweieinhalb Jahre verkürzt. Während der Ausbildung werden Lehrveranstaltungen an einer Fachhochschule besucht. Nach dem Berufsabschluss erfolgt ein intensives Weiterstudium an der Hochschule. Als Letztes folgen Bachelorarbeit und Besuch der Meisterschule mit abschließender Meisterprüfung.

Derzeit können Interessenten ein »Triales Studium Handwerksmanagement« an der Hochschule Niederrhein (am Standort Mönchengladbach) und der Fachhochschule des Mittelstandes (an den Standorten Köln, Hannover, Schwerin) aufnehmen. Folgende Berufe werden einbezogen: Augenoptiker, Bäcker, Dachdecker, Elektrotechniker, Feinmechaniker, Fliesenleger, Friseur, Informationstechniker, Anlagenmechaniker, Karosseriebauer, Kraftfahrzeugtechniker, Konditor, Maler und Lackierer, Maurer und Betonbauer, Metallbauer, Straßenbauer, Tischler, Zahntechniker, Zweiradmechaniker.

So wie das Duale Studium vor etwa 20 Jahren ebenfalls mit kleinen Schritten begann, ist auch beim Trialen Studium mit einer Ausweitung in den nächsten Jahren zu rechnen, denn die Vorteile liegen klar auf der Hand: Dreifachabschluss für künftige Führungskräfte in einem überschaubaren Zeitraum, die fernab von Problemen bei der Studienfinanzierung diese Qualifikationen erwerben können.

Allerdings hat dieses Modell auch seine Schattenseiten: Es ist extrem arbeitsintensiv. Deshalb ist es besonders geeignet für Abiturienten, die sehr leistungsorientiert sind und sich neben einer durchaus stressigen Berufsausbildung auch vorstellen können, über einen Zeitraum von etwa zweieinhalb Jahren – den ersten der Ausbildung – abends zu studieren und die ihre Ausbildung auch sehr selbstdiszipliniert gestalten können.

Wer Interesse an einer solchen Dreifach-Qualifikation hat, sollte sich an die jeweilige Handwerkskammer wenden, um nachzufragen, ob ein solches Triales Studium bereits angeboten wird oder sich in Planung befindet.

Weitere Informationen unter: *https://www.hs-niederrhein.de/services/studieninteressierte/studienangebot/studiengang/b-a-handwerksmanagement-betriebswirtschaftslehre* und *http://www.fh-mittelstand.de/handwerksmanagement*

Groß im Angebot, doch teilweise überlaufen: Das Studium an der wissenschaftlichen Hochschule

Das Studium an einer wissenschaftlichen Hochschule, worunter man Universitäten, Technische Universitäten, Kunst- und Musikhochschulen, Pädagogische Hochschulen, die Sporthochschule, Kirchliche und Theologische Hochschulen usw. versteht, zeichnet sich u. a. durch ein deutliches Übergewicht der theoretischen Ausbildung aus. Auch sind weniger externe Praktika vorgeschrieben als an Fachhochschulen. Ein großer Vorteil liegt aber in der Breite des Fächerangebotes und damit auch in der Möglichkeit, sich umfassend zu bilden.

Ein Studium an einer wissenschaftlichen Hochschule schließt man üblicherweise, je nach Fach, mit einem Bachelor, einem auf den Bachelor aufbauenden Master oder einem Staatsexamen ab. Darauf aufbauend besteht die Möglichkeit zur Promotion, dem Erwerb eines Doktorgrades.

Die Bewerbung erfolgt für die medizinischen Fächer und Pharmazie bei der Stiftung für Hochschulzulassung unter *www.hochschulstart.de*, ansonsten direkt bei der Universität. Bei mehreren hundert zulassungsbeschränkten Studiengängen an Universitäten, aber auch an Fachhochschulen, muss das Dialogorientierte Serviceverfahren von *hochschulstart.de* einbezogen werden (s. hierzu *www.hochschulstart.de/dosv* und auf S. 99 f.).

Praxisorientiert: Das Fachhochschulstudium

Die Fachhochschulen wurden Anfang der 1970er-Jahre mit dem Ziel eingerichtet, Personen mit einem mittleren Bildungsabschluss und praktischer Berufserfahrung ein kurzes berufsbezogenes Studium zu ermöglichen. Inzwischen werden von den insgesamt 2,9 Mio. Studierenden rund 1 Mio. Personen an Fachhochschulen ausgebildet. In den letzten Jahren haben sich viele Fachhochschulen umbenannt und heißen jetzt »Hochschule«, »Technische Hochschule«, »Hochschule für angewandte Wissenschaften« oder »University of Applied Sciences«.

Das Fächerangebot umfasst die folgenden Bereiche: Ingenieurwesen, Wirtschaft, Architektur und Innenarchitektur, Sozialwesen, Pflegestudiengänge, einige weitere Gesundheitsstudiengänge wie Physiotherapie, Ergotherapie, Logopädie, Hebammenkunde, Übersetzen und Dolmetschen, Land- und Forstwirtschaft, Gestaltung und Design. Voraussetzung für ein Studium an einer Fachhochschule ist die Fachhochschulreife oder die allgemeine Hochschulreife. Die meisten Studienfächer erfordern ein einschlägiges Praktikum von einigen Wochen oder Monaten, meistens vor dem Studium. Den Abschluss des Studiums bildet der Bachelorgrad. An den Bachelor kann ein vertiefendes oder spezialisiertes Masterstudium angeschlossen werden.

Bewerbungen für einen FH-Studienplatz erfolgen direkt bei der Fachhochschule, bei mehreren hundert zulassungsbeschränkten Studiengängen muss das Dialogorientierte Serviceverfahren von *hochschulstart.de* einbezogen werden (s. hierzu *www. hochschulstart.de/dosv* und auf S. 99 f.). Faustregel: Bewerbung etwa vier bis fünf Monate vor dem beabsichtigten Studienbeginn, der entweder zum 1. September oder (gilt nur für einige Fächer) auch zum 1. März erfolgt. Wer ein gestalterisches Fach studieren möchte, sollte mindestens eineinhalb Jahre vorher mit der Fachhochschule Kontakt aufnehmen, um ausreichend Zeit für die Anfertigung einer Mappe zu haben.

Informationen zum Studienangebot bieten die jeweiligen Homepages der Fachhochschulen sowie die Studienberatungen vor Ort, die im persönlichen Beratungsgespräch weiterhelfen. In den Datenbanken der Studiengänge unter *www.studienwahl.de* und *www.hochschulkompass.de* kann in der Suchmaske direkt unter der Hochschulart »Fachhochschule« recherchiert werden.

Schwierige Entscheidung: Universitäts- oder Fachhochschulstudium?

Es gibt viele Studienfächer, die man sowohl an Fachhochschulen als auch an Universitäten studieren kann. Um die Frage zu beantworten, ob man ein Fach besser an einer Universität oder an einer Fachhochschule studieren sollte, sehen wir uns zunächst die Kennzeichen beider Hochschularten genauer an.

Kennzeichen eines Universitäts- studiums	Kennzeichen eines Fachhochschul- studiums
eher theoriebezogenes Studium	eher auf (praktische) Anwendung bezo-genes Studium
Ausrichtung auf wissenschaftliches Arbeiten und Forschung	Forschung ist keine zentrale Aufgabe
viele Studierende, an einigen Universitäten Massenaus-bildung	etwas weniger Studierende, bessere individuelle Betreuung
Studiendauer ca. 5 – 6 Jahre Ausnahme: Man strebt nur einen Bache-lor-Abschluss (Dauer: 3 – 3,5 Jahre) an. Wer noch eine Doktorarbeit schreibt, muss weitere 2 – 4 Jahre einplanen.	Dauer ca. 3,5 – 4 Jahre mit einem Bachelor-Abschluss, ca. 5 – 6 Jahre mit einem zusätzlichen Master-Abschluss
späterer Einstieg ins Berufsleben (durch Studiendauer bedingt)	früherer Eintritt ins Berufsleben
breites Fächerangebot, mehr Kombinationsmöglichkeiten	begrenztes Angebot von Fächern, dafür größere Spezialisierung
Berufseinstieg schwerer	Berufseinstieg in der Regel leichter
Möglichkeit zur Doktorarbeit	keine Promotionsmöglichkeit, nur möglich bei anschließendem Wechsel an die Universität (Ausnahmen: die sogenannte »kooperative Promotion« und das zeitlich befristete Promotions-recht an hessischen Fachhochschulen, s. S. 72 ff.)
Ausbildung eher für höhere Positionen	Berufseinstieg eher in mittleren Positionen

Demnach ist keine der beiden Hochschularten besser als die andere. Es handelt sich einfach um zwei verschiedene Systeme mit unterschiedlichen Zielen und Aufgaben. Deshalb kann nur jede/-r für sich die Frage beantworten, ob ein Fachhochschulstudium oder ein Universitätsstudium sinnvoller ist.

Folgende Überlegungen können dabei helfen:

- Bin ich eher an theoretischen Fragen oder mehr an der praktischen Bewältigung von Aufgaben interessiert?
- Halte ich mich eher für einen Generalisten und Analytiker oder bin ich mehr ein Spezialist?
- Kann ich mir vorstellen, in einer Massenuniversität zurechtzukommen, oder brauche ich ein überschaubares Ausbildungssystem?
- Möchte ich evtl. eine Doktorarbeit schreiben (dauert weitere zwei bis vier Jahre) oder ist das für mich nebensächlich?
- Möchte ich mein Studium eher breit anlegen oder mich bereits früh spezialisieren?
- Welche Rolle spielen Geld und Karriere in meinem Leben?
- Strebe ich später Führungspositionen an oder kann ich mir auch vorstellen, in mittleren Positionen mit Zufriedenheit zu arbeiten?

Wer jeweils den Anfangsteil der Fragesätze für sich bejaht, lässt eine klare Präferenz für ein Universitätsstudium erkennen. Wer eher dem zweiten Teil der Fragesätze zustimmt, bringt bessere Voraussetzungen für ein Fachhochschulstudium mit. Diejenigen, bei denen sich die zustimmenden Antworten auf beide Fragenteile in etwa die Waage halten, sollten sich Universität und Fachhochschule einmal näher anschauen, um sich vor Ort einen besseren Einblick zu verschaffen.

Allen, die es noch genauer wissen wollen, empfehlen wir Angela Verse-Herrmann, Dieter Herrmann: *Der große Studienwahltest* (Stark Verlag), in dem Sie u. a. einen Extratest für Abiturienten finden, der Ihnen die Wahl zwischen Universitäts- und Fachhochschulstudium erleichtern kann. Wer noch gänzlich unsicher ist, ob er / sie nach dem Abitur ein Studium oder eine Ausbildung beginnen soll, oder wer sich Anregungen wünscht, wie man die Zeit zwischen Schule und Studium sinnvoll überbrücken kann, findet viele wichtige Infos in *1000 Wege nach dem Abitur. So entscheide ich mich richtig* von Angela Verse-Herrmann und Dieter Herrmann (Stark Verlag).

Welche Studienmöglichkeiten bieten die Hochschulen?

Die Hochschulen in Deutschland sind Einrichtungen der Bundesländer. Jedes Bundesland ist für den Bau, die Erhaltung und Finanzierung seiner Hochschulen selbst zuständig. Demnach bestimmt auch jedes Bundesland allein, wie viele Hochschulen es benötigt, welche Studienfächer eingerichtet werden und welche Schwerpunkte die einzelnen Fächer haben.

Insgesamt studieren derzeit rund 2,8 Mio. Menschen an den etwa 450 staatlichen und privaten deutschen Hochschulen. Sie werden von ca. 47 000 Professoren sowie wissenschaftlichen und nichtwissenschaftlichen Mitarbeitern ausgebildet. Abgesehen von den Unterschieden zwischen den einzelnen Bundesländern, lassen sich anhand der nachfolgenden Übersicht drei Hochschultypen unterscheiden: wissenschaftliche Hochschulen, Fachhochschulen und Hochschulen für künstlerische Studienfächer.

Innerhalb der Gruppe der **Wissenschaftlichen Hochschulen** kann man unterscheiden zwischen:

- Universitäten
- Technischen Universitäten
- Kirchlichen und Theologischen Hochschulen
- Pädagogischen Hochschulen (nur in Baden-Württemberg)
- Universitäten der Bundeswehr
- der Deutschen Sporthochschule und
- weiteren Spezialhochschulen

Innerhalb der Gruppe **Fachhochschulen** gibt es:

- die allgemeinen staatlichen Fachhochschulen
- die kirchlichen Fachhochschulen und
- besondere Fachhochschulen

Bei der Gruppe **Künstlerische Hochschulen** lässt sich am einfachsten eine Unterscheidung nach Hochschulen für Kunst und Hochschulen für Musik treffen.

Der Begriff »wissenschaftliche Hochschule« bedeutet, dass dort in erster Linie mit wissenschaftlichen Methoden und auf theoretischer Grundlage ausgebildet wird. Die Fachhochschulen bilden fachbezogen und anwendungsorientiert für einen bestimmten Berufsbereich aus. Die künstlerischen Hochschulen bieten berufsbezogene Studiengänge an, für die eine besondere Begabung erforderlich ist.

Es gibt noch eine zunehmend wichtige Unterscheidung: **staatliche Hochschulen** und **private Hochschulen**. Die erstgenannten befinden sich in der Trägerschaft des Staates und verlangen keine Studiengebühren. Auch die privaten Hochschulen stehen unter staatlicher Aufsicht, verlangen aber (zum Teil erhebliche) Studien- und Prüfungsgebühren (s. S. 30 ff.).

Die Alma Mater: Studium an Universitäten

An Universitäten (auch Alma Mater = nährende Mutter genannt) und Technischen Universitäten wird in einem fünf- bis sechsjährigen Studium theoretisches Fach- und Sachwissen auf der Grundlage wissenschaftlicher Methoden und Arbeitsweisen vermittelt. Kürzer ist das Studium nur für diejenigen, die mit einem Bachelorgrad abschließen und danach keinen Masterstudiengang belegen. Für ein universitäres Bachelorstudium sind drei Jahre Studienzeit (sechs Semester) vorgesehen.

Wird ein Bachelorstudium durch einen zweijährigen Masterstudiengang vertieft oder interdisziplinär erweitert, kommt man auf mindestens fünf Jahre Studienzeit. Auch die Staatsexamensstudiengänge sind auf fünf Jahre angelegt, ebenso noch einige wenige Magister- und Diplomstudiengänge.

Die Inhalte des Studiums orientieren sich nicht in erster Linie an den Erfordernissen späterer Berufe. Sie sollen zwar auch Praxis- und Berufswissen vermitteln, aber häufig nicht auf einen bestimmten Beruf hin ausbilden. Von wenigen Ausnahmen abgesehen, wird mit dem Universitätsabschluss keine Berufsbezeichnung vergeben, sondern ein akademischer Grad (Titel) verliehen.

Es gibt in Deutschland rund 70 Universitäten / Technische Universitäten, an denen derzeit etwa 1,8 Mio. Studierende eingeschrieben sind. Sie sind mit z. T. über 50 000 Studierenden die größten Hochschulen und bilden knapp 60 Prozent aller Hochschulabsolventen aus.

Die Universitäten und Technischen Universitäten haben das größte Fächerangebot. Wir finden hier die Gruppe der Sprach-, Literatur- und Kulturwissenschaften, theologische Fächer, die Naturwissenschaften, die Fächergruppe Agrar-, Forst- und Ernährungswissenschaften, Rechts-, Wirtschafts- und Gesellschaftswissenschaften, Medizin sowie Ingenieurwissenschaften. (Im nächsten Kapitel geht es um die Fächer im Einzelnen.)

Es gibt den Begriff »Universität« auf der einen und »Technische Universität« auf der anderen Seite. Der Unterschied ist einfach zu erklären: Die **Technischen Universitäten** haben ihren Schwerpunkt in den Ingenieurwissenschaften. Der zweite Schwerpunkt sind die Naturwissenschaften. Die übrigen Fächer sind entweder nicht oder nur am Rande vertreten.

Bei den **Universitäten** ist es genau umgekehrt. Hier finden wir die Ingenieurwissenschaften (auch technische Fächer genannt) entweder überhaupt nicht oder nur gering vertreten, während die anderen Fächergruppen dominieren.

Um an einer Universität zu studieren, braucht man das Abitur, die fachgebundene Hochschulreife oder eine Sonderprüfung. Die Fachhochschulreife reicht als Zulassungsvoraussetzung nicht aus.

Die Universitäten und Technischen Universitäten einschließlich Internetadressen finden Sie am Ende des Buches ab S. 180 (geordnet nach Hochschulorten in alphabetischer Reihenfolge).

Anwendungsorientiert studieren: Das Fachhochschulstudium

Nach den Universitäten werden an den Fachhochschulen die meisten Studierenden ausgebildet – derzeit sind es etwa 980 000.

Im Gegensatz zu den Universitäten, die es bereits seit dem Mittelalter gibt, entstanden die Fachhochschulen Anfang der 1970er-Jahre aus der Idee, Personen mit einem mittleren Bildungsabschluss und praktischer Berufserfahrung ein kurzes berufsbezogenes Studium zu ermöglichen.

Seither haben sich aber Universitäten und Fachhochschulen in ihren Strukturen immer mehr angenähert. Auch in Fachhochschulen wird mittlerweile (in begrenztem Umfang) geforscht, und an den Universitäten ist die Lehre stark in den Vordergrund getreten. Der wichtigste Unterschied ist nach wie vor die Ausrichtung auf Wissenschaft und Theorie an den Universitäten und auf die Anwendungsbezogenheit an den Fachhochschulen. Außerdem ist das Recht, Doktortitel zu verleihen, auf die wissenschaftlichen Hochschulen beschränkt. Viele Fachhochschulen nennen sich »Hochschule«, »Technische Hochschule« oder oder haben den Zusatz »University of Applied Sciences«, auf Deutsch »Hochschule für angewandte Wissenschaften«.

Voraussetzung für das Studium an Fachhochschulen ist entweder die allgemeine Hochschulreife oder die Fachhochschulreife. Eine weitere Voraussetzung ist bei vielen Studiengängen ein einschlägiges Praktikum vor dem Studium.

Das Studium besteht aus einem in der Regel drei- oder dreieinhalbjährigen Bachelorstudiengang. An einigen wenigen Hochschulen dauert das Bachelorstudium vier Jahre. Daran kann ein ca. eineinhalb- oder zweijähriges Masterstudium angeschlossen werden.

Das Fächerangebot der staatlichen Fachhochschulen umfasst die folgenden Bereiche: Ingenieurwesen, Wirtschaft, Sozialwesen, Pflege und einzelne weitere Gesundheitsstudiengänge, Land- und Forstwirtschaft und gestalterische Studiengänge. Im letztgenannten Bereich überschneiden sie sich mit dem Studienangebot der Kunsthochschulen.

Die **Fachhochschulen** und deren Internetadressen finden Sie am Ende des Buches ab S. 184 (alphabetische Auflistung nach Hochschulorten).

Kirchliche Fachhochschulen – es gibt sowohl evangelische als auch katholische – bieten in erster Linie Studienmöglichkeiten im Bereich Sozialwesen (Soziale Arbeit, Heilpädagogik), Gesundheit (Pflegemanagement, Pflegepädagogik, Hebammenkunde) und in Religionspädagogik sowie Diakoniewissenschaft an.

Die **Kirchlichen Hochschulen** einschließlich Internetadressen finden Sie ab S. 189.

Für künftige Lehrer /-innen: Pädagogische Hochschulen

Die Pädagogischen Hochschulen, die das Abitur voraussetzen, gibt es nur in Baden-Württemberg. Sie bilden Lehrer für Grund- und Hauptschulen sowie für Realschulen und Sonderschulen (Blinde, Gehörlose, geistig Behinderte, Lernbehinderte, Schwerhörige, Sehbehinderte, Sprachbehinderte) aus. In den anderen Bundesländern werden diese Ausbildungen von den Universitäten angeboten.

Die Pädagogischen Hochschulen sind eher kleine Hochschulen mit 1 000 bis 5 000 Studierenden. Sie bieten die üblichen Schulfächer, ferner allgemeine und spezielle Pädagogik (z. B. Sonderpädagogik) sowie mancherorts den Studiengang Erziehungswissenschaft an. Abschlüsse sind der Bachelor und Master of Education. Die **Pädagogischen Hochschulen** und ihre Internetadressen finden Sie auf S. 190.

Nicht nur für angehende Geistliche: Kirchliche und Theologische Hochschulen

Die Kirchlichen und Theologischen Hochschulen befinden sich entweder in der Trägerschaft einer Konfession (Kirchliche Hochschulen = Evangelische Kirche, Theologische Hochschulen = Katholische Kirche), oder sie haben ihre Fächer auf spätere kirchliche Tätigkeiten ausgerichtet. Sie bilden Theologen (Geistliche und Laientheologen) sowie Religionslehrer aus. Ihr Fächerangebot ist beschränkt auf Theologie, alte Sprachen (Hebräisch, Griechisch, Latein), Philosophie und Religionspädagogik. Hinzu kommen mancherorts einige Gesellschaftswissenschaften. Diese Hochschulen gehören mit einigen Hundert Studierenden zu den sehr kleinen Hochschulen.

Abschlüsse sind der Magister Theologiae (M. Theol.), der Bachelor und Master of Education (B. Ed., M. Ed.) und das Lizentiat (Lic. Theol.), um an Katholischen Hochschulen lehren zu dürfen.

Die **Kirchlichen und Theologischen Hochschulen** und ihre Internetadressen finden Sie ab S. 189.

Zutritt nur für Begabte: Kunst- und Musikhochschulen

Die Künstlerischen Hochschulen, zu denen Kunsthochschulen, Hochschulen für Film und Fernsehen, Hochschulen für Gestaltung und Musikhochschulen zählen, stehen nur Menschen offen, die eine besondere Begabung in einer Aufnahmeprüfung nachweisen können. Diese Hochschulen bilden den künstlerischen Nachwuchs aus. Bei hervorragender Begabung verzichten sie auf Abitur oder Fachhochschulreife. Insgesamt studieren an allen deutschen künstlerischen Hochschulen etwa 36 000 Personen.

Die Kunsthochschulen sind staatliche Hochschulen für die Ausbildung in den bildenden Künsten. Angeboten werden rein künstlerische Ausbildungen zum Maler, Grafiker oder Bildhauer (= Freie Kunst), Ausbildungen im Bereich Design / Gestaltung sowie für angehende Architekten oder Innenarchitekten (= Angewandte Kunst). Einige Kunsthochschulen bilden auch Kunsterzieher für Schulen aus.

Die Musikhochschulen haben das Ziel, den künstlerischen Nachwuchs für Theater, Oper, Operette, Konzerte, Musik- und Tanzschulen sowie Musiklehrer für den Schuldienst auszubilden. Im Einzelnen handelt es sich um künftige Chorsänger, Solosänger, Instrumentalmusiker, Kirchenmusiker, Dirigenten, Regisseure, Komponisten, Tonmeister, Schauspieler (nur an wenigen Musikhochschulen), Tänzer, Musikpädagogen (Privatmusiklehrer) und Musiklehrer für allgemeinbildende Schulen.

27

Das Studium an den Künstlerischen Hochschulen dauert zwischen dreieinhalb und viereinhalb Jahre und schließt mit einer künstlerischen Reifeprüfung oder dem Bachelor ab.

Die **Künstlerischen Hochschulen** finden Sie einschließlich Internetadressen ab S. 191.

Allrounder gefragt: Die Deutsche Sporthochschule

Zur Gruppe der wissenschaftlichen Hochschulen zählt auch die Sporthochschule. In Deutschland gibt es nur eine, nämlich die Deutsche Sporthochschule in Köln.

Um an der Sporthochschule zu studieren, muss man vielseitig sportlich begabt sein. Hier nehmen vor allem diejenigen ein Studium auf, die später als Trainer in Vereinen, in der Sportartikelindustrie, als Sporttherapeuten in Rehabilitationseinrichtungen, als Sportjournalisten sowie als Sportmanager in Vereinen arbeiten, Referententätigkeiten bei Sportverbänden, Bildungswerken, Krankenkassen u. Ä. ausüben oder Sportlehrer an allgemeinbildenden Schulen werden möchten. Bei der Lehramtsausbildung kooperiert die Sporthochschule mit der Universität zu Köln und der Universität Siegen, an der weitere Lehramtsstudiengänge belegt werden können.

Die Studienanfänger haben die Wahl zwischen Bachelor- und Masterangeboten für das Lehramt Sport an allen Schulformen und fünf sportwissenschaftlichen Bachelorstudiengängen. Hinzu kommen Masterstudienangebote und die Möglichkeit, eine Doktorarbeit zu schreiben.

Die Ausbildung an der Sporthochschule ist sowohl theoretisch als auch praktisch ausgerichtet. Voraussetzung für das Studium ist eine entsprechende Aufnahmeprüfung, in der die Bewerber / -innen für Mannschafts- und Individualsportarten ihre Eignung nachweisen.

Weitere Informationen: **Deutsche Sporthochschule Köln**, *www.dshs-koeln.de.*

Es geht auch von zu Hause aus: FernUniversität in Hagen und Fernhochschulen

Die FernUniversität in Hagen / Westfalen ist mit derzeit rund 73 000 Studierenden die größte Hochschule bundesweit. Fernuniversität bedeutet, dass man zu Hause studiert, alle Studienunterlagen per Post oder E-Mail zugeschickt bekommt oder sich von der Hochschulwebsite herunterlädt und die Betreuung und Kommunikation mit den Dozenten vor allem via Internet erfolgt. An dieser Hochschule studieren überwiegend Berufstätige. Es gibt aber dort auch »normale« Studierende, die auf diesem Weg ihrer Ausbildung nachgehen. Auch schreiben sich Abiturienten ein, um neben einer Lehre ein Studium zu absolvieren. Die Studierenden können sich ihr Lernpensum flexibel einteilen und an ihre jeweilige Arbeitsbelastung anpassen, das heißt, entweder in Vollzeit oder in Teilzeit studieren. Auch wer kein Abitur hat, kann unter bestimmten Voraussetzungen und über eine Zugangsprüfung ein Studium in Hagen aufnehmen.

Ganz ohne persönliche Betreuung und Gespräche mit Mitstudierenden geht es auch in Hagen nicht. Überall in Deutschland (und sogar in einigen ausländischen Städten) gibt es deshalb Studien- und Regionalzentren, wo die Studierenden beraten und durch Tutorenkurse fachlich betreut werden. In diesen Zentren finden auch die Klausuren und Prüfungen statt.

Gebühren werden für das von den Studierenden bezogene Studienmaterial erhoben, sie hängen also von der Anzahl der belegten Module und Kurse ab.

Weitere Informationen auf der Website der FernUniversität in Hagen: *www.fernuni-hagen.de.* Neben der **FernUniversität in Hagen** bieten mittlerweile auch einige staatliche und private Hochschulen Fernstudiengänge auf Fachhochschulniveau an (s. hierzu S. 194).

Student /-in in Uniform: Universitäten der Bundeswehr

Eine besondere Erwähnung finden zwei Universitäten, die Abiturienten allerdings nicht ohne Zusatzbedingung offenstehen. Dabei handelt es sich um die Universitäten der Bundeswehr in Hamburg (Helmut-Schmidt-Universität – Universität der Bundeswehr Hamburg) und München (Universität der Bundeswehr München). Deren Studierende sind Offiziere auf Zeit, die sich für mindestens dreizehn Jahre bei der Bundeswehr verpflichtet haben. Sie studieren wie andere Studenten in Vorlesungen, Übungen und Seminaren und im Bachelor-Master-Studienmodell.

Es gibt zwei weitere Unterschiede: Das Studienjahr besteht nicht aus Semestern, sondern aus Trimestern mit der Folge von weniger langen Semesterferien, die nicht selten für fachliche Weiterbildung oder für militärische Übungen genutzt werden. Die straffe Studienorganisation ermöglicht den Abschluss eines Bachelor- und Masterstudiums bereits nach vier Jahren (sieben Trimester für den Bachelor, fünf Trimester für den Master). Der zweite Unterschied ist die Studienfinanzierung. Die Studenten sind weder auf BAföG noch aufs Jobben angewiesen – während des Studiums wird ihnen das Offiziersgehalt gezahlt.

Die Universität der Bundeswehr in München bietet auch Fachhochschulstudiengänge an, die offen sind für Bundeswehrbedienstete mit Fachhochschulreife. Wer Sanitätsoffizier werden will, studiert Medizin oder Pharmazie an »normalen« Universitäten.

Zu den beiden **Hochschulen der Bundeswehr** und deren Studienangeboten siehe *www.hsu-hh.de* und *www.unibw.de*. Zur Arbeit bei der Bundeswehr informiert die Seite *www.bundeswehr-karriere.de*.

Sonstige Hochschulen

Neben den bisher genannten Hochschulen gibt es auch noch einige Spezialhoch-schulen. Die **Medizinische Hochschule Hannover** und die **Tierärztliche Hochschule Hannover** etwa bilden Ärzte, Zahnärzte oder Tierärzte aus und sind den Universitäten gleichgestellt. Weitere Spezialhochschulen bieten Studiengänge im Bereich der Wirtschafts- und Gesellschaftswissenschaften an. Diese Hochschulen einschließlich Internetadressen finden Sie ab S. 180.

Sogenannte **Fachhochschulen für öffentliche Verwaltung** können von Beamten im Bundes- oder Landesdienst besucht werden. Vergleiche hierzu das Kapitel »Dienst beim Staat« (ab S. 14).

Fein, aber teuer: Private Hochschulen

Zuerst zu den Zahlen und Fakten: Mittlerweile wird nahezu jede vierte Hochschule in Deutschland – das sind 120 von insgesamt 450 Hochschulen – in privater Trägerschaft geführt. An diesen privaten Hochschulen studieren derzeit etwa 210 000 der insgesamt 2,9 Millionen Studierenden an den deutschen Hochschulen. Bereits diese Zahlen lassen deutlich erkennen, dass private Hochschulen innerhalb des deutschen Hochschulsystems keine Nische mehr sind, sondern eine zunehmende Konkurrenz für die staatlich finanzierten Hochschulen in Deutschland.

Bevor man sich entscheidet, an einer staatlichen Universität oder Fachhochschule oder einer entsprechenden Einrichtung in privater Trägerschaft zu studieren, sollte man sich die **Vor- und Nachteile** etwas genauer anschauen.

Der größte Unterschied sind die Studiengebühren. Dass die Studierenden Studiengebühren zahlen, ist etwa in angelsächsischen Ländern seit Generationen üblich, in Deutschland aber nach wie vor die Ausnahme. Die Studierenden an den deutschen staatlichen Hochschulen zahlen keine Studiengebühren, sondern lediglich die Semesterbeiträge (s. hierzu S. 165 f.) oder es werden von Langzeitstudierenden Gebühren verlangt. Bei einer privaten Hochschule können im Jahr durchaus 12 000 Euro alleine für Studiengebühren anfallen, was bei einem dreijährigen Bachelorstudium rund 36 000 Euro und bei einem fünfjährigen kombinierten Bachelor- und Masterstudium mit bis zu 60 000 Euro zu Buche schlägt. Auch wenn es private Hochschulen gibt, die weniger oder erheblich weniger Studiengebühren verlangen, sollte man vor einer Entscheidung in Betracht ziehen, dass zusätzlich zu den Lebenshaltungskosten ein Betrag von einigen zehntausend Euro Studiengebühren miteinkalkuliert werden muss.

Der Vorteil von privaten Universitäten und Fachhochschulen ist, dass sie in aller Regel kleiner sind als vergleichbare staatliche Hochschulen, dass sie (nicht in allen Fällen) eine günstigere Relation zwischen der Zahl der Studierenden und der Zahl der betreuenden Hochschullehrer haben, dass dort zum Teil neue und innovative Studiengänge früher entstanden sind als an staatlichen Hochschulen und dass die Abbruchquoten im Studium bei den privaten Hochschulen bei lediglich acht Prozent lag, bei staatlichen Hochschulen aber 21 Prozent betrug. Ein weiterer Vorteil von privaten Hochschulen ist, dass sie zum Teil sehr passgenaue Angebote für Berufstätige oder für Teilzeitstudierende bieten. Die Zulassungsbedingungen für ein Studium an einer privaten Hochschule unterscheiden sich nicht wesentlich von denen an staatlichen Hochschulen. Voraussetzung sind auch hier üblicherweise das Abitur (dessen Ergebnis aber vielfach nicht die Bedeutung hat wie bei der Zulassung an den staatlichen Hochschulen), die Eignung für das Studium, nachzuweisen über die Bewerbung und/oder Aufnahmeprüfung und eine hohe Motivation für das angestrebte Studium, das heißt im Umkehrschluss, dass private Hochschulen nicht automatisch den Geldbeutel der künftigen Studierenden im Blick haben, sondern passgenaue Bewerber/-innen unabhängig von ihrem finanziellen Hintergrund suchen.

Auf der anderen Seite bieten die staatlichen Universitäten und Fachhochschulen ein Studium ohne Studiengebühren, sind in der Bevölkerung besser bekannt und bieten durchgängig anerkannte Abschlüsse für den Arbeitsmarkt.

Jetzt ist noch eine entscheidende Frage offen: Bieten die privaten Hochschulen bessere Einstiegsmöglichkeiten in den Beruf und bessere Aufstiegsmöglichkeiten im Beruf als die staatlichen?

Hierzu gibt es bisher noch wenig verlässliche Studien und deshalb ist, wohl wissend, dass manche Studienentscheidung für eine private Universität/Fachhochschule unter dem Gesichtspunkt der »Karriere« erfolgt, eine Empfehlung schwierig. Bei manchen privaten Hochschulen, die eng mit größeren Unternehmen kooperieren, ist wahrscheinlich der Einstieg dort einfacher. Umgekehrt hat aber die Mehrzahl der

Personalentscheider in Unternehmen oder staatlichen Institutionen nicht an einer privaten, sondern an einer staatlichen Hochschule studiert und favorisiert eher den Weg, den sie selbst genommen hat. Und außerdem, das weiß man aus vielen Untersuchungen und Studien, ist es bei der Auswahl von Bewerbern nicht das entscheidende Kriterium, an welcher Hochschule jemand studiert und sein Examen gemacht hat, sondern es ist ein Bündel von Kriterien, die die Entscheidung ausmachen: Diese sind neben der Hochschule das Studienfach, die Studiendauer, Studienschwerpunkte, die Examensnote, eine mögliche vorherige berufliche Ausbildung, berufsorientierte Zusatzqualifikationen während des Studiums wie etwa Praktika oder Thema der Abschlussarbeit. Natürlich ist das weite Feld der Persönlichkeit der Bewerber/innen wie Motivation, soziale Kompetenz, Aktivitäten außerhalb des Studiums und schließlich – nicht zu unterschätzen – die Passgenauigkeit zwischen Persönlichkeit, erworbenen Qualifikationen und den Anforderungen des künftigen Berufs. Und das gilt auch für den Berufsaufstieg.

Was ist also zu empfehlen: private oder staatliche Hochschule? Es gibt hier keinen Königsweg, sondern nur eine Abwägung, was für einen selbst besser oder weniger gut erscheint.

Zum Weiterlesen:
Rainer Hoppe, Hans-Martin Barthold, Private Hochschulen – Ohne Moos nichts los. 15.08.2015. *www.berufsreport.com/private-hochschulen-ohne-moos-nichts-los* (zuletzt aufgerufen 15.12.2018); Darum sind private Hochschulen gefragt. Interview von Isabelle de Bortoli mit Ulrich Müller, Leiter des Centrums für Hochschulentwicklung (CHE) vom 30.03.2017. *http://www.rp-online.de/panorama/wissen/bildung/darum-sind-private-hochschulen-gefragt-aid-21064117* (zuletzt aufgerufen 15.12.2018); Statistisches Bundesamt, Private Hochschulen 2016, 2017, *https://www.destatis.de/DE/Publikationen/Thematisch/BildungForschungKultur/Hochschulen /PrivateHochschulen5213105167004.pdf?__blob=publicationFile* (zuletzt aufgerufen 15.12.2018); Verband der privaten Hochschulen, Studieren an privaten Hochschulen, *http://www.private-hochschulen.net/fileadmin/user_upload/Flyer._Studieren_an_privaten_HochschulenInteraktiv.pdf* (zuletzt aufgerufen 15.12.2018); Verband der privaten Hochschulen, Zahlen, Daten, Fakten über private Hochschulen herunterladbar auf *www.private-hochschulen.net/ueber-uns.html*.

Studieren ohne Grenzen: Studium im Ausland

Befragt man Studienanfänger zum Thema »Studieren im Ausland«, erfährt man, dass manche ein komplettes Studium in einem anderen Land absolvieren möchten und fast alle den Wunsch haben, eine Zeit ihres Studiums im Ausland zu verbringen. Die Idee ist verlockend. Wer möchte nicht gerne ein fremdes Land und ein anderes Ausbildungssystem besser kennenlernen, vorhandene Sprachkenntnisse verbessern und für den späteren Beruf wichtige Auslandserfahrungen sammeln?

Zwischen dem Wunsch und der Realität klafft allerdings eine erhebliche Lücke. Nur knapp 20 Prozent aller deutschen Studierenden gelingt es, zumindest eine Zeit an einer ausländischen Hochschule zu verbringen. Die Erklärung dafür: In den meisten Ländern reicht das Abitur nicht aus, um direkt zum Studium zugelassen zu werden. Vor dem Studium steht eine Aufnahmeprüfung, die häufig auch zwei Drittel der Einheimischen nicht bestehen. Deutsch ist nur in Deutschland, Österreich und der deutschsprachigen Schweiz Unterrichtssprache. Deshalb ist es für jeden Studienaufenthalt im Ausland unbedingt notwendig, vorher entsprechende Kenntnisse der Landessprache zu erlernen und mit einer Prüfung nachzuweisen. Selbst wenn man das Auslandsstudium aus eigener Tasche bezahlt, kommt man um diese Prüfung nicht herum. Man kann sie vor Ort, das heißt bei der ausländischen Hochschule, ablegen. Besteht man die Prüfung nicht, geht es einem so wie den ausländischen Studierenden in Deutschland, deren Deutschkenntnisse unzureichend sind: Man kann nicht direkt mit dem Fachstudium beginnen, sondern muss erst einmal Sprachkurse besuchen.

Viele ausländische Hochschulen erheben zudem Studiengebühren, Stipendien sind entweder auf die einheimischen Studierenden begrenzt, oder es werden nur sehr wenige an Ausländer vergeben. Bei der Rückkehr erlebt man zuweilen Überraschungen, wenn Studienleistungen, die im Ausland erbracht wurden, nicht anerkannt werden. Die Bewerbung erfordert außerdem die Überwindung vieler bürokratischer Hürden und somit auch Durchhaltevermögen. Die Beschreibung dieser Hindernisse soll jedoch kein Plädoyer gegen ein komplettes Auslandsstudium sein. Wer über genügend Durchhaltevermögen, gute Fremdsprachenkenntnisse des Ziellandes und auch über das nötige Kleingeld für die Studiengebühren und die Mittel für den Lebensunterhalt verfügt, sollte sich nicht vom Ziel abbringen lassen.

Leichter zu realisieren ist ein zeitlich befristeter Studienaufenthalt an einer ausländischen Hochschule. Hierfür gibt es in Deutschland eine Vielzahl von Stipendienmöglichkeiten. Zum Zeitpunkt der Bewerbung sollte man bereits gute Studienleistungen vorweisen können, um eine Chance auf ein Stipendium zu haben. Aus diesem Grund lässt sich der Auslandsaufenthalt am ehesten nach drei bis vier Semestern realisieren.

In Deutschland gibt es staatliche und private Einrichtungen, die Stipendien für einen Auslandsaufenthalt zu Studienzwecken vergeben (Stipendiendatenbank des DAAD: *www.daad.de/deutschland/stipendium/datenbank/de/21148-stipendiendatenbank*). Üblich ist ein einjähriger Aufenthalt. Gefördert werden aber auch Sprachkurse im Ausland und Praktika in ausländischen Unternehmen. Für alle Fragen zum Auslandsstudium und zu Auslandsstipendien gibt es an jeder Hochschule eine entsprechende Einrichtung, das **Akademische Auslandsamt**, meist **International Office** genannt. Dort sind auch Informationen über sogenannte Partnerschaftsprogramme erhältlich. Jede deutsche Hochschule unterhält Austauschvereinbarungen mit Partnerhochschulen im Ausland, die Studienaufenthalte (meist unter Erlass von Studiengebühren) fördern.

Beim Auslandsstudium stehen Österreich, die Niederlande, England, die Schweiz, die USA, Frankreich, China und Schweden vorn auf der Wunschliste.

Abschließend noch ein wichtiger Hinweis: BAföG-Berechtigte können schon ab dem ersten Semester an einer Hochschule in der Europäischen Union oder der Schweiz bis zum dortigen Abschluss mit den BAföG-Inlandssätzen studieren.

Wer eine international orientierte Hochschulausbildung anstrebt, die schon zu Beginn ein oder zwei Jahre Auslandsaufenthalt vorsieht, und evtl. auch den zusätzlichen Abschluss einer ausländischen Hochschule, schreibt sich am besten in einen **internationalen Studiengang** ein, den viele Hochschulen mit Partnerhochschulen im Ausland anbieten. Mit der Aufnahme in den Studiengang (in der Regel gibt es ein Auswahlverfahren) ist die Anerkennung aller an der ausländischen Hochschule erbrachten Studienleistungen garantiert, und Aufnahmeprüfungen an der ausländischen Hochschule sowie Studiengebühren entfallen. (s. hierzu auch S. 163 f.).

Von Archäologie bis Zahnmedizin: 180 Studienfächer im Überblick

An den deutschen Hochschulen können etwa 180 verschiedene Fächer studiert werden. Angesichts dieses großen Angebots sind die meisten der künftigen Studierenden zunächst unschlüssig, welches Fach oder welche Fächer sie studieren sollen und für welche Richtung sie die entsprechende Eignung mitbringen.

Wir wollen Ihnen die rund 180 Fächer hier nicht einzeln in alphabetischer Reihenfolge vorstellen – schließlich haben Tibetologie und Tierheilkunde wenig gemeinsam. Um einen Weg durch den Fächerdschungel zu finden, haben wir alle Studienfächer nach übergeordneten Gesichtspunkten zu Fächergruppen sortiert. So wissen Sie jederzeit, zu welcher Gruppe ein Fach gehört und welche Fächer benachbart sind.

Wichtige Information: Wir können Ihnen hier nicht für jedes Fach sämtliche Hochschulen nennen, die dieses anbieten. Wir beschränken uns deshalb darauf zu erwähnen, an welchen Hochschultypen die jeweilige Fächergruppe bevorzugt angeboten wird. Wenn Sie nachsehen wollen, an welchen Hochschulen etwa Romanistik studiert werden kann, verweisen wir auf die Datenbanken unter *www.studienwahl.de* oder unter *www.hochschulkompass.de*.

Die Studienfächer lassen sich in zwölf Fächergruppen einteilen:

- Sprach-, literatur- und kulturwissenschaftliche Fächer
- Theologische Fächer
- Mathematik und Naturwissenschaften
- Agrar-, Forst- und Ernährungswissenschaften
- Medizinische Fächer
- Technische und Ingenieurwissenschaftliche Fächer
- Rechts-, Wirtschafts- und Gesellschaftswissenschaften
- Sozialwesen
- Pädagogik / Erziehungswissenschaft

- Informationswissenschaften
- Freie und Angewandte Kunst sowie Musik
- Sport und Gesundheit

Sprach-, literatur- und kulturwissenschaftliche Fächer

Die Sprach-, Literatur- und Kulturwissenschaften sind, was die Zahl der Einzelfächer anbelangt, die größte Fächergruppe. Sie beschäftigen sich mit einzelnen Sprachen und deren Entwicklungen sowie mit historischen Bezügen von Sprache, Literatur und Kultur.

Das Studium der Sprach- und Literaturwissenschaften ist auf das Erlernen von Sprachen, auf die Entwicklung von Sprachen und Sprachsystemen (Sprachgeschichte), auf den Aufbau von Sprachen (Sprachwissenschaft), auf den Umgang mit sprachlichen Quellen und Dokumenten mit geschichtlichen und kulturellen Beziehungen und auf literarische Erzeugnisse in den jeweiligen Sprachen (Literaturwissenschaft) ausgerichtet. Man nennt diese Fächergruppe auch Philologien.

Der übliche Studienabschluss dieser Fächergruppe ist der Bachelor. Bei den Bachelorstudiengängen hat man – je nach gewählter Universität – Optionen beim Kombinieren der Fächer. Entweder studiert man ein Bachelor-Hauptfach mit einem Bachelor-Nebenfach oder zwei gleichwertige Bachelor-Hauptfächer.

Im Anschluss an ein dreijähriges Bachelorstudium besteht die Möglichkeit, ein zweijähriges Masterstudium anzuschließen. Es werden der Bachelor und der Master of Arts (abgekürzt B.A. oder M.A.) vergeben. Welche Kombinationsmöglichkeiten mit anderen Fächern bestehen, ist von Hochschule zu Hochschule verschieden.

Die in dieser Fächergruppe angesiedelten Lehramtsfächer werden in den Studiengängen Bachelor of Education und Master of Education (B.Ed. oder M.Ed.) studiert.

Eine Besonderheit innerhalb der Gruppe der sprach-, literatur- und kulturwissenschaftlichen Fächer sind die Studiengänge der Angewandten Sprachwissenschaft (Übersetzen, Dolmetschen). Bei diesen Fächern spielen Sprachgeschichte und Sprachkultur eine untergeordnete Rolle. Die Ausbildung soll die Studierenden in die Lage versetzen, Sprachen einschließlich Fachsprachen in schriftlicher (Übersetzen) oder in mündlicher Form (Dolmetschen) zu übertragen.

Die Kulturwissenschaften beschäftigen sich entweder mit historischen, das heißt heute nicht mehr bestehenden Kulturen, oder mit noch bestehenden Kulturen in ihrer Entwicklung und ihren Auswirkungen auf andere gegenwärtige Kulturen. Der Begriff

Kultur ist dabei in einem sehr weiten Sinne als die Vielfalt menschlicher Kulturäußerungen, die sich in der Geschichte, Philosophie, Kunst, Musik, Literatur, Religion, Gesellschaft oder im Brauchtum zeigen, zu verstehen. Solche Fächer beziehen sich beispielsweise auf eine Epoche (z. B. Antike), auf einzelne Regionen (z. B. deutsche Geschichte) oder auf eine Kulturäußerung (z. B. Kunstgeschichte oder Philosophie).

Die Fächergruppe der **Sprach-, Literatur- und Kulturwissenschaften** lässt sich in zwei Untergruppen einteilen:

Die erste Untergruppe heißt **sprach- und literaturwissenschaftliche Fächer Europas** und **Nordamerikas**. Hierzu gehören folgende Einzelfächer:

- Amerikanistik (Sprache, Geschichte, Literatur und Kultur Nordamerikas)
- Kanadistik (Sprache, Geschichte, Literatur und Kultur Kanadas)
- Anglistik (Sprache, Literatur, Kultur und Geschichte Englands und der von England geprägten Welt)
- Balkanphilologie / Südosteuropastudien (Sprachen und Kulturen der Balkanländer)
- Baltische Philologie (Sprachen und Kulturen der heutigen Länder Lettland und Litauen sowie angrenzender Regionen)
- Byzantinistik (Sprache und Kulturen des oströmischen Reiches bis zur Eroberung durch die Türken im 15. Jahrhundert)
- Finnougristik (die ursprünglich verwandten Sprachen und Kulturen Finnlands und Ungarns, auch Estnisch gehört zu den finnougrischen Sprachen)
- Germanistik (deutsche Sprache und Literatur)
- Niederländische Philologie (niederländische Sprache, Literatur und Kultur) auch Niederlandistik genannt
- Skandinavistik / Nordistik (Sprachen und Kulturen der nordeuropäischen Länder)
- Keltologie (keltische Sprachen und Kulturen)
- Klassische Philologie (Latein, Griechisch)
- Mittellateinische Philologie (lateinische Sprache im Mittelalter)
- Neugriechisch
- Vergleichende Literaturwissenschaft (Vergleich von verschiedenen Literaturen)
- Romanistik (Kultur und Sprachen der romanischen Welt, z. B. Französisch, Italienisch, Spanisch, Portugiesisch oder Rumänisch)

- Slavistik (slavische Kultur und Sprachen wie Russisch, Polnisch, Tschechisch)
- Allgemeine Sprachwissenschaft (Vergleich von verschiedenen Sprachen und Sprachsystemen)
- Angewandte Sprachwissenschaft (Übersetzen, Dolmetschen)

Die zweite Untergruppe sind die **außereuropäischen Sprachen und Kulturen**, die sich noch einmal in weitere Untergruppen unterteilen lassen.

Die erste dieser Untergruppen heißt **Sprachen und Kulturen der Alten Welt**. Bei diesen Studiengängen geht es um alte, meist orientalische Kulturen, die heute nicht mehr bestehen. Hierzu gehören:

- Ägyptologie (ägyptische Sprachen und Kulturen von der Pharaonenzeit bis zur griechisch-römischen Zeit)
- Koptologie (Sprache und Geschichte der Christen in Ägypten, auch Kopten genannt)
- Altorientalistik/Assyriologie (die alten Kulturen der Babylonier und der Sumerer)
- Hethitologie (Sprache und Kultur der alten Hethiter)
- Vorderasiatische Altertumswissenschaft
- Altamerikanistik (altamerikanische Indianersprachen und -kulturen)
- Papyrologie (befasst sich mit den schriftlichen Quellen der Spätzeit Ägyptens bis in die arabische Zeit)

Die zweite Untergruppe sind die **Sprachen und Kulturen des Vorderen Orients und Afrikas**. Im Einzelnen handelt es sich um folgende Studienfächer:

- Afrikanistik (afrikanische Sprachen und Kulturen)
- Orientalistik (Sprachen und Kulturen des Orients)
- Iranistik (Sprachen und Kulturen des Persischen Reiches)
- Islamwissenschaft (Sprachen und Kulturen der vom Islam geprägten Welt)
- Arabistik (arabische Sprachen und Kulturen)
- Semitistik (semitische Sprachen und Kulturen)
- Turkologie (Sprachen und Kulturen der asiatischen Turkvölker)
- Wissenschaft vom christlichen Orient (christliche Kulturen im Orient)
- Judaistik (Sprache, Kultur und Geschichte der Juden)

Das Studienfach, das sich mit **Sprachen und Kulturen des indischen Subkontinents** (die heutigen Staaten Indien, Pakistan, Bangladesch, Sri Lanka, Afghanistan, Nepal) beschäftigt, heißt Indologie.

Zu den **Sprachen und Kulturen Südostasiens** gehören:

- Sprachen und Kulturen Austronesiens (Sprachen und Kulturen der Südsee)
- Birmaistik (Sprachen und Kulturen des Birma-Reiches)
- Indonesisch (altmalayische und neuindonesische Sprachen und Kulturen)
- Thailändisch (Geschichte, Kultur und Sprache der Thai-Völker)
- Vietnamistik (Sprachen und Kulturen Vietnams)

Die letzte Untergruppe innerhalb der sprach- und literaturwissenschaftlichen Fächer sind die **Sprachen und Kulturen Zentral- und Ostasiens** mit den Bereichen:

- Koreanistik (Sprache und Kultur Koreas)
- Japanologie (japanische Sprache und Kultur)
- Sinologie (chinesische Sprache und Kultur)
- Mongolistik
- Tibetologie

Unter dem Begriff **Kulturwissenschaften** werden die Fächer zusammengefasst, bei denen nicht das Erlernen der jeweiligen Kultursprachen, sondern die Beschäftigung mit geschichtlichen und kulturellen Gesichtspunkten im Vordergrund des Studiums steht. Hierzu zählen:

- Archäologie (klassische, christliche, Provinzialarchäologie)
- Archivwesen
- Buchwissenschaft
- Geschichte (vom Altertum bis zur Zeitgeschichte)
- Historische Landeskunde
- Informations- und Bibliothekswissenschaft
- Kulturwissenschaft

- Kunstgeschichte, Kunstwissenschaft (einschließlich indische und orientalische Kunstgeschichte)
- Musikwissenschaft / Vergleichende Musikwissenschaft
- Philosophie
- Vergleichende Religionswissenschaft (auf mehrere Religionen bezogen)
- Theaterwissenschaft
- Völkerkunde (auch Ethnologie genannt)
- Volkskunde / Europäische Ethnologie

Fächer der **Gruppe Sprach-, Literatur- und Kulturwissenschaften** werden nur an den Universitäten (vereinzelt auch an Technischen Universitäten) gelehrt. Keine deutsche Universität bietet alle dieser Fächer an. Die Studiendauer beträgt, wenn man den Bachelor- und anschließend den Masterabschluss macht, im Durchschnitt fünf bis sechs Jahre.

Bei den sprach-, literatur- und kulturwissenschaftlichen Fächern ist es wichtig, ein ausgeprägtes Sprachgefühl zu besitzen, sicher im sprachlichen Ausdruck zu sein und Freude und Interesse am Lesen von Literatur und an Kulturgeschichte zu haben. Gute Leistungen in Schulfächern wie Deutsch, Englisch, Französisch, Latein, Geschichte und Philosophie sind hierfür wichtige Anhaltspunkte.

Für die Absolventen dieser Fächergruppe gibt es kein fest umrissenes Berufsfeld. Sie streben zumeist eine Beschäftigung in folgenden Bereichen an: Lehramt an Schulen, Mitarbeit in Bildungseinrichtungen, bei Behörden, bei den Medien, in Museen, Archiven, Bibliotheken und Verlagen, Tätigkeiten im Hochschuldienst, im auswärtigen Dienst oder in der Entwicklungshilfe.

Theologische Fächer

Die theologischen Fächer beschäftigen sich mit der Lehre von Gott, mit der Verkündigung der Glaubenslehre und mit der Entwicklung des christlichen Glaubens. Je nach Ausrichtung und Schwerpunkt unterscheiden wir katholisch-theologische Fächer (Katholische Theologie, Katholische Religionspädagogik), Evangelische Religionslehre (Evangelische Theologie, Evangelische Religionspädagogik), das Studium kleinerer christlicher Glaubensgemeinschaften (z. B. Altkatholische Theologie) und die Fächer, die sich mit der pädagogischen Vermittlung dieser Glaubensgrundsätze (Religionspädagogik) beschäftigen. Das Fach Vergleichende Religionswisschaft untersucht Gemeinsamkeiten und Unterschiede verschiedener Religionen, z.B. Christentum, Judentum, Islam, Buddhismus.

Die theologischen Fächer können entweder an Universitäten oder an speziellen Kirchlichen oder Theologischen/Philosophischen Hochschulen studiert werden. Im Studium spielt der Erwerb von Sprachkenntnissen in den alten Sprachen eine besondere Rolle, denn Latein, Griechisch und auch Hebräisch sind die Quellensprachen der christlichen Religionen. Aus diesem Grund ist in den ersten Semestern das Erlernen dieser alten Sprachen ein wichtiger Bestandteil des Studiums.

Die wichtigste Voraussetzung für ein theologisches Studium ist der Glaube. Für den späteren Geistlichen oder Laientheologen ist zudem ein Verständnis für die Sorgen und Probleme anderer Menschen (soziale Kompetenz) wichtig und das Interesse an philosophischen und geistigen Fragen. Außerdem sollten sich Theologiestudierende gerne mit alten Sprachen und Geschichte beschäftigen.

Die Absolventen sind – je nach Ausbildung – als Geistliche, als Laientheologen, in der kirchlichen Erwachsenenbildung, in sozialen Berufen oder als Religionslehrer im Schuldienst tätig.

Mathematik und Naturwissenschaften

Die nächste Gruppe bilden die mathematischen und naturwissenschaftlichen Fächer. Hierbei handelt es sich um eine Reihe von einzelnen Disziplinen, die sich mit der systematischen Erforschung der Natur oder Teilen davon beschäftigen. Das Ziel dieser Fächer besteht darin, Erscheinungen und Vorgänge in der Natur und deren Gesetzmäßigkeit mit Experimenten zu ergründen, aus Beobachtung Theorien zu entwickeln und die Natur mithilfe der Technik nutzbar zu machen.

Die Mathematik wird, obwohl sie sich mit Zahlen beschäftigt, zu den Naturwissenschaften gerechnet, weil sie wichtige Methoden und Verfahren für die Naturwissenschaften liefert und gewissermaßen die Sprache der Naturwissenschaften ist.

In der Vergangenheit stand für die Naturwissenschaften die Ausbeutung und Beherrschung der Natur im Vordergrund. Heute gewinnen jene Fächer an Bedeutung, die sich mit der Umwelt und den Auswirkungen auf menschliches, tierisches und pflanzliches Leben beschäftigen. Der Schutz der Natur wird ein immer wichtigeres Ziel naturwissenschaftlicher Arbeit.

Die Gruppe umfasst folgende Einzelfächer:

- Allgemeine Mathematik
- Angewandte Mathematik
- Technomathematik
- Wirtschaftsmathematik
- Biologie
- Biochemie
- Biotechnologie
- Chemie
- Geografie
- Meteorologie
- Mineralogie
- Ozeanografie
- Pharmazie
- Physik / Physikalische Technik
- Astronomie (zumeist Schwerpunkt innerhalb des Faches Physik)
- Geowissenschaften / Geologie
- Geophysik
- Informatik mit verschiedenen Einzelfächern
- Lebensmittelchemie

Das Studium dieser Fächergruppe ist an Universitäten und in einigen naturwissenschaftlichen Fächern auch an Fachhochschulen möglich. Wer sich für ein Universitätsstudium entscheidet, sollte für einen Bachelorstudiengang mindestens drei Jahre plus ggf. zwei Jahre Masterstudium einkalkulieren. Für das Fach Pharmazie, das mit einem Staatsexamen abgeschlossen wird, gilt als Richtlinie acht Semester Regelstudienzeit (plus einjährige praktische Ausbildung). Das Fachhochschulstudium (nur für wenige Fächer) ist in Bachelorstudiengängen auf drei- oder dreieinhalb Jahre angelegt, ein darauf aufbauender Master auf weitere eineinhalb oder zwei Jahre. Abschlüsse an beiden Hochschultypen sind der Bachelor of Science (B.Sc.) und der Master of Science (M.Sc.) bzw. der Bachelor of Engineering (B.Eng.) und der Master of Engineering (M.Eng.).

Unabhängig davon, für welches Fach aus dieser Gruppe Sie sich entscheiden – das Studium ist in den ersten drei oder vier Semestern sehr ähnlich aufgebaut. Es besteht (grob) aus einem Viertel Mathematik, einem Viertel Chemie, einem Viertel Physik und einem Viertel des eigentlichen Studienfachs. Später im Studium verschieben sich die Anteile natürlich stärker hin zum eigentlichen Studienfach. Da aber nicht alle Studenten mit gleich guten Kenntnissen in den Naturwissenschaften an die Hochschule kommen, ist es notwendig, in den ersten Semestern das noch fehlende Basiswissen aufzuarbeiten.

Bei dieser Fächergruppe ist es von Vorteil, über etwas technische Begabung und Handgeschick zu verfügen, da das Studium etliche fachpraktische und experimentelle Lehrveranstaltungen beinhaltet.

Mathematiker und Naturwissenschaftler sind überwiegend in Forschung und Entwicklung tätig, sei es in der Industrie (Hauptarbeitgeber), in staatlichen Forschungseinrichtungen, in privatwirtschaftlichen Planungsbüros, an Hochschulen oder bei Behörden (z. B. Ministerien), die Forschungsentwicklungen steuern oder kontrollieren.

Agrar-, Forst- und Ernährungswissenschaften

Mit den Naturwissenschaften verwandt ist die vierte hier vorgestellte Fächergruppe, die Agrar-, Forst- und Ernährungswissenschaften. Zu dieser Gruppe gehören all die Fächer, die sich mit der Gestaltung der Landschaft und der wirtschaftlichen Nutzung und Pflege des Bodens beschäftigen; ferner mit den vielfältigen Arten von Pflanzenbau sowie Tierhaltung und mit der menschlichen und tierischen Ernährung unter Berücksichtigung von physiologischen und wirtschaftlichen Gesichtspunkten. Auch ökologische Fragestellungen spielen eine wichtige Rolle. Einige dieser Fächer haben deshalb entsprechende Umweltschwerpunkte.

Die einzelnen Fächer dieser Gruppe sind:

- Agrarwissenschaften
- Landwirtschaft
- Agrarbiologie
- Agrarökonomie
- Forstwirtschaft
- Forstwissenschaft
- Landespflege

- Holzwirtschaft
- Landschaftsgestaltung
- Landschaftsplanung
- Gartenbau
- Haushaltswissenschaft / Haushaltstechnik
- Hauswirtschaftswissenschaft
- Ernährungswissenschaft
- Lebensmitteltechnologie
- Weinbau

Die Agrar-, Forst- und Ernährungswissenschaften können entweder an den wissenschaftlichen Hochschulen oder an Fachhochschulen studiert werden. Das Studium an Universitäten dauert in Bachelorstudiengängen mindestens drei Jahre (sechs Semester), für das anschließende Masterstudium müssen zwei weitere Jahre (vier Semester) veranschlagt werden. Bachelorstudiengänge an Fachhochschulen sind meistens auf drei- oder dreieinhalb Jahre (sechs oder sieben Semester) angelegt, die Masterstudiengänge in der Regel auf weitere eineinhalb oder zwei Jahre (drei oder vier Semester).

Für das Studium eines Faches aus dieser Gruppe benötigt man eine Begabung für Naturwissenschaften wie etwa Physik, Chemie, Biologie und Mathematik. Außerdem sollten Interesse an Natur und Umwelt, Hand- und Fingergeschick, technisches Verständnis sowie körperliche Belastbarkeit vorhanden sein.

Den Absolventen bieten sich entsprechend ihren Schwerpunktfächern berufliche Tätigkeiten bei land- und forstwirtschaftlichen Behörden, bei Landschafts- und Siedlungsbehörden, in Verbraucher- und Kontrolleinrichtungen, in Industriebetrieben, in landschaftsgestaltenden Unternehmen oder als selbstständige Raum-, Landschafts- und Umweltplaner.

Medizinische Fächer

Die medizinischen Fächer, die sich mit dem menschlichen und tierischen Organismus, vor allem mit den Erscheinungsformen von Krankheiten, deren Erkennung, Behandlung und Verhütung befassen, sind ebenfalls naturwissenschaftlich orientiert.

Es gibt drei medizinische Fächer: **Humanmedizin** (Heilkunde vom Menschen), **Tiermedizin** (Tierheilkunde) und **Zahnmedizin**.

Grundlage des Medizinstudiums sind die naturwissenschaftlichen Fächer Chemie, Biologie, Physik und Mathematik. Immer wichtiger werden auch die technischen und ingenieurwissenschaftlichen Fächer, die der Medizin neue technische Geräte und Verfahren bei der Erkennung und Behandlung von Krankheiten liefern.

Das Studium der Medizin ist nur möglich an Universitäten und der Medizinischen Hochschule Hannover. Es ist eine der längsten Universitätsausbildungen, denn auf etwa sechseinhalb Jahre Studienzeit folgt in der Regel eine weitere mehrjährige Facharztausbildung.

Für das Medizinstudium sind folgende Voraussetzungen besonders wichtig: eine mathematische und naturwissenschaftliche Begabung, Kommunikationsfähigkeit, soziale Kompetenz und Einfühlungsvermögen sowie körperliche und geistige Belastbarkeit.

Ärzte arbeiten überwiegend selbstständig in einer fach- oder allgemeinärztlichen Praxis. Daneben gibt es Beschäftigungsmöglichkeiten als (angestellte) Krankenhausärzte, als Betriebsärzte und im Gesundheitsdienst (z. B. Gesundheitsamt) oder – mit entsprechenden Zusatzqualifikationen – bei Verbänden, Beratungsfirmen, Versicherungen und medizinischen Verlagen.

Technische und ingenieurwissenschaftliche Fächer

Zur Gruppe der technischen und ingenieurwissenschaftlichen Fächer gehören über fünfzig verschiedene Einzelfächer, in denen sich die Studierenden mit der Entwicklung technischer Abläufe beschäftigen, technische Maschinen, Geräte und Werkzeuge entwickeln oder technische Prozesse steuern, Technik weiterentwickeln und die Anwendung der Technik auf neue Bereiche erproben.

Die technischen und ingenieurwissenschaftlichen Fächer sind im Laufe der letzten hundert Jahre aus den Naturwissenschaften entstanden. Viele technische Maschinen und Geräte sind natürlichen Abläufen nachgebaut oder versuchen, natürliche Prozesse in technische Verfahren umzusetzen. Vor diesem Hintergrund ist es einleuchtend, dass sie einen engen Bezug zu den klassischen naturwissenschaftlichen Fächern wie Physik, Chemie, Biologie und vor allem Mathematik haben. Auch in diesen Fächern ist Umweltbewusstsein sehr wichtig geworden. Technische Geräte, Maschinen und Materialien sollen umweltverträglich sein, und mithilfe technischer Möglichkeiten soll die Umwelt geschont werden.

Die Fächergruppe umfasst folgende Einzeldisziplinen, die entweder an Universitäten oder zum Teil auch an Fachhochschulen studiert werden können:

- Architektur
- Bauingenieurwesen
- Bekleidungs- / Textiltechnik
- Biomedizinische Technik
- Biotechnologie
- Chemieingenieurwesen / Verfahrenstechnik
- Elektrotechnik
- Feinwerktechnik
- Getränketechnologie
- Gießereitechnik
- Informatik
- Kunststofftechnik
- Laser- und Optotechnologien
- Maschinenbau / Maschinentechnik (mit vielen Unterfächern wie Fahrzeug-technik, Fertigungstechnik, Konstruktionstechnik, Luft- und Raumfahrttechnik, Schiffbau usw.)
- Mechatronik
- Medientechnik / Drucktechnik
- Mikro- und Nanotechnik
- Produktionstechnik
- Raumplanung
- Recycling
- Rohstoffingenieurwesen
- Vermessungswesen (Geodäsie)
- Versorgungstechnik / Entsorgungstechnik
- Verfahrenstechnik
- Umwelttechnik
- Wasserbau
- Werkzeugtechnik

Das Bachelorstudium ist an Universitäten auf drei Jahre angelegt, an Fachhochschulen in der Regel auf drei- oder dreieinhalb. Für einen Masterstudiengang müssen an Universitäten weitere zwei Jahre Studium veranschlagt werden, an Fachhochschulen dauern die Masterstudiengänge eineinhalb oder zwei Jahre. Die Abschlüsse heißen Bachelor und Master of Science (B.Sc. und M.Sc.) oder Bachelor und Master of Engineering (B.Eng. und M.Eng.).

Ingenieure haben ein breites Berufs- und Tätigkeitsfeld, das von Industriebetrieben über Behörden bis hin zur Selbstständigkeit reicht. Überall, wo es um technische Neuentwicklungen, um den Einsatz der Technik oder um technische Abläufe oder Fragen geht, trifft man auf technisch ausgebildete Hochschulabsolventen.

Um ein technisches oder ingenieurwissenschaftliches Fach erfolgreich zu bewältigen, benötigt man Hand- und Fingergeschick, sehr gute mathematische und physikalische Begabung, gutes räumliches Vorstellungsvermögen, Verständnis für technische Zusammenhänge sowie Interesse an der Arbeit mit Maschinen und technischen Anlagen. Wer handwerklich geschickt ist und in Schulfächern wie Physik, Mathematik, Zeichnen und Werken erfolgreich war, sollte sich ein solches Studium zutrauen.

Rechts-, Wirtschafts- und Gesellschaftswissenschaften

Der Begriff **Rechtswissenschaft** (Jurisprudenz, deshalb auch Jura genannt) bezieht sich auf das Verständnis sowie die Auslegung und Weiterentwicklung von rechtlichen Fragen und Zusammenhängen. Hierzu gehört auch die Auseinandersetzung mit der Geschichte des Rechts, seiner Legitimation und Herleitung (Rechtsphilosophie) und seinen sozialen und politischen Auswirkungen. Wichtig sind auch Teilbereiche, wie Rechtsvergleichung (Vergleich mehrerer Rechtssysteme), Europarecht und internationales Recht.

Das Studium der **Rechtswissenschaft** ist nur an Universitäten möglich. Veranschlagt werden für Studium und Staatsexamen neun bis zehn Semester. Danach folgt das juristische Referendariat von ca. zwei Jahren Dauer, das mit dem 2. Staatsexamen abschließt.

Wirtschaftswissenschaften ist der Oberbegriff für mehrere Studienfächer, die sich mit wirtschaftlichen Fragen, Abläufen, Entwicklungen und Entscheidungen beschäftigen. Hierbei stehen staatliche Entscheidungen und wirtschaftliches Handeln von Unternehmen und Konsumenten im Vordergrund. Je nach Studienfach liegt der Schwerpunkt mehr auf der Gesamtwirtschaft und ihren internationalen Bezügen (Volkswirtschaftslehre, abgekürzt VWL) oder mehr auf den einzelnen Teilen der

Wirtschaft, z. B. den Unternehmen (Betriebswirtschaftslehre, abgekürzt BWL), oder aber auch auf der Vermittlung wirtschaftlichen Wissens (Wirtschaftspädagogik). Das Studium der Wirtschaftswissenschaft verbindet Teile der BWL und VWL zu einem eigenen Fach.

Die Wirtschaftswissenschaften können an Universitäten (VWL, BWL, Wirtschaftswissenschaft) und an Fachhochschulen (meistens BWL) studiert werden. An einigen wenigen Universitäten und an vielen Fachhochschulen werden zudem Studiengänge in Wirtschaftsrecht angeboten, die rechts- und wirtschaftswissenschaftliche Inhalte vermitteln.

Die wirtschaftswissenschaftlichen Studiengänge schließen mit Bachelor- und Mastergraden ab. Bachelorstudiengänge an Universitäten sind auf drei Jahre (also sechs Semester) angelegt. An Fachhochschulen dauern sie meist drei- oder dreieinhalb Jahre (sechs oder sieben Semester). Für diejenigen, die ein Masterstudium anschließen möchten, bieten Universitäten zweijährige Masterstudiengänge an, Fachhochschulen eineinhalb- oder zweijährige. Erworben werden der Bachelor und Master of Arts (B.A. und M.A.) oder der Bachelor und Master of Science (B.Sc. und M.Sc.).

Die **Gesellschaftswissenschaften** befassen sich mit allen Erscheinungsformen, Entwicklungen und Problemen des Menschen als gesellschaftlichem Wesen – entweder unter dem Gesichtspunkt individueller Probleme, menschlicher Konflikte und deren Bewältigung (z. B. Psychologie) oder mit Menschen als gesellschaftlichen Gruppen und sozialen Schichten einschließlich der Konfliktstrategien und Konfliktbewältigungen (z. B. Soziologie) – oder mit dem Menschen als Subjekt und Objekt politischer Prozesse und Entscheidungen und mit den Rahmenbedingungen politischen Handelns (Politologie).

Das Studium dieser Fächergruppe ist an Universitäten und an einigen anderen wissenschaftlichen Hochschulen möglich. Für das Studium sollten etwa fünf bis sechs Jahre Studienzeit einkalkuliert werden. Bachelorstudiengänge an Universitäten dauern drei Jahre (sechs Semester), der darauf aufbauende Master zwei weitere Jahre (vier Semester).

Die Gruppe der Rechts-, Wirtschafts- und Gesellschaftswissenschaften umfasst folgende Einzelfächer:

- Volkswirtschaftslehre
- Betriebswirtschaftslehre
- Wirtschaftswissenschaft (Verbindung von VWL und BWL)

- Technische Betriebswirtschaftslehre
- Politikwissenschaft
- Rechtswissenschaft
- Sozialwissenschaft
- Soziologie
- Sozialökonomie
- Psychologie
- Verwaltungswissenschaft
- Statistik (Hilfswissenschaft für die Wirtschafts- und Gesellschaftswissenschaften)
- Wirtschaftspädagogik
- Wirtschaftsingenieurwesen (Verbindung von Wirtschaftswissenschaften und Ingenieurwissenschaften)
- Wirtschaftsrecht

Studierende benötigen für das Studium dieser Fächer Kommunikations- und sprachliche Ausdrucksfähigkeit, Spaß am Arbeiten mit Zahlen und Daten und Interesse für wirtschaftliche Fragestellungen und Abläufe oder für rechtliche Fragen. Bei Wirtschaftswissenschaften und Jura werden Begabungen in Mathematik, Deutsch und Wirtschaftskunde und vor allem bei VWL und BWL zudem ein großes Interesse an Wirtschaftsthemen für wichtig erachtet.

Wichtige Voraussetzungen für **Psychologen** sind Belastbarkeit, Kontaktfähigkeit, soziale Kompetenz, Einfühlungsvermögen und die Fähigkeit zum aktiven Zuhören.

Bei den **Gesellschaftswissenschaften** ist ein Interesse an Fächern wie Gemeinschaftskunde, Sozialkunde und Geschichte hilfreich. Zudem ist eine mathematische Grundbegabung von Vorteil, weil hier auch Zahlen eine Rolle spielen.

Juristen sind entweder im Justizdienst als Richter, Staatsanwälte und Notare, in eigener Kanzlei als Rechtsanwälte und Steuerberater oder angestellt in Behörden, Unternehmen und größeren Kanzleien tätig.

Wirtschaftswissenschaftler arbeiten überall dort, wo es um Wirtschaftsplanung, Geld oder Zahlen geht. Man findet sie im kaufmännischen Bereich bei Banken, Versicherungen, Industrie- und Handelsbetrieben, in Behörden oder als selbstständige Unternehmer oder als freiberuflich Tätige, z. B. als Steuerberater und Wirtschaftsprüfer.

Gesellschaftswissenschaftler haben hingegen kein fest umrissenes Berufsfeld. Sie streben nach Tätigkeiten in den Medien, bei Behörden, in der Politik und der Politikberatung, in der Erwachsenenbildung und der Presse- und Öffentlichkeitsarbeit.

Sozialwesen

Die nächste Fächergruppe ist das Sozialwesen, das mit den Gesellschaftswissenschaften eng verbunden ist. Während die Gesellschaftswissenschaften gesellschaftliche Entwicklungen und Probleme vorwiegend theoretisch untersuchen, befasst sich das Sozialwesen mehr mit der praktischen Bewältigung sozialer Probleme. Es versucht, Menschen in individuellen Notlagen Hilfen zu geben, um eigene Kräfte zu entwickeln; Ziele sind beispielsweise, Menschen zu verantwortlichem Handeln anzuleiten, Notständen vorzubeugen und Wissen über die Zusammenhänge von Gesellschaft, Konflikten und deren Lösungen zu vermitteln.

Sozialwesen umfasst die Studiengänge Sozialarbeit und Sozialpädagogik (Studium an wissenschaftlichen Hochschulen und an Fachhochschulen). Das Studium an der Universität ist in Bachelorstudiengängen auf drei Jahre angelegt, auf die ggf. zwei weitere Jahre Masterstudium folgen. An Fachhochschulen schließt das Studium nach drei oder (häufiger) dreieinhalb Jahren mit dem Bachelor ab; für einen Master müssen in der Regel weitere eineinhalb oder zwei Jahre Studienzeit eingerechnet werden.

Von Sozialarbeitern und Sozialpädagogen werden folgende Fähigkeiten erwartet: Hineindenken in die Probleme anderer Menschen, Lösungen für diese Probleme finden, sicherer Umgang mit Menschen, sich stets auf neue Situationen und andere Menschen einstellen können und Menschen helfen zu wollen. Deshalb sind hohe psychische Belastbarkeit, Kontaktfreude und Kontaktfähigkeit, viel Einfühlungsvermögen in die soziale Situation anderer sowie die Fähigkeit zum Zuhören und Handlungsbereitschaft erforderlich.

Absolventen dieser Studiengänge findet man in der Familienfürsorge, in der Jugend- und Sozialhilfe, in der Strafrechtshilfe, in der Leitung von pädagogischen Einrichtungen oder in städtischen Behörden, die in sozialen Fragen beraten. Sie sind überwiegend als Angestellte tätig.

Pädagogik / Erziehungswissenschaft

Die nächste Gruppe setzt sich aus den pädagogischen und erziehungswissenschaftlichen Fächern zusammen. Hierzu gehören auch die sogenannten Lehramtsfächer. Die Pädagogik hat ein weites Einsatzfeld: von der Pädagogik des Kindes bis zur Alterspädagogik, von der schulischen Bildung bis zur beruflichen Weiterbildung.

Den Schwerpunkt der pädagogischen Fächer bilden die **Lehramtsfächer**, die für bestimmte Schularten angeboten werden, für das ...

- Lehramt an Grund- und Hauptschulen,
- Lehramt an Sonderschulen (Sonderpädagogik),
- Lehramt an Realschulen,
- Lehramt an Gymnasien und
- Lehramt an beruflichen / berufsbildenden Schulen.

Die Lehramtsausbildung umfasst die Kombination von zwei oder drei Schulfächern, allgemeine Pädagogik (Grundlagen der Pädagogik, Schulpädagogik, psychologische Pädagogik, gesellschaftskundliche Fächer), die auf das jeweilige Fach ausgerichtete pädagogische Vermittlung (fachwissenschaftlich-didaktische Ausbildung) sowie mehrere Schulpraktika.

Auf die Ausbildung an den Hochschulen (Universitäten, Pädagogische Hochschulen, Musik- und Kunsthochschulen), die zwischen dreieinhalb Jahren (Lehramt an Grund- und Hauptschulen) und fünf bis sechs Jahren (Lehramt an Gymnasien) dauert, folgt eine je nach Bundesland zwischen 18 und 24 Monate lange Vorbereitungsphase, auch Referendariat genannt.

Studiert wird üblicherweise in den Studiengängen Bachelor und Master of Education (B.Ed. und M.Ed.). Der Masterabschluss wird dann als Staatsexamen anerkannt.

Die Fächer der **Sonderpädagogik** umfassen Blindenpädagogik, Sehbehindertenpädagogik, Gehörlosenpädagogik, Schwerhörigenpädagogik, Geistigbehindertenpädagogik, Körperbehindertenpädagogik, Lernbehindertenpädagogik, Sprachbehindertenpädagogik, Verhaltensgestörtenpädagogik einschließlich Soziologie, Psychologie und Recht der Behinderten.

Für das Lehramt an beruflichen / berufsbildenden Schulen werden Berufsschullehrerinnen und Berufsschullehrer ausgebildet, die theoretische Kenntnisse und fachpraktische Fertigkeiten für spätere Berufe vermitteln. Je nach Berufsfeld gibt es verschiedene Ausrichtungen: Technik, Naturwissenschaft, Ernährungs- und Hauswirtschaft, Landwirtschaft und Gartenbau, Sozialpädagogik, Gestaltung und Wirtschaft. Entweder werden zwei berufliche Fachrichtungen kombiniert oder ein berufliches Fach mit einem allgemeinbildenden wie etwa Deutsch, Englisch, Mathematik, Biologie, Chemie usw.

Da die Lehramtsausbildung Sache der einzelnen Bundesländer ist, ergeben sich, was Schularten, Fächerkombinationen, Dauer der Ausbildung, enthaltene Schulpraktika und Prüfungen anbelangt, zum Teil erhebliche Unterschiede.

Auch für die Fächergruppe Pädagogik / Erziehungswissenschaft wird die Fähigkeit erwartet, sich in die Probleme anderer hineindenken und Sachverhalte vermitteln zu können, geduldig zu sein und sicher im Umgang mit anderen Menschen.

Beim Lehramt an Schulen ist es neben der Begabung für die jeweiligen Schulfächer wichtig, eine natürliche pädagogische Veranlagung zu haben und sich allgemeinverständlich ausdrücken zu können.

Pädagogen und Erziehungswissenschaftler arbeiten in erster Linie im staatlichen Schuldienst. Daneben sind sie in der Erwachsenenbildung und in Bildungseinrichtungen von Kirchen, Verbänden und Unternehmen, aber auch in der betrieblichen Weiterbildung tätig, vor allem Wirtschaftspädagogen.

Informationswissenschaften

Die nächste Fächergruppe, die Informationswissenschaften, beschäftigt sich damit, wie Informationen beschafft, gesammelt, verarbeitet und weitergegeben werden. Die Informationen werden dann entweder speziellen Nutzern zur Verfügung gestellt oder in den Medien (Zeitungen, Zeitschriften, Fernsehen, Radio, Internet, soziale Netzwerke usw.) verbreitet. Zu dieser Gruppe gehören auch Fächer, die sich theoretisch mit der menschlichen Kommunikation beschäftigen. Die Informationswissenschaften stehen in engem Bezug zu einigen technischen Fächern, deren Methoden und Verfahren (z. B. Elektronik und Computer) sie für die Informationsverarbeitung und -verbreitung verwenden.

Die Gruppe umfasst folgende Einzelfächer:

- Buchwissenschaft
- Informations- und Bibliothekswissenschaft
- Computerlinguistik

- Medizinisches Informationsmanagement (früher »Medizinische Dokumentation«) / Data Science in der Medizin
- Journalistik
- Publizistik
- Kommunikationswissenschaft
- Medienwissenschaft

Das Studium dieser Fächer ist an Universitäten möglich. Die Studiendauer liegt bei etwa drei bis dreieinhalb Jahren in Bachelorstudiengängen. Wer nach dem Bachelor noch ein Masterstudium anschließt, muss mindestens weitere zwei Jahre Studienzeit einkalkulieren.

Bei den **Informationswissenschaften** sind folgende Dinge wichtig: gründliches Arbeiten, keine Angst vor Zahlen- und Datenmengen und sprachliche Ausdrucksfähigkeit. Außerdem spielen elektronische Systeme eine immer größere Rolle bei der Beschaffung, Strukturierung, Auswertung und Weiterleitung von Daten und Informationen. Informatikkenntnisse sind deshalb gefragt.

Gute **Journalisten** und andere **Medienspezialisten** sollten Folgendes beherrschen: komplizierte Vorgänge verstehen, allgemeinverständlich schreiben, verlässlich recherchieren und die notwendige Überzeugungsarbeit leisten. Das alles genügt aber noch nicht. Es gibt bekanntlich nichts Spannenderes als die Zeitung von morgen und nichts Langweiligeres als die von gestern. Besonders wichtig ist deshalb die Fähigkeit, unter Zeitdruck arbeiten zu können.

Informationswissenschaftler findet man vor allem in den Medien, bei Zeitungen und Zeitschriften, bei Radio und Fernsehen sowie in Pressebüros und Dokumentationsstellen von Unternehmen und Behörden.

Freie und Angewandte Kunst sowie Musik

In der Fächergruppe der Freien und Angewandten Kunst sowie Musik, die aus einer Vielzahl einzelner Fächer besteht, werden erstens künstlerisch hochbegabte Personen durch ein Hochschulstudium so weit ausgebildet, dass sie eigenständige künstlerische Arbeiten schaffen können (entweder freischaffend oder angestellt), zweitens Personen ausgebildet, die als Pädagogen künstlerisch Begabte an speziellen Schulen fördern (z.B. an Musikschulen), und drittens Lehrer für Kunst oder Musik an allgemeinbildenden Schulen.

Zur **Gruppe der Freien und Angewandten Kunst** zählen folgende Studiengänge:

- Bildhauerei
- Bühnenbild
- Bühnenkostüm
- Design (von Gamedesign über Grafikdesign, Industrial Design, Mediendesign bis Modedesign)
- Druck
- Fotografie
- Film
- Gestaltung / Gestaltungstechnik
- Glasgestaltung
- Goldschmiedekunst / Silberschmiedekunst
- Grafik
- Innenarchitektur
- Keramik
- Malerei
- Restaurierung
- Textilgestaltung

Die **Musikhochschulen** haben folgende Ausbildungsmöglichkeiten:

- Dirigieren
- Chor- und Orchesterleitung
- Instrumente und Gesang
- Kirchenmusik
- Komposition
- Musiktheorie
- Musikerziehung
- Oper (Solo- und Chorgesang)
- Regie (Oper und Schauspiel)
- Rhythmik

- Schauspiel

- Szenisches Schreiben

- Musical

- Tanz

- Tanzpädagogik für Berufs- und Laientanz

- Tonmeister

Die Ausbildung erfolgt an Kunst- und Musikhochschulen. Das Studium schließt mit einem Bachelor- und Mastergrad oder einer künstlerischen oder musikalischen Reifeprüfung ab.

Die Aufnahme für das Studium eines der Fächer setzt eine umfangreiche Überprüfung der künstlerischen Begabung voraus.

Die Absolventen der künstlerischen Hochschulen sind je nach abgeschlossenem Studienfach entweder als freischaffende Künstler oder in entsprechenden künstlerischen Engagements tätig. Ferner als Lehrer an allgemeinbildenden Schulen, an Kunst- oder Musikschulen oder als angestellte Gestalter / Designer in Unternehmen.

Sport und Gesundheit

Sport kann man studieren an der Deutschen Sporthochschule Köln oder an Universitäten und Pädagogischen Hochschulen mit dem Ziel, entweder Lehramt Sport oder Sport mit unterschiedlichen Schwerpunkten zu studieren. Die Sportstudiengänge für Tätigkeiten außerhalb der Schule finden sich mit unterschiedlichen Ausrichtungen an Universitäten. Einige Fachhochschulen bieten das Fach Sportmanagement an. Das Studium dauert in Bachelorstudiengängen mindestens drei Jahre, ein daran anschließendes Masterstudium zwei weitere Jahre.

Für das (praktische) Sportstudium an der Sporthochschule Köln, an anderen Universitäten und den Pädagogischen Hochschulen sind eine Aufnahmeprüfung in mehreren Sportarten (Mannschaftssportarten, Individualsportarten) und ein Zeugnis über die körperliche Eignung obligatorisch. Beim Fachhochschulstudiengang Sportmanagement sind die Anforderungen an die praktisch-sportliche Begabung unterschiedlich. Das Lehramtsstudium Sport wird mit dem Bachelor und Master of Education (B.Ed., M.Ed.) abgeschlossen, alle anderen Studiengänge in der Regel mit dem Bachelor und Master of Arts (B.A., M.A.). Siehe zum Studium Sport auch das Kapitel »Deutsche Sporthochschule« (s. S. 28).

Angebotene Studiengänge:

- Sport als Lehramtsstudiengang
- Sportwissenschaft / Prävention
- Sportwissenschaft / Rehabilitation
- Sport, Erlebnis, Bewegung
- Sport und Leistung
- Sportpublizistik / Sportkommunikation
- Sportpsychologie
- Sportmanagement

Sportwissenschaftler arbeiten bei großen Vereinen, als Funktionäre in Verbänden, in der Sportartikelindustrie, als Manager von Sportlern oder als Sportjournalisten in den Medien, in Tourismus- und Freizeitunternehmen oder in Gesundheits- und Rehabilitationseinrichtungen.

Eine Ausweitung haben in den letzten Jahren die **Gesundheitsstudiengänge** Physiotherapie, Ergotherapie und Logopädie erfahren. Waren diese Ausbildungen früher erst einmal auf die Berufsfachschulen konzentriert und ein Studium dieser Fächer nur mit abgeschlossener Berufsfachschulausbildung möglich, können sie jetzt als duales Studium (Berufsfachschulausbildung und FH-Studium kombiniert) absolviert werden. In den ersten drei Jahren findet die Ausbildung an mit der Fachhochschule verbundenen Berufsfachschulen statt, parallel hierzu absolvieren die Studierenden spezielle Lehrveranstaltungen an der Fachhochschule. Nach diesen drei Jahren folgen zwei bis drei Semester reines Fachhochschulstudium.

Weichenstellung: Fächerkombinationen, Studiengänge, Abschlussmöglichkeiten, Qualifikationen

In diesem Kapitel erhalten Sie einen Einblick in die Struktur des Studiums. Die Studienwahl umfasst nicht nur die Wahl eines Studienfaches, denn es besteht auch die Möglichkeit, Fächer zu einer Fächerkombination zu verbinden. Auch sind verschiedene Abschlüsse möglich: Für die überwiegende Zahl der Studiengänge ist ein Bachelor- und anschließend ein Masterabschluss vorgesehen, zur zweiten – kleinen – Gruppe gehören Studiengänge mit Abschluss Staatsexamen. Bevor Sie sich jedoch Ihr Studium »maßgeschneidert« zusammenstellen können, möchten wir Sie mit den wichtigsten Begriffen und Informationen vertraut machen. Nur wer weiß, was alles angeboten wird, kann sich zwischen den verschiedenen Möglichkeiten entscheiden. Außerdem möchten wir Ihnen noch einige Informationen geben, welche zusätzlichen Qualifikationen wichtig und weniger wichtig sind.

Viele Möglichkeiten: Der Aufbau des Studiums

Die Universitäten bieten – mit nur wenigen Ausnahmen – dreijährige Studiengänge (6 Semester) an, die Fachhochschulen drei oder dreieinhalbjährige (6 oder 7 Semester). In einem Bachelorstudiengang sollen die notwendigen fachlichen und methodischen Grundlagen eines Faches und berufsfeldbezogene Qualifikationen vermittelt werden. Eine Spezialisierung ist vor allem in den letzten zwei oder drei Semestern des Studiums und mit der Bachelorarbeit vorgesehen. Die eigentliche Spezialisierung ist aber den Masterstudiengängen vorbehalten. Universitäten bieten zweijährige Masterstudiengänge an, die Fachhochschulen überwiegend eineinhalb- oder zweijährige. Wenn ein Masterstudium den vorangegangenen Bachelorstudiengang inhaltlich vertieft, wird von einem **konsekutiven Masterstudiengang** gesprochen. Konsekutive Bachelor- und Masterstudiengänge sind dabei auf höchstens fünf Jahre Studiendauer insgesamt angelegt.

Um ein **nichtkonsekutives Masterstudium** handelt es sich, wenn das Studium in einem inhaltlich nur angrenzenden oder in einem interdisziplinär angelegten Masterstudiengang weitergeführt wird. Von einem **weiterbildenden Masterstudium** spricht man, wenn der Masterstudiengang sich an bereits Berufstätige richtet. Für diese Studiengänge ist Berufspraxis eine wichtige Zulassungsvoraussetzung.

Kennzeichen der Bachelor- und Masterstudiengänge ist die Unterteilung in sogenannte Module. Der erfolgreiche Abschluss eines Moduls besteht darin, mehrere unterschiedliche Lehrveranstaltungen (z. B. ein Seminar, eine Vorlesung, Übung oder Projektarbeit) zu einem Oberthema erfolgreich absolviert zu haben. Eingerechnet wird in das Modul auch das Selbststudium, das für die erfolgreiche Bewältigung der Lehrveranstaltungen erforderlich ist. Da vielfach nicht alle zu einem Modul gehörenden Lehrveranstaltungen in einem Semester angeboten werden, erstreckt sich der erfolgreiche Abschluss eines Moduls meistens über zwei, zuweilen auch über drei Semester.

Die Bewertung der Studienleistungen in Bachelor- und Masterstudiengängen erfolgt nach einem Leistungspunktesystem, dem European Credit Transfer System (ECTS), das in allen europäischen Staaten eingeführt wurde, um Studienleistungen vergleichbar zu machen.

Für den Abschluss eines Bachelorstudiums werden mindestens 180 und maximal 240 Leistungspunkte (credit points) verlangt, für ein Masterstudium weitere 120 Punkte. Ein Leistungspunkt entspricht dabei 25 – 30 Stunden Arbeit, wobei häusliche Arbeit, der Besuch von Lehrveranstaltungen und Praktika eingerechnet werden. Für ein Semester werden 30 Punkte veranschlagt, was 750 – 900 Arbeitsstunden entspricht. Ein erfolgreicher Masterabsolvent hat demzufolge mindestens 300 Punkte vorzuweisen und mindestens fünf Jahre studiert.

Einen Hinweis, ob ein Bachelor- bzw. Masterstudiengang die Qualitätskriterien (etwa modularer Aufbau, ECTS-System) erfüllt, soll die sogenannte **Akkreditierung** geben. Dabei handelt es sich um ein offizielles »Gütesiegel«, das von einigen eigens dafür geschaffenen Agenturen verliehen wird. Auch hierauf sollte bei der Studienwahl geachtet werden.

In den Staatsexamensstudiengängen, wozu Pharmazie, Lebensmittelchemie, Human-, Zahn- und Tiermedizin sowie Rechtswissenschaft zählen, ist keine Einteilung in Module und auch kein Leistungspunktesystem vorgesehen. Für das Studium ist eine bestimmte Studienzeit vorgeschrieben, abhängig vom jeweiligen Fach. Diese beträgt zwischen vier (Pharmazie, plus anschließende einjährige praktische Arbeit in einer Apotheke) und sechseinhalb (Humanmedizin) Jahren.

Das Studium besteht aus fachbezogenen Lehrveranstaltungen (Vorlesungen, Übungen, Seminare, Kolloquien, fachpraktische Veranstaltungen) und Veranstaltungen, in denen Schlüsselqualifikationen und berufsrelevante Qualifikationen vermittelt werden (etwa Rhetorik, Präsentationstechniken, IT-Qualifikationen, Fremdsprachenkenntnisse).

Das Modulhandbuch und die Prüfungsordnung eines Bachelor- bzw. Masterstudiengangs sowie die Studienordnung und die Prüfungsordnung eines Staatsexamensfaches legen fest, welche Lehrveranstaltungen in welchem Umfang und in welcher Reihenfolge besucht werden und mit welchem Nachweis (Teilnahme, Klausur, mündliche Prüfung, Referat, Hausarbeit, Bericht u. Ä.) die Veranstaltung abgeschlossen werden kann. Geregelt ist auch, wann unter welchen Bedingungen die Abschlussarbeit abgelegt wird und aus welchen Teilen das Examen besteht.

Ein wesentlicher Unterschied zwischen den Bachelor- und Masterstudiengängen und den Staatsexamensstudiengängen besteht auch darin, dass in den Bachelor- und Masterstudiengängen die Prüfungen einschließlich der Benotung studienbegleitend ab dem ersten Semester erfolgen und nicht – wie bei Staatsexamensstudiengängen – eine zentrale Abschlussprüfung am Ende des Studiums stattfindet.

Jedes Studienangebot mit Bachelorabschluss sollte überprüft werden auf die Inhalte, die vermittelt werden, und auf die Verzahnung zwischen dem Bachelorstudium und einer späteren Spezialisierung im Masterstudium. Das ist selbst für Fachleute nicht einfach. Deshalb eine kleine Hilfe: Legen Sie mehrere Modulübersichten von verschiedenen Hochschulen des Faches, das Sie studieren möchten, nebeneinander und vergleichen Sie, welche Studieninhalte vermittelt werden. Dort, wo die Abweichungen groß sind, sollten Sie Vorsicht walten lassen.

Die Abschlüsse Bachelor und Master bieten eindeutige Vorteile auf dem internationalen Arbeitsmarkt. Es darf aber nicht übersehen werden, dass der Bachelor allein in vielen Berufsbereichen nur geringe Einstiegs- und Aufstiegschancen bietet. Insgesamt sind die beruflichen Perspektiven mit einem anschließenden Master wesentlich besser. Vor allem bei den ingenieurwissenschaftlichen Fächern wird der Master nach dem Bachelor dringend empfohlen; der Bachelor allein bietet auf dem Arbeitsmarkt für Ingenieure nur sehr geringe Chancen. Auch bei naturwissenschaftlichen Fächern wie Mathematik, Physik, Biologie oder Chemie reicht der Bachelor nicht, hier wird ebenfalls ein Master und häufig auch eine Promotion erwartet.

Jede Menge Variationen:
Studiengänge und Kombinationsmöglichkeiten

Bislang haben wir von **Studienfächern** gesprochen – für die Studiengestaltung ist es nicht unerheblich, welches Fach ausgewählt wird und welche Berufsmöglichkeiten damit eröffnet werden. Es gibt aber noch den Begriff **Studiengang**. Die Fächer sind in den Studiengang eingebettet, er gibt die Ausrichtung des Studiums vor. Unter Studiengang versteht man das Studium eines oder zweier Fächer, dessen Durchführung und, was noch wichtiger ist, dessen Abschluss durch das Modulhandbuch bzw. die Studienordnung und die Prüfungsordnung geregelt ist.

Ob Ihr Studium aus einem Fach, aus zwei Fächern oder aus Haupt- und Nebenfächern besteht, hängt davon ab, zu welcher Fächergruppe das Studienfach gehört und wie die Bachelor- und Masterangebote der jeweiligen Hochschule aufgebaut sind.

Das Studium der sprach-, literatur- und kulturwissenschaftlichen Fächer besteht im Bachelorstudium entweder (selten) aus einem einzigen Fach oder einer Zwei-Fächer-Kombination; je nach Hochschule werden unterschiedliche Kombinationsmöglichkeiten angeboten. Wenn man nur ein Fach studiert, wird vom Ein-Fach-Bachelor gesprochen. Werden zwei Fächer innerhalb eines Bachelorstudiengangs studiert, gibt es die Variante, dass zwei Fächer gleichwertig nebeneinander studiert werden (dann spricht man auch vom Zwei-Fach-Bachelor) oder dass ein großes mit einem vom Arbeitsaufwand »kleineren« Fach kombiniert wird. Bei der zweiten Kombinationsmöglichkeit werden häufig die Begriffe Bachelor-Hauptfach bzw. Bachelor-Kernfach und Bachelor-Nebenfach bzw. Bachelor-Begleitfach verwendet. Masterstudiengänge können ebenso aus einem Fach (Ein-Fach-Master) oder zwei Fächern (Zwei-Fach-Master) bestehen. In den sprach-, literatur- und kulturwissenschaftlichen Fächern lautet der genaue Abschluss Bachelor of Arts (abgekürzt B.A.) bzw. Master of Arts (M.A.).

Das Studium der naturwissenschaftlichen, technischen und ingenieurwissenschaftlichen Fächer (einschließlich Architektur) besteht in Bachelorstudiengängen aus einem Fach mit der Möglichkeit, neben den Pflichtmodulen sogenannte Wahlpflichtmodule zu belegen, wobei aus einem vorgegebenen Katalog von Modulen ausgewählt werden kann. Das Gleiche gilt für die wirtschaftswissenschaftlichen Fächer wie BWL oder VWL. Das Studium ist ebenfalls auf ein Fach ausgerichtet, mit der Möglichkeit, in Wahlpflichtmodulen kleine Akzente zu setzen.

In den Natur- und Ingenieurwissenschaften wird, unabhängig davon, ob der Bachelor oder der Master an einer Fachhochschule oder einer Universität erworben wurde, ein Bachelor/Master of Science (abgekürzt B.Sc. oder M.Sc.) oder ein Bachelor/Master of Engineering (abgekürzt B.Eng. oder M.Eng.) verliehen.

In den Wirtschaftswissenschaften erwirbt man den Bachelor und Master of Arts (B.A.) oder den Bachelor und Master of Science (B.Sc.). Genaue Auskunft über den belegten Studiengang, seine Inhalte und Qualifikationen gibt das sogenannte Diploma Supplement (DS), ein EU-einheitliches Formular, das für Bachelor- und Masterstudiengänge vorgeschrieben ist.

Am Ende des Studiums der Fächer Pharmazie, Humanmedizin, Tiermedizin, Zahnmedizin und Lebensmittelchemie steht ein Staatsexamen. Auch das Studium der Rechtswissenschaft (Jura) schließt mit dem Staatsexamen ab. Beim Lehramtsstudium gibt es das Staatsexamen nur noch selten (z. B. an bayerischen Universitäten), überwiegend wird in Bachelor- und Masterstudiengängen studiert, die mit dem Bachelor of Education (B.Ed.) und Master of Education (M.Ed.) abschließen. In diesen Studiengängen werden in der Regel zwei Schulfächer mit erziehungswissenschaftlichen Begleitfächern zusammen studiert. Der Master of Education wird dann als 1. Staatsexamen anerkannt.

Bei den meisten Studiengängen, die für Tätigkeiten im Schuldienst, Gesundheitsdienst und in der öffentlichen Justizverwaltung vorbereiten, muss das 1. Staatsexamen (und anschließend noch ein Vorbereitungsdienst, Referendariat oder eine fachpraktische Ausbildung) absolviert werden.

Das Studium der Theologie besteht aus einem Hauptfach mit verschiedenen Teildisziplinen und verwandten Disziplinen wie Philosophie und kann mit dem Bachelor und Master of Arts (B.A., M.A.) und dem Magister Theologiae (M. Theol.) abgeschlossen werden. Natürlich kann Theologie auch für das Lehramt an Schulen studiert werden; hier führt der Weg über eigene Bachelor- und Masterangebote. Die Abschlüsse lauten dann Bachelor of Education und Master of Education (B.Ed., M.Ed.).

Die künstlerischen Studiengänge bestehen wiederum aus einem Hauptfach mit mehreren Teilgebieten und Zusatzfächern und enden mit Bachelor, Master, einer künstlerischen Reifeprüfung oder einem Zertifikat. Für das Lehramt in Kunst und Musik wird in eigenen Bachelor- und Masterstudiengängen (Abschluss: B.Ed., M.Ed.) ausgebildet.

Nicht nur zum Zuhören: Lehrveranstaltungen

Das Studium setzt sich je nach Fach und Hochschule mit unterschiedlichen Anteilen aus folgenden Lehrveranstaltungen zusammen:

- Vorlesungen
- Übungen

- Seminare
- Studienpraktische / fachpraktische Lehrveranstaltungen
- Exkursionen

Das Wesen einer Vorlesung besteht darin, dass ein /-e Hochschullehrer /-in in einem großen Raum, Hörsaal genannt, vor einigen Dutzend oder einigen Hundert Studierenden ein Semester lang regelmäßig zu einem bestimmten Thema entweder vorliest (deshalb Vorlesung) oder etwas frei vorträgt. Die Studierenden machen sich hierzu Notizen. Fragen und Diskussionen sind in der Vorlesung normalerweise nicht üblich.

Die Vorlesung hat das Ziel, einen Überblick über ein Thema oder ein Problem des Faches zu geben, berücksichtigt dabei auch den jeweils neuesten Wissensstand und unterschiedliche Ansätze, Methoden und Meinungen.

Im **Vorlesungsverzeichnis** (ist in der Regel auf der Hochschul-Homepage eingestellt) wird angekündigt, wie oft pro Woche, zu welcher Zeit und wo die Vorlesung stattfindet. Es gibt Vorlesungen mit einer Stunde pro Woche ebenso wie Vorlesungen mit zwei, drei bis hin zu sechs Stunden pro Woche. Üblich sind zweistündige Vorlesungen mit zweimal 45-minütiger Dauer.

Wichtig für jede Vorlesungsstunde ist eine gründliche Vor- und Nachbereitung anhand der vom Dozenten genannten Fachliteratur zum Thema der Vorlesung.

Da selten jemand – vor allem zu Beginn des Studiums – alles auf Anhieb versteht, was in einer Vorlesung gesagt wird, und man auch kaum die Möglichkeit hat, Verständnisfragen zu stellen oder zu diskutieren, gibt es in vielen Fächern sogenannte Arbeitsgemeinschaften oder Tutorien, die im kleinen Kreis stattfinden und die Vorlesung begleiten. Geleitet werden sie entweder von Studierenden höherer Semester oder von Mitarbeitern des Hochschullehrers. Diese Lehrveranstaltungen beziehen sich auf den Stoff der jeweiligen Vorlesung und sollen ihn vertiefen. Verständnisfragen werden beantwortet, Musteraufgaben geübt, und es wird ausführlich diskutiert.

In einem kleineren Rahmen als in den Vorlesungen (zehn bis siebzig Studierende) werden in den sogenannten Übungen Inhalte oder Methoden des Faches entweder auf wissenschaftlich-theoretischer oder praktischer Ebene unter Leitung eines Dozenten vermittelt.

Übungen haben je nach Studienfach sehr unterschiedliche Inhalte. Beim Studium von Fremdsprachen handelt es sich etwa um sprachpraktische Übungen (z. B. Übersetzen von Texten) oder um sprachtheoretische Übungen (Interpretation von Quellentexten). Bei einer Ingenieurwissenschaft kann eine Übung darin bestehen, praktisches Wissen zu vermitteln, wie Maschinen funktionieren und bedient werden oder wie man technische Instrumente herstellt. Bei einer Übung in Architektur kann der Gegenstand die Konstruktionszeichnung für eine Brücke sein, beim Studium von Gesang oder Kunst die Einübung einer Opernarie. Bei den Werkstoffwissenschaften kann es in der Übung um die Erprobung einer Metalllegierung gehen, im Fach Kunstgeschichte um die Beschreibung von Gemälden. Diese Beispiele lassen sich noch beliebig fortsetzen.

Auf jeden Fall – und hier gibt es keine Unterschiede – wird in allen Übungen erwartet, dass die Studierenden sich aktiv beteiligen und entweder im Laufe der Übung, am Ende der Lehrveranstaltung oder zum Abschluss mehrerer Übungen irgendeine Form von Leistungsnachweis erbringen. Die Formen sind so vielfältig wie die Übungen: mündliche Prüfung, schriftliche Prüfung (Klausur), mündlich vorgetragene oder schriftlich verfasste Hausarbeit (Referat), Entwurf oder Herstellung eines Objektes, Demonstration (Vorspielen, Vorsingen), Bericht über eine Versuchsreihe, Befragung von Personen, Materialanalyse und vieles mehr. Die Übung ist ähnlich wie die Vorlesung eine Fortsetzungsveranstaltung, die einmal oder mehrmals pro Woche während des Semesters stattfindet.

Seminare sind ähnlich aufgebaut wie Übungen. Im kleineren Kreis (ca. zehn bis siebzig Studierende) werden unter der Leitung eines Hochschullehrers einzelne Themen eines zusammenhängenden Themengebietes besprochen, diskutiert und dabei auch bestimmte Vorgehensweisen eingeübt. Mehr noch als in der Übung wird die aktive Mitarbeit der Studierenden mit abschließendem Leistungsnachweis erwartet.

Sofern man überhaupt einen Unterschied zwischen Übung und Seminar erkennen kann, ist die Übung etwas stärker auf die Methoden und das Seminar eher mehr auf den Inhalt des Faches ausgerichtet. Zuweilen – aber nicht immer – sind die Leistungsanforderungen beim Seminar etwas höher. Nichtsdestotrotz gibt es die gleichen Leistungsnachweise wie bei der Übung. Auch zwischen den einzelnen Seminaren gibt es wesentliche Unterschiede und in vielen Fächern Abstufungen: Proseminare (für Studienanfänger), Mittel- oder Hauptseminare (für Fortgeschrittene) und Oberseminare (für Examenskandidaten). Es versteht sich von selbst, dass die Anforderungen vom Proseminar zum Oberseminar höher werden.

Studienpraktische Lehrveranstaltungen, die es vor allem in den Fächergruppen Naturwissenschaften, Medizin, Land- und Forstwirtschaft sowie in den Ingenieurwissenschaften gibt, sollen den Studierenden bestimmte praktische Fertigkeiten vermitteln, die im späteren Berufsleben benötigt werden. Ein solches Praktikum kann in einem Labor, einem Konstruktionsraum oder auf einem Versuchsgelände stattfinden.

Bei den Praktika sind – neben den obligatorischen Denkleistungen – vor allem Finger- und Handfertigkeiten gefragt. Schon mancher Kopfmensch hat in einer fachpraktischen Lehrveranstaltung die Grenzen seiner praktischen Begabung erkennen müssen, beispielsweise wenn er oder sie zum dritten Mal die falschen Chemikalien zusammengemischt oder sich zum siebten Mal mit dem Lötkolben die Finger verbrannt hat. Praktische Lehrveranstaltungen finden zum Teil wie die Vorlesungen, Übungen und Seminare fortlaufend während des Semesters statt. Häufiger jedoch, dies macht sie bei einigen Studierenden so unbeliebt, werden sie als Blockveranstaltungen über mehrere Tage oder Wochen in der vorlesungsfreien Zeit abgehalten.

Auch die Leistungsnachweise bei fachpraktischen Lehrveranstaltungen sind unterschiedlich und reichen vom Praktikumsbericht oder der Durchführung einer Versuchsreihe bis hin zur praktischen Überprüfung des erworbenen Wissens.

Im Zusammenhang mit fachpraktischen Lehrveranstaltungen sind sogenannte Fachpraktika zu erwähnen, die entweder vor Beginn des Studiums oder in den ersten Semestern absolviert werden müssen. Dabei handelt es sich nicht um Veranstaltungen der Hochschule, sondern um ein oder mehrere Grund- oder Einführungspraktika in Unternehmen oder bei staatlichen Einrichtungen. Die Dauer liegt je nach Hochschule und Fach zwischen sechs Wochen und drei Monaten. Sinn dieser Praktika, die vor allem in den Ingenieurwissenschaften (wissenschaftliche Hochschulen und Fachhochschulen) und bei der Betriebswirtschaftslehre sowie der Fächergruppe Sozialwesen (jeweils Fachhochschule) vorgeschrieben sind, ist es, dass die Studierenden vor Beginn oder zu Anfang des Studiums Informationen über die Anforderungen im späteren Beruf oder über die praktischen Anforderungen im Studium sammeln.

Die Ansprüche an solche Praktika sind nicht nur von Hochschule zu Hochschule, sondern zuweilen auch im gleichen Studienfach der gleichen Hochschule recht unterschiedlich. Sie hängen vor allem davon ab, welche Bedeutung das jeweilige Studienfach dem Praxisbezug beimisst. Um eine Praktikantenstelle muss man sich in der Regel selbst kümmern, lediglich an Fachhochschulen gibt es Unterstützung von sogenannten Praktikantenämtern. Hilfestellung bei der Suche bieten vor allem die Industrie- und Handelskammern und die Praktikantenbörsen im Internet.

Exkursionen sind eine weitere Art von Lehrveranstaltung. Sie finden nicht innerhalb der Hochschule, sondern an anderen Orten statt. Eine Exkursion ist also mit Reisen verbunden.

Nur wenige Fächer schreiben Exkursionen zwingend vor. Dies sind vor allem Fächer wie Kunstgeschichte und Archäologie (Besuch von Museen und Galerien), Geschichte (Orte historischer Ereignisse) und Geografie / Geologie (Geländeerkundungen). Die angehenden Geowissenschaftler sind die »Könige der Exkursionen«, weil bei ihnen auch Reisen in andere Länder und durch andere Kontinente nicht selten sind.

Exkursionen fallen zumeist in die vorlesungsfreie Zeit. Der Leistungsnachweis besteht entweder aus einem mündlichen Referat, einer schriftlichen Hausarbeit oder in der Anfertigung eines Exkursionsberichtes.

An den Hochschulen gibt es neben Vorlesungen, Übungen, Seminaren usw. auch andere Veranstaltungen, die im Rahmen des sogenannten Studium generale / Studium universale angeboten werden. Dabei handelt es sich um kein eigenständiges Studienfach, sondern um Einrichtungen, die die fachübergreifende und kulturelle Bildung der Studierenden fördern und einer fachlichen Vereinseitigung der Studierenden entgegenwirken wollen. Vorträge, Vortragsreihen und Arbeitsgemeinschaften, aber auch Musikkreise etc. sind Bestandteile dieses zusätzlichen Studienangebotes.

Darüber hinaus werden weitere attraktive Veranstaltungen angeboten, z. B.:

- Hochschulsport (von Basketball über Schach bis Fallschirmspringen)
- Hochschulmusik (Hochschulorchester, -chor)
- gemeinsame Arbeitskreise (zu den unterschiedlichsten Themen)
- Mitarbeit in politischen Hochschulgruppen
- studentisches Theater und studentisches Kino
- alle möglichen Stammtische
- Gastvorträge von auswärtigen Hochschullehrern
- Dichterlesungen
- Diskussionsveranstaltungen
- Vorträge zu aktuellen Themen
- Nachwuchskonzerte und -kunstausstellungen

Zu guter Letzt gibt es noch eine Lehrveranstaltung, die jede /-r Student /-in selbst veranstalten muss: das sogenannte Eigen- oder Selbststudium. In Vorlesungen, Übungen, fachpraktischen Lehrveranstaltungen, in Seminaren und Tutorien und bei Exkursionen werden Themen zuweilen nur angerissen oder werden lediglich Einführungen in Themenfelder gegeben und es bedarf einer Beschäftigung mit dem Lernstoff über die Lehrveranstaltungen hinaus. Oder es werden praktische Fertigkeiten vermittelt, die eingeübt werden müssen. Oder man erhält aus einem Seminar eine Anregung, die man in selbstständiger Arbeit zu einem Projekt entwickelt. Wie viele Stunden jemand für das Eigenstudium aufwendet, hängt natürlich vom jeweiligen Studienfach und vom persönlichen Interesse am Studium ab. Es ist aber durchaus üblich, dass hierfür zwischen 10 und 25 Stunden pro Woche benötigt werden.

Nachdem wir so viel von den Lehrveranstaltungen gehört haben, verraten wir nun, wer sie abhält und wer sonst noch dafür sorgt, dass der Hochschulbetrieb funktioniert. Beginnen wir mit den Professoren, deren Aufgaben vielfältig, aber leicht zu beschreiben sind. Professoren sind Hochschullehrer, die Unterricht abhalten (im Fachdeutsch heißt das Lehre), zu bestimmten Themen forschen und die Ergebnisse veröffentlichen sowie in Gremien der Hochschule mitarbeiten. Sie halten Vorlesungen, Seminare, Übungen, Kolloquien und leiten fachpraktische Lehrveranstaltungen oder Exkursionen.

Ihnen stehen wissenschaftliche Mitarbeiter zur Seite, die sie in Lehre und Forschung unterstützen, sowie Hilfskräfte, die unter der Leitung von Hochschullehrern arbeiten (gegen Bezahlung).

Sogenannte Lektoren finden wir vor allem in der Fremdsprachenausbildung, wo sie Sprachkurse und landeskundliche Veranstaltungen anbieten. Lehrbeauftragte sind Personen, die nicht fest angestellt sind und eine oder mehrere Lehrveranstaltungen abhalten. Lehrbeauftragte und Lektoren sind in aller Regel nur in der Lehre tätig.

Neben dem wissenschaftlichen Personal (so nennt man die eben genannten Personen) gibt es noch viele andere Mitarbeiter der Hochschule, die die Studierenden aber seltener zu Gesicht bekommen: Verwaltungsangestellte, Hausmeister, Pförtner, Reinigungspersonal, technische Mitarbeiter, Labor- und Werkstattpersonal, Krankenpflegepersonal (in Universitätskliniken), Gärtner, Monteure, Schreiner, Köche usw. Hochschulen sind Großbetriebe, nicht nur, was die Zahl der Studierenden, sondern auch die der Mitarbeiter anbelangt. An den größten deutschen Universitäten arbeiten bis zu 10 000 Personen. In einer mittelgroßen Universität oder einer großen Fachhochschule mit etwa 10 000 Studierenden sind zwischen 1 000 und 1 500 Angestellte beschäftigt.

Wenden wir uns abschließend den Semesterzeiten zu, in denen die Lehrveranstaltungen angeboten werden. Das Wintersemester beginnt in der Regel bei den wissenschaftlichen Hochschulen am 1. 10. und endet am 31. 3. Das Sommersemester fängt in der Regel am 1. 4. an und endet am 30. 9. An den Fachhochschulen liegen die Zeiten vom 1. 9. bis 28. 2. und vom 1. 3. bis 31. 8.

Das Semester gliedert sich in eine Vorlesungszeit, in der die Lehrveranstaltungen stattfinden, und in eine vorlesungsfreie Zeit, in der zwar keine Lehrveranstaltungen stattfinden, die Hochschule und ihre Einrichtungen aber geöffnet sind.

Die Vorlesungszeiten sind von Bundesland zu Bundesland unterschiedlich. Bei den wissenschaftlichen Hochschulen liegen sie im Wintersemester von Anfang / Ende Oktober bis Anfang / Ende Februar, im Sommersemester reichen die Vorlesungszeiten von Anfang / Ende April bis Anfang / Ende Juli. Die übrige Zeit – das heißt zwei Monate im Winter und drei Monate im Sommer – ist frei von Lehrveranstaltungen.

Die Vorlesungszeiten an den Fachhochschulen unterscheiden sich von denen der Universitäten. Das Wintersemester beginnt Anfang / Mitte September und endet Mitte / Ende Januar. Danach ist etwa ein Monat vorlesungsfreie Zeit. Das Sommersemester startet Anfang / Mitte März und endet Mitte / Ende Juni. Die Monate Juli und August sind normalerweise frei von Lehrveranstaltungen.

Wer jetzt glaubt, dass man fünf Monate an den wissenschaftlichen und drei Monate an den Fachhochschulen Urlaub hat, unterliegt einem weitverbreiteten Irrtum. Das Studentenleben ist auch in der vorlesungsfreien Zeit arbeitsintensiv. Keine Lehrveranstaltungen zu haben heißt nicht, dass man nur Urlaub machen kann. Die vorlesungsfreie Zeit dient dazu, Stoff aus den gerade zu Ende gegangenen Lehrveranstaltungen nachzuholen, Referate und Hausarbeiten zu schreiben oder für einzelne Prüfungen zu lernen, die in den Semesterferien liegen, damit die Studierenden genügend Zeit zum Lernen haben. Die vorlesungsfreie Zeit dient außerdem der Vorbereitung auf das neue Semester oder der Ableistung von naturwissenschaftlichen oder technischen Praktika.

In den künstlerischen Studiengängen wird diese Zeit häufig zur Arbeit in den Werkstätten und Zeichensälen verwendet, um in aller Ruhe künstlerisch tätig zu sein. Zudem nutzen viele Studierende die Semesterferien zum Jobben.

Im Normalfall verbleiben den meisten Studenten nicht mehr als ein oder zwei Monate studienfreie Zeit pro Jahr, in der sie verreisen oder etwas anderes tun können, als zu studieren. Unterm Strich gesehen haben Studierende etwa so viel Urlaub wie normale Arbeitnehmer. Das Studium ist für die meisten ein Fulltime-Job, sofern sie die Ausbildung ernsthaft betreiben.

Gegen graue Theorie: Praktika im In- und Ausland

Eine Berufsausbildung vor dem Studium ist eine der besten Zusatzqualifikationen für den Arbeitsmarkt (s. S. 11 f.). Wer nach dem Abitur direkt mit dem Studium begonnen hat, sollte während des Studiums die Möglichkeiten nutzen, Praktika abzuleisten. Für die meisten Berufe werden fachpraktische Erfahrungen erwartet. Wer während des Studiums nicht ein oder mehrere Praktika absolviert hat, landet beim Wettbewerb um die Einstiegsjobs schnell im Mittelfeld. Doch längst nicht jeder Ferienjob gilt bei Personalchefs als Praktikum. Nur diejenigen Tätigkeiten, die in einem Zusammenhang mit dem Studium oder dem angestrebten Berufsziel stehen, bringen Pluspunkte. Außerdem bieten Praktika die Möglichkeit, sich ein Bild von der späteren Tätigkeit im Labor oder Büro machen zu können. Zudem kann man durch den Einblick in die Praxis die Wahl von Studienschwerpunkten besser beurteilen.

In einigen Studiengängen sind Praktika obligatorisch. Die Praktikumsplätze werden an den Hochschulen von speziellen Praktikantenstellen, im Rahmen von studentischen Initiativen (Praktikantenbörse) oder von sogenannten Technologie-Transferstellen vermittelt. Für das regionale Umfeld der Hochschule bringen die Industrie- und Handelskammern Interessenten und Anbieter in Kontakt. Im Internet steht zudem eine Vielzahl von Praktikantenbörsen zur Verfügung.

Die meisten großen Unternehmen bieten auch selbst Praktikumsplätze an und verfügen über eigene Abteilungen, die mit einschlägigen Informationsveranstaltungen und Firmenpräsentationen Kontakte zu Studierenden herstellen. In der Regel haben Großunternehmen eigene Praktikantenbörsen auf ihrer Homepage eingerichtet. Hiermit versuchen sie, geeigneten Nachwuchs kennenzulernen, von dem sich der eine oder die andere möglicherweise auch für eine Bachelor- oder Masterarbeit in der Praxis und nach dem Studium für eine Anstellung eignet.

Bei **Praktika** sollte auf folgende Grundregeln geachtet werden:

1. Bei infrage kommenden Unternehmen sollte man sich etwa ein Jahr vor dem geplanten Beginn bewerben.

2. Praktika sollten mindestens sechs Wochen, besser noch zwei bis drei Monate dauern.

3. Praktika nicht nach der Höhe der Bezahlung aussuchen, sofern man darauf verzichten kann: Ein guter Firmenname wiegt einige Hundert Euro beim Berufseinstieg auf.

4. Ein Praktikum ist kein Aushilfsjob, und Praktikanten sind keine billigen Arbeitskräfte. Deshalb muss detailliert (schriftlich) festgehalten werden, welche Arbeiten das Praktikum umfasst und welche Bezahlung vorgesehen ist.

5. Eine Bescheinigung oder (in jedem Fall besser) ein Zeugnis sollte alle erledigten Aufgaben und eine Beurteilung der Person enthalten.

Noch ein Hinweis zum Mindestlohn: Diesen Anspruch kann man nur für freiwillige Praktika von über drei Monaten Dauer geltend machen. Praktika unter drei Monaten und Praktika, die in einem Studiengang verpflichtend vorgeschrieben sind, fallen nicht unter den gesetzlichen Mindestanspruch.

Nachfolgend haben wir eine Auswahl von **Praktikantenbörsen im Internet** zusammengestellt (für Praktika im In- und Ausland):

cesar
bietet Ergebnisse aus mehreren Jobbörsen
(unter »Jobtitel« »Praktikum« eingeben)
www.cesar.de

HighText Verlag iBusiness
Job- und Praktikumsbörse, vor allem für die Digitale Wirtschaft
www.ibusiness.de/jobs

International Placement Center (IPC)
ein gemeinnütziger Verein an der TU Darmstadt, vermittelt Auslandspraktika für angehende Wirtschaftsingenieure, Wirtschaftsinformatiker und Wirtschaftsmathematiker
www.ipc-darmstadt.de

Jobmensa
eines der größten Portale für Studentenjobs, aber auch Angebote für Werkstudenten
www.jobmensa.de

Praktikum.de

Suche nach Branche, Abschluss, Dauer oder regionalen Aspekten

www.praktikum.de

Praktikum.info

Stellenanzeigen für Praktika und Studentenjobs

www.praktikum.info

Praktikum-Service.de

Stellen- und Bewerbungsbörse für Praktika im In- und Ausland

www.praktikum-service.de

Auch der Ring Christlich-Demokratischer Studenten (RCDS) hat eine Praktikantenbörse für Praktika im Inland eingerichtet. Adresse: RCDS Bildungs- und Sozialwerk e. V. Praktikantenbörse, Neue Straße 34, 91054 Erlangen, Tel. 09131 / 206163 (dienstags und donnerstags 11.00 – 13.00 Uhr), E-Mail: praktikantenboerse@rcds.de Weitere Informationen unter: *http://rcds-bw.de/service*

Ein Praktikum in Deutschland zu finden, ist relativ einfach. Es stellt sich noch die Frage der Bezahlung. Hier gibt es keine einheitlichen Regelungen. Einige Unternehmen zahlen kein Entgelt, weil mit der Durchführung von Praktika entsprechende Kosten verbunden sind. Andere Unternehmen wiederum zahlen einige Hundert Euro und bieten damit auch einen finanziellen Anreiz. Wichtig ist, dass bezahlte Praktika, die nicht von der jeweiligen Studien- und Prüfungsordnung eines Studienfaches vorgeschrieben sind, der Sozialversicherungspflicht unterliegen.

Die Bezahlung eines Praktikums ist Verhandlungssache. Allerdings sollten Interessenten hier keine übertriebenen Ansprüche stellen. Mehr als 400 Euro bis 500 Euro Praktikumsentgelt im Monat sind die Ausnahme. Umgekehrt sollte man auch nicht unbedingt kostenlos arbeiten, vor allem, wenn das Praktikum länger als einige Wochen dauert, da die Unternehmen auch Vorteile durch Praktikanten haben und möglicherweise in einigen Jahren einen qualifizierten Mitarbeiter gewinnen können.

Ein Praktikum im Ausland ist natürlich ein Sahnehäubchen in jedem beruflichen Lebenslauf. Auch hier ist es nicht schwierig, an einen Praktikumsplatz zu kommen. Entweder schiebt man das Auslandspraktikum auf die Semesterferien im Studium und vertraut auf die Vermittlungshilfe einer Reihe von studentischen Initiativen und von Förderorganisationen, die sich den internationalen Austausch von Studierenden auf ihre Fahnen geschrieben haben, oder man versucht selbst, über die jeweilige deutsche Botschaft oder das deutsche Konsulat im Ausland an Adressen von Unternehmen heranzukommen, die an deutschsprachigen Praktikanten Interesse haben.

Das wissenschaftliche Meisterstück: Die Promotion

Diejenigen, die der Hochschule nach dem Studienabschluss noch für einige Jahre erhalten bleiben, sind die Promovenden. Etwa zehn Prozent all derer, die ein Studium abschließen, streben hinterher einen Doktortitel an und promovieren. Eine Promotion ist nur an einer wissenschaftlichen Hochschule möglich, Fachhochschulen haben kein Promotionsrecht.

Eine Promotion setzt einen ersten Studienabschluss voraus, womit ein Master oder ein Staatsexamen gemeint ist. Die Promotion erfolgt in drei Schritten. Der erste Schritt ist die Anfertigung einer umfangreichen wissenschaftlichen Untersuchung. Ihr folgt eine mündliche Prüfung, Rigorosum oder andernorts Disputation genannt. Den Abschluss bildet die Veröffentlichung der wissenschaftlichen Arbeit, entweder in Form eines Buches oder einer Onlineveröffentlichung.

Je nach Fach und Thema dauert es zwischen zwei und vier Jahre, bis das Doktorexamen abgeschlossen ist. Es bietet zwar eine höhere akademische Qualifikation und im Einzelfall bessere Aufstiegsmöglichkeiten, höheres Einkommen und ein hohes gesellschaftliches Ansehen, aber es gibt auch einige Nachteile wie hohe Kosten für die Promotion und späteres Eintrittsalter in den Beruf.

Derzeit werden rund 28 000 Menschen in Deutschland pro Jahr promoviert. Für eine Tätigkeit an Hochschulen und in staatlichen Forschungseinrichtungen ist die Promotion unerlässlich. Für Arbeitgeber in der Unternehmensforschung ist wichtig, dass das Promotionsthema aktuell und für den Betrieb von Nutzen ist. Aus diesem Grund werden in den Naturwissenschaften bevorzugt Promovierte eingestellt. In Chemie etwa ist ein adäquater Berufseinstieg ohne Doktortitel kaum möglich, weshalb über 90 Prozent aller Examinierten nach dem Master promovieren. In der Unternehmensforschung findet man auch viele promovierte Ingenieure. Sieht man einmal von den Berufen Archivar/-in und Kunsthistoriker/-in in Museen und in der Denkmalpflege ab, in denen ohne Promotion wenig geht, hat die Frage »Promotion, ja oder nein?« aber in den meisten Berufen keine entscheidende Bedeutung.

Da, wie Sie sicherlich schon bemerkt haben, im Studium alles genauestens geregelt ist, gibt es auch bei der Promotion nicht einen, sondern mehrere Doktortitel. Wohlgemerkt: Der Doktor ist ein Titel. Wer ihn trägt, aber nicht hat, bekommt Ärger mit der Justiz.

In Deutschland werden u. a. folgende Doktortitel verliehen:

Doktortitel	
Dr. med.	Doktor der Humanmedizin
Dr. med. dent.	Doktor der Zahnmedizin
Dr. med. vet.	Doktor der Tiermedizin
Dr. rer. nat.	Doktor der Naturwissenschaften
Dr. agr.	Doktor der Agrarwissenschaften
Dr. paed.	Doktor der Pädagogik
Dr. theol.	Doktor der Theologie
Dr. phil.	alle Geistes- und Kulturwissenschaften
Dr. jur.	Doktor der Rechtswissenschaft
Dr. rer. pol. oder Dr. rer. oec.	Doktor der Wirtschaftswissenschaften
Dr.-Ing.	Doktor der Ingenieurwissenschaften
Dr. rer. forest.	Doktor der Forstwissenschaft
Dr. rer. hort.	Doktor der Gartenbauwissenschaften

Dass man sich nicht aussuchen kann, welchen Doktortitel man machen will, haben Sie sich sicherlich schon gedacht. Jede Fächergruppe hat ihren eigenen Doktortitel.

Die schnellste Art, einen Doktortitel zu bekommen, ist der Ehrendoktor (Dr. h. c.). Man braucht weder eine Doktorarbeit zu schreiben noch Prüfungen abzulegen. Aber: Dieser Doktortitel wird nur Personen verliehen, die berühmt sind oder etwas Außergewöhnliches für die Wissenschaft geleistet haben.

Promotionsmöglichkeiten für Fachhochschulabsolventen

Wer vor der Studienwahl steht, dürfte erst einmal dieses Kapitel für wenig wichtig halten, denn es geht hier um die Frage, ob und ggf. unter welchen Bedingungen man die Möglichkeit hat, nach dem Studium an einer Fachhochschule, eine Promotion, d. h. die Erlangung eines Doktorgrades, anzuschließen.

Denn wir unterscheiden im deutschen Hochschulsystem klar zwischen wissenschaftlichen Hochschulen, das sind die Universitäten und weitere universitätsähnliche Hochschulen auf der einen Seite, und auf der anderen Seite den Fachhochschulen, die sich jetzt häufig »Hochschulen«, »Technische Hochschulen«, »Hochschulen für Angewandte Wissenschaften« oder »University of Applied Sciences« nennen. Diese sind weniger wissenschaftlich ausgerichtet, sondern anwendungsbezogener.

Wenn man sich also für ein Studium an einer Fachhochschule entscheidet, dann ist damit ein Stück weit auch vorgezeichnet, wie es nach dem Studium weitergehen kann. Der normale Weg ist es, nach dem Studium, egal ob an Universitäten oder an Fachhochschulen, den Berufseinstieg zu bewältigen. Aber es steht ein weiterer Weg offen für diejenigen, die noch eine gewisse Zeit in der Wissenschaft bleiben wollen und eine Doktorarbeit anfertigen möchten.

Promotionsrecht, d.h. das Recht, Doktortitel zu vergeben, haben bisher nur die Universitäten und vergleichbare wissenschaftliche Hochschulen. Neu sind vor kurzem im Bundesland Hessen vier hochschulübergreifende Promotionszentren, die für einzelne – besonders anwendungsorientierte – Fachrichtungen an Fachhochschulen eingerichtet worden sind (Beispiele: Fachrichtung Soziale Arbeit an der Hochschule Fulda, der Hochschule RheinMain und der Frankfurt University of Applied Sciences; Fachrichtung Angewandte Informatik an der Hochschule Darmstadt, der Hochschule Fulda, der Hochschule RheinMain und der Frankfurt University of Applied Sciences). Die Hochschulen erhalten für diese Fachrichtungen erstmals ein eigenständiges Promotionsrecht. Ob in den nächsten Jahren weitere solcher »Sondergenehmigungen« in Hessen oder anderen Bundesländern vergeben werden, ist erst einmal Spekulation.

Und jetzt die spannende Frage, geht es grundsätzlich oder grundsätzlich nicht, zuerst Studium und Studienabschluss an einer Fachhochschule zu absolvieren und anschließende eine Promotion? Hierzu folgender Stand: Grundsätzlich ist es möglich, dass hochqualifizierte Absolventen mit Interesse an wissenschaftlicher Weiterqualifikation auch nach einem Abschluss an einer Fachhochschule eine Doktorarbeit anfertigen können. Der Weg zu einer Promotion führt, von wenigen Ausnahmen abgesehen, immer über eine Universität. Das kann eine Universität am gleichen Studienort sein, aber auch jede andere in Deutschland. Allerdings haben diese für Fachhochschulabsolventen hohe Hürden in ihre Promotionsordnungen gesetzt. Dies können die Note des Examens, die wissenschaftliche Qualifikation, das Thema einer möglichen Doktorarbeit, aber auch noch die Absolvierung von Vorbereitungs- oder Brückenkursen sein. Man muss also gewissermaßen den Übergang von einer Fachhochschule an eine Universität schaffen und von dort die Genehmigung bekommen, eine Promotion anzufertigen.

In den letzten Jahren wurde ein interessantes Modell entwickelt, das sicher zukunftsträchtig ist und dass man **Kooperative Promotion** nennt. Das Wort »kooperativ« lässt bereits vermuten, dass es sich um eine Zusammenarbeit handelt. Konkret ist es ein Zusammenwirken einer Universität mit einer Fachhochschule. Ein / -e Absolvent / -in einer Fachhochschule kann an der Universität entsprechend der persönlichen, fachlichen und formalen Voraussetzungen zur Promotion angenommen werden. Die Erstbetreuung und Erstbegutachtung der späteren Doktorarbeit leistet die Universität, während Zweitbetreuung und Zweitbegutachtung von einem Professor bzw. einer Professorin der Fachhochschule wahrgenommen wird.

Bei einer Kooperativen Promotion schließen die Universität und die Fachhochschule einen Kooperationsvertrag, ferner erfolgen Vereinbarungen für die Betreuung der Doktorarbeit zwischen dem Promovenden, dem Erstbetreuer und dem Zweitbetreuer. Auch wird die Promotion von Fachhochschulabsolventen mit sogenannten Kooperativen Promotionskollegs gefördert, in denen die Doktoranden sowohl durch Universitäts- als auch durch Fachhochschulprofessoren betreut wurden. In Baden-Württemberg wurden 2016 und 2017 ebenfalls Stipendien vergeben für exzellente Absolventinnen und Absolventen von Fachhochschulen, mit denen ihre Promotion über drei Jahre mit 1 500 Euro / Monat gefördert wird.

Zum Abschluss dieses Kapitels noch einige Zahlen als Orientierung: In den Jahren 2012 bis 2014 schlossen 1 245 Absolventinnen und Absolventen einer Fachhochschule ihre Promotion ab, also jährlich etwas über 400 Personen (von insgesamt jährlich 28 000 Promovenden bundesweit). Die meisten Promotionen wurden in den Ingenieurwissenschaften abgeschlossen, gefolgt von den Naturwissenschaften.

Somit handelt es sich noch um eine recht kleine überschaubare Zahl von Hochschulabsolventen, die entweder an einer Universität, im Rahmen einer Kooperativen Promotion oder einem Kooperativen Promotionskolleg eine Doktorarbeit anstrebt. Deutlich ist aus den Ausführungen aber auch geworden, dass denjenigen, die sich (erst einmal) für ein Studium an einer Fachhochschule entscheiden, nicht grundsätzlich der Weg für eine Doktorarbeit verbaut ist.

Verwendete Materialien:
Mehr Promotionen von FH-Absolvent(inn)en, News in studienwahl.de vom 12.05.2017; Pressemitteilung des Ministeriums für Wissenschaft, Forschung und Kunst Baden-Württemberg vom 26.10.2015; Promotionsrecht für Soziale Arbeit: Gemeinsames Promotionszentrum entsteht. Pressemitteilung idw – Informationsdienst Wissenschaft vom 13.01.2017, *https://idw-online.de/de/news666286* (zuletzt aufgerufen am 15.12.2018); Erstes Promotionszentrum für Informatik an einer Hochschule für Angewandte Wissenschaften eröffnet. Pressemitteilung idw – Informationsdienst Wissenschaft vom 15.11.2017, *https://idw-online.de/de/news684703* (zuletzt aufgerufen 15.12.2018)

Studieren, aber was?
Die richtige Studienentscheidung

Grundsätzliche Überlegungen:
Die Voraussetzungen zum Studium

Eine wichtige Frage bei der Studienwahl lautet: Wie kann ich herausfinden, ob ich für das Studium generell geeignet bin, und wie finde ich das für mich richtige Studienfach?

Die wichtigsten Kriterien für ein erfolgreiches Studium sind Interesse und Begabung. Nur diejenigen, die für das gewählte Studienfach die erforderlichen fachlichen Voraussetzungen mitbringen, haben die Chance, das Studium zu schaffen. Es leuchtet ein, dass niemand ein Handwerk erlernen wird, der handwerklich nicht geschickt ist. Viele Studierende treffen ihre Entscheidung jedoch nicht aufgrund ihres Interesses und ihrer Begabung, sondern weil sie gehört haben, dass bestimmte Studienfächer gute Berufschancen oder hohe Verdienstmöglichkeiten bieten.

Abgesehen davon, dass niemand genau weiß, welche Studienfächer in fünf oder zehn Jahren auf dem Arbeitsmarkt gefragt sind, wie die Verdienstmöglichkeiten dann aussehen und welche beruflichen Chancen die einzelnen Fächer eröffnen werden, gibt es handfeste Gründe, sich nicht an diesen Kriterien zu orientieren. Zwei Beispiele zur Verdeutlichung:

Sie haben sich für ein Fach entschieden, für das Sie geeignet sind, und Sie bringen die notwendigen Begabungen und Voraussetzungen dafür mit. Dann macht das Studium und auch das Lernen Spaß, was mit guten Studienleistungen belohnt wird. Erfolg im Studium motiviert, weiterhin oder noch mehr Leistung zu bringen. Wer durchweg gute Leistungen im Studium erzielt, wird kaum Angst vor dem Examen haben und in aller Regel auch einen guten Abschluss machen. Ein guter oder sehr guter Studienabschluss bietet zwar keine Garantie, aber doch eine gewisse Sicherheit, einen entsprechenden Arbeitsplatz zu finden.

Sie haben sich für ein Studienfach entschieden, das derzeit gute Berufs- oder Verdienstmöglichkeiten bietet, für das Sie aber nicht oder nicht ausreichend geeignet sind. Sie merken, dass andere, die mit Ihnen das Studium begonnen haben, mit Elan und Erfolg bei der Sache sind. Sie selbst haben Mühe, den Lehrveranstaltungen zu folgen, und bestehen erste Einzelprüfungen nicht. Das Lernen macht keinen Spaß. Zunehmend bereitet Ihnen das Studium Widerwillen. Schlechte Studienleistungen motivieren nicht, mehr zu tun, sondern frustrieren sehr früh. Wer feststellen muss, dass man trotz aller Bemühungen nicht vorankommt, während andere es scheinbar viel leichter schaffen, entwickelt immer mehr Frustrationen dem Studium gegenüber. Wenn man dann nicht konsequent ist und sich fragt, ob man möglicherweise im falschen Film, sprich Studienfach, oder im falschen Kino, sprich Studium überhaupt, gelandet ist, wird sich bald in der Reihe derjenigen wiederfinden, die entweder gar nicht versuchen, das Studium abzuschließen oder durchfallen. Selbst wenn das Studium mit viel Mühen gerade noch so bestanden wurde, hilft das nicht viel weiter. Die Einstiegshürden in den Beruf sind mit einem schlechten Abschluss kaum zu überwinden.

Man sollte in diesem Zusammenhang auch einen Blick auf die Zukunft nach dem Studium werfen. Wer im Berufsleben das umsetzen kann, was er oder sie über mehrere Jahre im Studium mit Spaß und Erfolg erlernt hat, wird sich leichter zurechtfinden und auch berufliche Zufriedenheit finden. Wenn einem selbst etwas Freude bereitet, motiviert das oft auch andere. Ein gutes Arbeitsklima ist häufig darauf zurückzuführen, dass Leute Spaß an ihrer Arbeit haben.

Nehmen wir den anderen Fall: Man hat sich trotz fehlender Eignung und Begabung nach langen Jahren durch das Examen gequält und mit viel Glück oder Beziehungen eine Arbeit gefunden. Nun beginnt die gleiche Tortur noch einmal. Man trifft im Beruf auf Anforderungen, die man im Studium schon kaum bewältigen konnte. Das Berufsleben macht dann keinen Spaß, auch wenn die Bezahlung gut ist. Unzufriedene Leute, die Schwierigkeiten haben, ihre Arbeit zu bewältigen, sind nirgendwo gern gesehene Mitarbeiter. Unmut im Beruf belastet nicht nur während der Arbeit, sondern auch in der Freizeit und im familiären Umfeld. Man muss bedenken, dass ein Studium einige Jahre, das Berufsleben hingegen mehrere Jahrzehnte dauert. Kein Mensch kann unter solchen Umständen auf Dauer durchhalten, ohne psychischen Schaden zu nehmen.

Es gibt, wie wir gesehen haben, etwa 180 verschiedene Studienfächer. Für ein Studium sind erst einmal unabhängig von der Fachrichtung einige allgemeine Voraussetzungen nötig, für das jeweilige Studienfach wiederum besondere Begabungen, Interessen und Kenntnisse, wie z. B. Fremdsprachenkenntnisse.

Allgemeine Voraussetzung für ein Studium – dies gilt für jedes Studienfach – ist die Fähigkeit, logisch und rational zu denken. Zur Bewältigung eines Studiums gehört außerdem, sich mehrere Jahre intensiv mit den verschiedenen Themen des Faches zu beschäftigen, auch mit solchen, die man weniger interessant oder wichtig findet. Ausdauer und Durchhaltevermögen sind also erforderliche Eigenschaften.

Eine weitere wichtige Voraussetzung ist der sichere Umgang mit der Sprache. Gedankliche und sprachliche Ausdrucksfähigkeit wird von allen künftigen Akademikern erwartet. Sprachliche Ausdrucksfähigkeit heißt erst einmal, die eigene Sprache zu beherrschen. Je nach Standpunkt mag dies für die einen revolutionär, für die anderen altmodisch klingen. Deshalb präzisieren wir die Aussage: Beherrschen der Muttersprache bedeutet, die wichtigsten Rechtschreib- und Grammatikregeln zu kennen; zu wissen, nach welchen Prinzipien Sätze und Texte aufgebaut werden und wie man sich verständlich ausdrückt. Dies gilt für die gesprochene und die geschriebene Sprache. Es gibt kein Studienfach, egal ob an Universitäten oder an Fachhochschulen, für das diese Aspekte irrelevant sind. Deshalb ist gutes Deutsch eine Voraussetzung für alle Studienfächer.

Während die Bedeutung der Muttersprache als Voraussetzung zum Studium häufig unterschätzt wird, werden Fremdsprachenkenntnisse zumeist überbewertet. Richtig ist, dass Englisch eigentlich keine Fremdsprache mehr ist, sondern in fast jedem Studienfach eine wichtige Rolle spielt, weil entweder viele Fachausdrücke aus dem Englischen stammen oder weil ein Teil der Literatur zu Themen des Faches in englischer Sprache geschrieben wurde oder weil in manchen Fächern englischsprachige Referate erwartet werden. Die Englischkenntnisse, die man in der Schule erworben hat, reichen in aller Regel als Grundlage aus, um darauf den Fachwortschatz aufzubauen.

Die Kenntnis weiterer europäischer Fremdsprachen, z. B. Französisch oder Spanisch, erleichtert den Einstieg in das eine oder andere Studienfach, ist aber, abgesehen vom direkten Studium dieser Fächer, für den Studienerfolg nicht entscheidend. Fast jede Hochschule bietet außerdem die Möglichkeit, andere Sprachen in kostenlosen Kursen zu erlernen.

Wer glaubt, Latein sei mittlerweile völlig unnötig, irrt. Für viele sprach-, literatur- und kulturwissenschaftliche Fächer werden Kenntnisse des Lateinischen benötigt, da viele europäische Sprachen vom Lateinischen stark beeinflusst wurden und ein Verständnis von Geschichte und Kultur nicht ohne Kenntnis der antiken Welt möglich ist. Eine Reihe von Hochschulen verlangt für diese Fächer das Latinum oder eine ähnliche Sprachprüfung. Auch bei Fächern wie Rechtswissenschaft, Pharmazie, Medizin, Biologie u. Ä. leuchtet es ein, dass Grundkenntnisse in Latein sinnvoll sind, um die Fachausdrücke besser verstehen zu können. An Universitäten werden aber auch Kurse zum Verständnis der wichtigsten (lateinischen) Fachtermini angeboten.

Es gibt einzelne Fächer, bei denen man umfangreiche Lateinkenntnisse im Studium benötigt. Hierzu gehören neben dem Studium der Klassischen Philologie (Latein, Griechisch) Fächer wie Geschichte, Archäologie, Romanische Sprachen und Theologie. Wer über die geforderten Lateinkenntnisse beim Studienbeginn nicht verfügt, hat die Möglichkeit, in Schnellkursen Versäumtes (mit allerdings recht viel Arbeitsaufwand) nachzuholen.

Beim Studium von Sprachen, die nicht überall als Schulfach angeboten werden, wird jedoch meist nicht vorausgesetzt, dass zu Studienbeginn die entsprechenden Fremdsprachenkenntnisse vorhanden sind. Wer Russisch, Japanisch oder Portugiesisch studieren will, kann im ersten Semester mit entsprechenden Anfängerkursen beginnen.

Neben den genannten allgemeinen Voraussetzungen für ein Studium werden besondere Begabungen für einzelne Studienfächer erwartet. Bei Fächern wie Kunst, Musik oder Sport liegt das auf der Hand. Aus diesem Grund verlangen Hochschulen für Sport, Kunst und Musik einen entsprechenden Nachweis der besonderen Eignung für das jeweilige Studienfach. So soll verhindert werden, dass sich Abiturienten in falscher Einschätzung ihrer Begabung und Interessen in Studienfächer verirren, für die sie nicht geeignet sind.

Auch für ein Dolmetscher- und Übersetzerstudium und bei journalistischen Studienangeboten ist eine Aufnahmeprüfung obligatorisch.

Die Hochschulen überprüfen bei einer Vielzahl von Studienfächern nicht, wer für das Studium generell und insbesondere für den gewählten Studiengang geeignet ist. Bedenken Sie diesen Sachverhalt sehr genau: Niemand überprüft bei einem zulassungsfreien Fach Ihre Entscheidung oder, falls andere Ihnen die Entscheidung abgenommen haben, deren Einschätzung.

Aus diesem Grund wird in den Kapiteln »180 Studienfächer im Überblick« (S. 35 ff.) und »Beliebte und gefragte Studienbereiche« (S. 121 ff.) differenziert aufgeführt, welche Begabungen und Interessen zwingend notwendig sind. Lesen Sie diese Ausführungen sehr gründlich, und nutzen Sie bitte auch die nachfolgenden Informationen zur Studienwahl.

Der Schlüssel muss passen:
Stärken-Schwächen-Analyse und mögliche Studienfächer

Für jedes Studienfach wird eine besondere Begabung oder Eignung vorausgesetzt, über die nicht jede /-r verfügt. Wie können Sie also herausfinden, ob Sie für ein Studium geeignet sind und welche Studienfächer Ihren Interessen und Begabungen am ehesten entsprechen?

Zunächst einmal ist eine realistische Selbsteinschätzung hilfreich, aber auch Einschätzungen von Menschen aus dem persönlichen Umfeld. Die bisher erbrachten schulischen Leistungen sollte man zwar nicht unterbewerten, aber auch auf keinen Fall überschätzen.

Hilfreich ist eine Stärken-Schwächen-Analyse. Aus den Vorlieben für oder aus der Abneigung gegen bestimmte Schulfächer lassen sich mögliche Studienfächer herausfinden. Vorliebe oder Abneigung drückt sich aber nur teilweise in der jeweiligen Note aus. Die Note ist die Summe von Begabung, Arbeit, Interesse, sozialem Umfeld in Familie und Schule; sie hängt auch von den Anforderungen der Schule und vom Lehrer ab. Machen Sie deshalb folgendes Gedankenexperiment: Sie haben für alle Fächer gleich viel getan und sind dabei in jedem Fach auf einen begabten Pädagogen gestoßen, der den Unterricht interessant gestaltet und das Wissen optimal vermitteln kann. Welche Noten wären dann sehr gut, gut, befriedigend usw. gewesen?

Normalerweise werden folgende Schulfächer unterrichtet: Geschichte, Französisch, Englisch, Deutsch, Religionslehre, Ethik, Musik, Kunst, Sport, Erdkunde, Mathematik, Wirtschaft, Sozialkunde, Chemie, Latein, Griechisch, Physik, Biologie, Technik, Informatik, evtl. auch Philosophie und Pädagogik.

Nehmen Sie jetzt zuerst das Schulfach mit der besten Note, und schauen Sie sich die folgende Übersicht genau an.

Schulfächer	Mögliche Studienfächer
Religionslehre	Theologie, Sozialpädagogik, Sozialarbeit, Vergleichende Religionswissenschaft, Philosophie
Sozialkunde / Gemeinschaftskunde	Wirtschaftswissenschaften, Soziologie, Politologie, Sozialwissenschaft, Sozialpädagogik, Sozialarbeit, Rechtswissenschaft
Geschichte	Geschichte, Politologie, Soziologie, Sozialwissenschaft, alte Sprachen, Archäologie

Schulfächer	Mögliche Studienfächer
Deutsch	Germanistik, Literaturwissenschaft, Bibliotheks- und Informationswissenschaft, Journalismus
Englisch	Anglistik, Amerikanistik, europäische Sprachen
Französisch	Romanistik, andere geisteswissenschaftliche Fächer
Latein / Griechisch	Klassische Philologie, Sprachwissenschaft, Geschichte, Archäologie
Sport	Sportstudiengänge, auch für das Lehramt
Mathematik	Mathematik, Physik, Wirtschaftswissenschaften, ingenieurwissenschaftliche Fächer, Astronomie, Maschinenbau, Informatik, Architektur, Medizin
Physik	Physik, Astronomie, Elektrotechnik, Maschinenbau, Fahrzeugtechnik, Biowissenschaften, Geowissenschaften
Chemie	Chemie, Biochemie, Biologie, Agrarwissenschaften, Medizin
Erdkunde	Geografie, Geologie, Mineralogie, Landwirtschaft
Biologie	Biologie, Biochemie, Medizin, Chemie, Landwirtschaft
Philosophie / Ethik	Philosophie, Theologie, Religionswissenschaft, Pädagogik, Sprachen und Kulturen
Kunst	Kunst, Architektur, Innenarchitektur, Gestaltung/ Design, Kunstgeschichte
Musik	Musikwissenschaft, Vokalmusik, Instrumentalmusik
Informatik	Informatik, ingenieurwissenschaftliche Fächer
Pädagogik	Erziehungswissenschaft, Lehramtsstudiengänge, Soziale Arbeit, Sozialpädagogik
Wirtschaftslehre	alle wirtschaftswissenschaftlichen Fächer
Technik	alle technischen Studienfächer

Gleichen Sie Ihre anderen guten und anschließend die schwächeren Fächer mit der Liste ab, um eine erste Orientierung zu bekommen, welche Fächer evtl. für Sie infrage kommen und welche eher nicht. Wer trotz vieler Bemühungen in Mathematik oder Physik Schwierigkeiten hatte, sollte diese Fächer und jedes ingenieurwissenschaftliche Studium meiden. Das Gleiche gilt für die naturwissenschaftlichen Fächer (Biologie, Chemie). Ohne grundlegende Begabung in mehreren Naturwissenschaften ist ein naturwissenschaftliches Studium zum Scheitern verurteilt.

Wer Probleme in Deutsch oder Fremdsprachen hat, tut sich mit einem Studium sprach- und literaturwissenschaftlicher Fächer keinen Gefallen. Wer kein Interesse an wirtschaftlichen oder gesellschaftlichen Fragen hat, sollte auch keine wirtschaftswissenschaftlichen oder gesellschaftswissenschaftlichen Fächer studieren. Ein Studium der Informatik ist ohne gute mathematische Begabung und eine gewisse Begeisterung für Computer nicht möglich. Wer Schwächen in Deutsch und Mathematik hat, lässt besser die Finger von einem Jurastudium.

Aus einer Stärken-Schwächen-Analyse für einzelne Schulfächer lassen sich also durchaus Rückschlüsse auf mögliche Studienfächer ziehen. Wer trotz vieler Bemühungen in einem Schulfach dauernd Schwierigkeiten hatte, sollte dieses Fach auf keinen Fall studieren. Das klingt zwar nach einer Selbstverständlichkeit, aber es gibt Leute, die das trotzdem tun.

Wer in einem Schulfach stets gute oder sehr gute Leistungen erbracht hat, kann sich dieses Schulfach durchaus als Studienfach zutrauen. Anhand der Tabelle lässt sich aber auch erkennen, dass die Begabung in einem Schulfach nicht nur ein Studienfach in die engere Auswahl aufnimmt, sondern immer mehrere Fächer. Eine Begabung in Mathematik etwa zieht nicht zwangsläufig das Mathematikstudium nach sich, sondern ist eine gute Voraussetzung für eine Reihe von Studienfächern in den Naturwissenschaften, für Medizin und für technische Fächer.

Vorsicht ist geboten, wenn jemand gute Leistungen in einem Schulfach hatte, dieses Fach auch studieren möchte, aber schlecht war in den benachbarten Fächern. Als Beispiel zur Verdeutlichung das Fach Biologie: Man lernt in der Schule interessante Teilgebiete wie beispielsweise Verhaltenslehre und Ökologie kennen. Das Biologiestudium ist aber nur dann zu schaffen, wenn auch in Chemie, Physik und Mathematik entsprechende Begabungen vorhanden sind, weil in den ersten Semestern viel Mathematik, Physik und Chemie Gegenstand des Studiums sind.

Wer gerne Literatur liest oder sich sogar selbst als Literat /-in fühlt, neigt vielleicht dazu, Germanistik zu studieren. Dieses Studium ist aber auf die Analyse und Interpretation von Literatur ausgerichtet und bildet keine Poeten aus.

Solche Beispiele ließen sich beliebig erweitern. Bei der Studienwahl ist es deshalb wichtig, Rückschlüsse auf mögliche Studienfächer weniger von einem einzelnen

Schulfach aus, sondern ausgehend von mehreren Schulfächern, die eng miteinander verbunden sind, zu ziehen.

Deshalb machen wir es jetzt in einem zweiten kleinen Test umgekehrt und zeigen, welche Studienfächergruppen Stärken in welchen Schulfächergruppen voraussetzen.

Studienfächer nach Gruppen	Schulfächer
Sprach-, literatur- und kulturwissenschaftliche Fächer	Deutsch, Geschichte, Sprachen, Philosophie
Theologische Fächer	Religionslehre, alte Sprachen, Geschichte
Mathematik und Naturwissenschaften	Biologie, Mathematik, Physik, Chemie
Agrar-, Forst- und Ernährungswissenschaften	Naturwissenschaften, Erdkunde
Medizinische Fächer	Biologie, Chemie, Physik, Mathematik
Technische und ingenieurwissenschaftliche Fächer	Mathematik, Physik, Technik, Informatik
Rechts-, Wirtschafts- und Gesellschaftswissenschaften	Deutsch, Wirtschaft, Sozialkunde, Mathematik
Pädagogische und erziehungswissenschaftliche Fächer	Deutsch, Sozialkunde
Sozialwesen	Sozialkunde
Informationswissenschaften	Deutsch, Informatik
Freie und Angewandte Kunst sowie Musik	Kunst, Musik
Sport und Gesundheit	Sport, Naturwissenschaften

Es stellt sich jetzt die Frage, welche Rolle die Abiturdurchschnittsnote für die Bewältigung eines Studiums spielt. Viele wird es überraschen, dass diese Note längst nicht die entscheidende Bedeutung hat, die ihr üblicherweise beigemessen wird.

Die Hochschulreife ist kein Nachweis besonderer Begabungen, sondern bestätigt in erster Linie die Fähigkeit, vielfältige Stoffgebiete zu bewältigen und erlerntes Wissen wiederzugeben. Um die Hochschulreife zu erlangen, sind neben der Begabung weitere Gesichtspunkte relevant wie Fleiß, Ausdauer, Verhältnis zu den Lehrpersonen, familiäre Situation und vieles mehr.

Wer das Abitur mit guten oder sehr guten Noten bestanden hat, hat zwar statistisch eine größere Chance, auch das Studium zu bewältigen, aber eine Garantie ist das selbstverständlich nicht. Umgekehrt ist die Chance der Dreier- und Viererkandidaten, das Studium zu schaffen, rein rechnerisch geringer. Aber tatsächlich schafft auch eine Reihe von Einserkandidaten das Studium nicht, während manche »Dreierabiturienten« im Studium große Erfolge haben. Woran liegt das?

Das Studium ist im Gegensatz zur Schule weniger darauf ausgerichtet, erlerntes Wissen wiederzugeben, sondern stärker auf Eigeninitiative und selbstständiges Arbeiten fokussiert. Die von vielen Schülern meisterhaft beherrschte Mini-Max-Methode lässt sich im Hochschulstudium nicht anwenden. Bei den Mini-Max-Spezialisten handelt es sich um Leute, die irgendwann erkannt haben, dass es bei entsprechender Intelligenz möglich ist, mit minimalem Aufwand den maximalen Erfolg (die Hochschulreife) zu erzielen. Schlechte Klausuren kann man bekanntlich mit guten mündlichen Beiträgen ausgleichen. Wenn es eng wird, setzt man sich mal ein paar Tage hin und lernt, um die nächste Klausur zu schaffen. Man weiß, wie man gerade noch die Kurve kriegt. An der Hochschule ist das anders. Eine schlechte schriftliche Arbeit kann nicht durch gelegentliche gute mündliche Beiträge ausgeglichen werden. Was zählt, ist die Fähigkeit, kontinuierlich zu arbeiten, sich durchzubeißen, den regelmäßig auftretenden Frust zu überwinden und die jeweils anstehenden Prüfungen zu bestehen.

Aus den sogenannten Mini-Max-Kandidaten können gute Studierende werden, nachdem sie erkannt haben – hoffentlich schon nach der ersten nicht bestandenen Einzelprüfung –, dass es mit dem Mini-Max-System vorbei ist und sie sich für ein Studienfach entschieden haben, für das sie die notwendige Begabung mitbringen und dennoch etwas tun müssen.

Die Abiturnote spielt allerdings eine sehr wichtige Rolle, wenn es darum geht, einen Studienplatz in einem Fach zu erhalten, das zulassungsbeschränkt ist, also einen sogenannten Numerus clausus hat. Dazu später mehr (s. S. 93 ff.).

Dieses Kapitel ist natürlich kein Freibrief für ein schlechtes Abiturzeugnis und schon gar nicht als Aufforderung misszuverstehen, die Mini-Max-Methode zu erlernen. Diese Methode führt mit einiger Sicherheit zu einem recht schweren Studieneinstieg und zu äußerst unangenehmen Erfahrungen. Denn im Studium muss man hart arbeiten, darum kommt man nicht herum.

Wie entscheiden sich aber diejenigen, die in der Schule in keinem Fach oder keiner Fächergruppe wirkliche Stärken gezeigt haben, oder diejenigen, die überall gute Noten hatten?

Wer trotz vieler Mühen und entsprechenden Fleißes in der Schulzeit nie so richtig ein Bein auf den Boden bekam, muss sich ernsthaft die Frage stellen, ob er oder sie überhaupt studieren soll. Der Misserfolg im Studium ist fast vorprogrammiert. Es gibt, wie im ersten Kapitel ausführlich erläutert, auch außerhalb der Hochschule vielfältige und interessante berufliche Ausbildungsmöglichkeiten.

Bei denjenigen, die in allen Fächern gut waren, kann die Entscheidung durch ehrliche, kritische Selbsteinschätzung erleichtert werden. Eine Eins in einem Fach, für das man kaum gelernt hat, ist etwas anderes als eine Eins oder Zwei in einem anderen Fach, für das man Tag und Nacht gearbeitet hat. Die besten Voraussetzungen liegen wahrscheinlich dort vor, wo man mit dem geringsten Aufwand die besten Leistungen erzielt hat, da hier das größte Steigerungspotenzial im Studium zu erwarten ist.

Stärken und Schwächen bei Schulfächern sind – dies muss noch einmal betont werden – ein durchaus wichtiges, aber nicht das alleinige Kriterium bei der Frage nach der Studienwahl. Man darf nicht vergessen, dass sich junge Menschen in einer dauernden Entwicklung befinden und zuweilen ungeahnte neue Fähigkeiten entdecken. Nicht zu unterschätzen ist der Wille zum Durchhalten – ein Studium dauert mehrere Jahre –, die Fähigkeit, zeitweilige Frustrationen zu überwinden, eine nicht bestandene Einzelprüfung wegzustecken und sich immer wieder zum Lernen zu motivieren.

Wichtig ist auch die Erkenntnis, dass mit der Wahl des Studienfaches nicht die Entscheidung für den späteren Beruf, sondern nur für eine Berufsrichtung verbunden ist.

Die berufliche Praxis erschließt eine Reihe von oft unerwarteten Möglichkeiten. Außerdem zeigt die Erfahrung, dass für viele Menschen – und in Zukunft werden es noch mehr sein – das Studium eine Basis fürs lebenslange Lernen ist. Die rasanten gesellschaftlichen und technologischen Entwicklungen machen es ggf. notwendig, sich später beruflich umzuorientieren oder weiterzubilden.

Infos total: Informationsmöglichkeiten richtig genutzt

Neben der Stärkenanalyse ist es von entscheidender Bedeutung, die Informationsmöglichkeiten richtig und auch gezielt zu nutzen.

Die Informationsflut, die auf künftige Abiturienten einströmt, ist groß. Aus diesem schwer zu überblickenden Angebot entstehen häufig Irritationen, die zu einer falschen oder vorschnellen Entscheidung führen können. Viele Probleme im Studium haben ihre Ursache in ungenügenden oder falschen Informationen vor dem Studium.

Die folgende Übersicht über die verschiedenen Informations- und Beratungsmöglichkeiten soll als Wegweiser für die anschließenden Erläuterungen dienen.

Informationsmöglichkeiten über das Studium

1. Arbeitsagentur

- Berufsberatung (ca. 1–1,5 Jahre vor der beruflichen Ausbildung oder dem
  Studienbeginn)
- Berufsinformationszentrum (abgekürzt BIZ, spezielle Einrichtung der
  Arbeitsagentur für die Berufswahl) als erste Orientierung

2. Hochschule

- Zentrale Studienberatung (ZSB, Informationsstelle für alle Studienfragen)
- Fachstudienberatung (Informationen über Fragen zu einem bestimmten
  Studienfach)
- Studentische Beratung (Informationen von Studierenden für Studierende)
- Studierendensekretariat (Bewerbung, Einschreibung etc.)
- Studentenwerk (Wohnheime, Zimmersuche)
- Amt für Ausbildungsförderung (BAföG)
- Akademisches Auslandsamt (Studium im Ausland)
- Behindertenberatung
- Psychologische Beratungsstelle

3. Schriftliche Informationsquellen

- *Studien- und Berufswahl* (wird kostenlos an Oberstufenschüler in den Schulen
  verteilt)
- *abi* (liegt in der Schule oder der Arbeitsagentur aus, sonst unter *www.abi.de*)
- Fachstudienführer
- Vorlesungsverzeichnis (ist auf der Hochschul-Homepage eingestellt)
- Studien- und Prüfungsordnungen und Modulhandbücher (bei der Zentralen
  Studienberatung einer Hochschule oder den Fachstudienberatern erhältlich
  oder auf der Homepage der Hochschule einsehbar)

4. Recherche im Internet

- *www.studienwahl.de* oder *www.hochschulkompass.de* (Datenbanken zur Suche nach Studiengängen)
- *www.ausbildungplus.de* (Recherche nach dualen Studiengängen)
- Homepage der Hochschulen (Rubrik »Studienangebot«, Informationen zum Wunschstudiengang aufrufen)

5. Recherche auf Messen

- *www.einstieg.com, www.startschuss-abi.de* und *www.azubitage.de* (Auswahl)

Welche Informationen bekomme ich woher?

Die Bundesagentur für Arbeit, die in jeder größeren Stadt vertreten ist, hat eine Beratungsstelle speziell für Abiturienten und Fachoberschüler. Dort erhält man im persönlichen Gespräch Informationen über die Möglichkeiten nach dem Abitur oder nach dem Fachabitur. In den größeren Städten verfügen die Arbeitsagenturen über Berufsinformationszentren, abgekürzt BIZ. Dort kann man sich anhand von vielfältigen Unterlagen und Materialien über Ausbildungs- und Berufsmöglichkeiten informieren. Hilfreich sind auch Informationen zum Studium in den *abi*-Heften, die an den Schulen und in den Arbeitsagenturen ausliegen oder die über *www.abi.de* eingesehen werden können.

Von Nutzen sind auch sogenannte Fachstudienführer. Dabei handelt es sich um Informationsschriften zu einem bestimmten Studienfach oder zu einer Gruppe von Studienfächern. Sie enthalten Informationen darüber, an welchen Hochschulen dieses Fach oder diese Fächergruppe studiert werden kann, welche Inhalte das Fach hat, wie es aufgebaut ist, welche Schwerpunkte es an den einzelnen Hochschulen gibt, welche Abschlüsse möglich sind und welche beruflichen Chancen offenstehen. Es gibt praktisch zu jedem Fach einen Fachstudienführer.

Die Hochschulen haben verschiedene Beratungs- und Informationseinrichtungen, die aber meistens nur über die eigene Hochschule und in aller Regel nicht über andere Hochschulen informieren. Die erste Anlaufstelle für Studienanfänger ist die Zentrale Studienberatung einer Hochschule, mancherorts Allgemeine Studienberatung genannt. Die Adressen der Studienberatungsstellen sind auf der Homepage der jeweiligen Hochschule zu finden. Die Zentrale Studienberatung, abgekürzt ZSB, gibt einen Überblick zu allen Fragen des Studiums an dieser Hochschule.

Das Vorlesungsverzeichnis einer Hochschule ist auf deren Homepage eingestellt. Es enthält Informationen darüber, welche konkreten Lehrveranstaltungen im nächsten Semester angeboten werden, welcher Dozent die Veranstaltung leitet und zu welchem Zeitpunkt und an welchem Ort sie stattfindet.

Entweder bei der Studienberatung oder auf der Hochschul-Homepage sind auch die Studien- und Prüfungsordnungen bzw. die Modulhandbücher für die einzelnen Fächer zu finden. Sie enthalten Informationen, welche Lehrveranstaltungen man in den jeweiligen Semestern oder Ausbildungsabschnitten in einem Studiengang besuchen muss, mit welchem Leistungsnachweis die jeweilige Lehrveranstaltung abschließt, ob es eine Zwischenprüfung gibt und welche Anforderungen sie stellt und wie die Bedingungen für das Abschlussexamen sind.

Während die Zentrale Studienberatung allgemeine und übergreifende Informationen zum Studium an der jeweiligen Hochschule gibt, hat die Fachstudienberatung die Aufgabe, spezielle Fragen zu einem Fach oder zu einer Fächergruppe zu beantworten. Die Adressen der Fachstudienberater (das sind in der Regel Professorinnen und Professoren) sind auf der Homepage der Hochschule zu finden.

Auch seitens der bereits Studierenden wird Hilfe angeboten. Bei der studentischen Beratung unterscheidet man zwischen der Ebene des Faches (Fachschaften) und der Ebene der gesamten Studierendenschaft (Studierendenparlament, Allgemeiner Studierendenausschuss, abgekürzt AStA).

Eine weitere Einrichtung der Hochschule ist das Studentenwerk. Es ist für alle sozialen Belange der Studierenden zuständig, wie Unterkunft (Studentenwohnheimplätze, Vermittlung von Zimmern auf dem freien Wohnungsmarkt) und Verpflegung (Mensen, Cafeterien), oder für Studierende mit Kindern. Die Adressen der Studentenwerke sind unter *www.studentenwerke.de* zu finden.

Eine spezielle Einrichtung ist das Amt für Ausbildungsförderung, häufig auch BAföG-Amt genannt. Dort sind Informationen über die Studienfinanzierung erhältlich, und dort wird auch der Antrag auf Ausbildungsförderung (BAföG) gestellt.

Das Studierendensekretariat der Hochschule ist zuständig für alle Fragen der Bewerbung, Zulassung, Einschreibung (Immatrikulation), Ausschreibung (Exmatrikulation), Fachwechsel, Ortswechsel, Beurlaubung und für die wichtigen Studierendenausweise.

Für Behinderte gibt es an jeder Hochschule Behindertenbeauftragte, die in allen Fragen des behindertengerechten Studiums helfen.

Weitere Einrichtungen der Hochschule sind die Psychosoziale Beratungsstelle, die Hilfe bei persönlichen oder studienbedingten Problemen anbietet, und das Akademische Auslandsamt, auch *International Office* genannt, das u. a. über Studienmöglichkeiten im Ausland informiert und Stipendien für Auslandsaufenthalte vergibt.

Es sollten auch unbedingt die Datenbanken mit den angebotenen Studiengängen in Deutschland für die Recherche genutzt werden. Unter *www.studienwahl.de* und *www.hochschulkompass.de* finden sich neben den Datenbanken auch viele andere nützliche Tipps rund ums Studium. Auf den Homepages der Hochschulen können über die Rubrik »Studienangebot« die Wunschstudiengänge mit ihren Schwerpunkten und Bewerbungsmodalitäten aufgerufen und verglichen werden.

Nachdem Sie nun erfahren haben, welche Informationsmöglichkeiten es gibt und woher man welche Informationen bekommt, stellt sich natürlich die Frage, in welcher Reihenfolge und zu welchem Zeitpunkt sich Studienbewerber welche Informationen beschaffen sollten. Doch zuvor noch zwei Dinge, die für die Studienwahl wichtig sind.

Nicht überall gefällt's: Die Wahl des Studienortes

Es ist nicht nur wichtig, für welches Fach / welche Fächer und für welchen Studiengang man sich entscheidet, sondern auch für welchen Studienort. Wenn wir von zulassungsbeschränkten Studienfächern absehen, haben wir auch bei der Entscheidung des richtigen Studienortes die Qual der Wahl.

Die Wichtigkeit dieser Entscheidung wird immer noch unterschätzt, obwohl es inzwischen hinreichend bekannt ist, dass z. B. die Studienbedingungen von Ort zu Ort sehr unterschiedlich sein können – und damit auch die Erfolgsaussichten.

Nicht immer hat man jedoch die Möglichkeit und Zeit, alle Hochschulorte, die das Wunschfach anbieten, selbst genau unter die Lupe zu nehmen. Deshalb braucht man einige Anhaltspunkte, wie man den geeigneten Hochschulort herausfinden kann.

Drei Kriterien sollte man bei der **Wahl des Hochschulortes** berücksichtigen: fachliche, hochschulbezogene und ortsspezifische Kriterien.

Fachliche Kriterien sind:

- Umfang des Lehrangebotes im jeweiligen Fach
- Kombinations- oder Nebenfachmöglichkeiten
- Schwerpunkte des Faches
- Ausrichtung des Faches

- Relation zwischen Lehrenden und Lernenden
- Umfang der Fachbibliothek und der anderen wissenschaftlichen Einrichtungen
- Anforderungen in Bezug auf Einzel- und Abschlussprüfungen
- Qualifikation und Ruf der Hochschullehrer

Hochschulbezogene Kriterien können sein:
- Größe und Ruf der Hochschule
- Umfang der wissenschaftlichen Einrichtungen
- Anzahl der Studierenden
- Betreuungseinrichtungen für Studierende
- Art und Umfang der studentischen Einrichtungen
- Zahl der studentischen Wohnheimplätze
- kulturelle Angebote der Hochschule

Mögliche ortsspezifische Kriterien bei der Entscheidung können sein:
- Größe und Lage der Stadt
- Höhe der Mieten am Hochschulort
- Lebenshaltungskosten in der Region
- Möglichkeiten zum gelegentlichen Jobben
- Mentalität der Menschen am Hochschulort
- Freizeitmöglichkeiten und Kulturangebote
- Verkehrsanbindung und Nahverkehrspreise
- Entfernung der Hochschule vom Stadtzentrum

Wo kann man sich über solche Dinge informieren? Die fachlichen und hochschulbezogenen Fragen kann man mithilfe der Zentralen Studienberatungsstellen der Hochschulen klären, die ortsspezifischen entweder über die Homepage oder über die Informationsämter der Städte.

Der Wegweiser zur optimalen Studienwahl

Fassen wir die bisherigen Überlegungen noch einmal kurz zusammen. Sie wissen jetzt,

- welche Möglichkeiten Ihnen Ihre Hochschulreife bietet,
- welche Argumente für und gegen ein Hochschulstudium sprechen und nach welchen Überlegungen Sie sich entscheiden können,
- welche Unterschiede es zwischen dem Universitäts- und dem Fachhochschulstudium gibt,
- wie das deutsche Hochschulsystem aufgebaut ist, welche Studienfächer es gibt, womit sie abschließen und welche Voraussetzungen benötigt werden,
- wie wichtig Begabungen und Interessen bei der Studienwahl sind,
- wie Sie mit der Stärken-Schwächen-Analyse die infrage kommenden Fächer finden können,
- welche grundsätzlichen Überlegungen notwendig sind und welche Rolle die Schulnoten für das Studium spielen,
- welche weiterführenden Informationen es gibt und wie man sie beschaffen kann,
- wie wichtig auch die Frage des Hochschulortes ist und nach welchen Überlegungen Sie den für Sie richtigen Studienort finden.

Daraus folgt der optimale Fahrplan ins Studium:

Nach der Lektüre von *Studieren, aber was?*

Anfang Stufe 11 / 2 (oder bei G 9 in 12 / 2)	• Entscheidung über Berufsausbildung oder Studium
Falls Lehre	• den passenden Ausbildungsberuf herausfinden und mit der Bewerbung unverzüglich beginnen
Falls Studium • **Im Laufe von Stufe 12 / 1 (bei G 9 in 13 / 1)**	• Zielfächer einkreisen • Fachstudienführer besorgen • auf der Homepage von Hochschulen recherchieren und ggf. die Studienberatungen bei noch fehlenden Informationen anmailen oder anrufen
• **April**	• Studienberatung /-en aufsuchen, Studien- und Prüfungsordnungen bzw. Modulhandbücher beschaffen, sofern diese nicht auf der Homepage der Hochschule zu finden sind • Gespräch mit Studierenden suchen • vor Ort umschauen
• **Mai / Juni**	• Entscheidung für Studienfach treffen • Anspruch auf BAföG prüfen • Wahl des Studienorts treffen
• **15. Juni bis 15. Juli**	• Bewerbung bei *hochschulstart.de* oder der Hochschule • parallel Bewerbung für einen Studentenwohnheimplatz

• **August / September**	• Zulassungs- oder Ablehnungsbescheid
• **Anschließend**	• Einschreibung
	• Vorlesungsverzeichnis und Kommentiertes Vorlesungsverzeichnis auf der Hochschul-Homepage einsehen
	• Fachstudienberater aufsuchen
	• Stundenplan erstellen
	• Einführungsveranstaltungen besuchen
	• sich mit den Örtlichkeiten vertraut machen
	• ggf. BAföG-Antrag stellen
• **1. September**	• Studienbeginn an den Fachhochschulen (Lehrveranstaltungen beginnen ungefähr zwei Wochen später)
• **1. Oktober**	• Studienbeginn an den Universitäten (Lehrveranstaltungen beginnen ungefähr zwei Wochen später)

Vor dem Studium kommt der Studienplatz

Für Durchblicker: Das System der Studienplatzvergabe

Das System der Studienplatzvergabe in Deutschland ist für die meisten – und nicht nur für Studierende – ein Buch mit sieben Siegeln. Es erscheint auf den ersten Blick so kompliziert, dass man es am liebsten gleich den Spezialisten überlassen will.

In der Tat ist es aber leicht zu verstehen, wenn man die Grundlagen des Systems kennt.

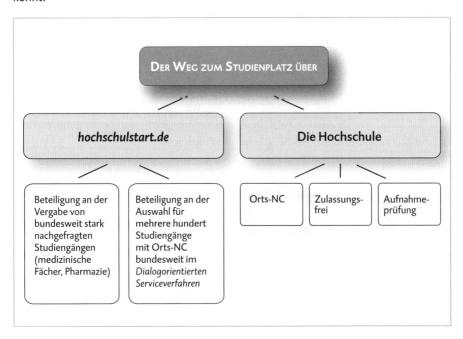

Es gibt in Deutschland zwei Möglichkeiten, einen Studienplatz zu bekommen, von der Hochschule selbst oder von einer zentralen Einrichtung in Dortmund, der Stiftung für Hochschulzulassung, hervorgegangen aus der ZVS. Nach ihrer Domain *www.hochschulstart.de* ist sie bekannt als *hochschulstart.de*.

Man kann sich nicht aussuchen, ob man den Studienplatz über *hochschulstart.de* erhält oder von der Hochschule. Für jedes Studienfach ist genau festgelegt, ob der Weg über *hochschulstart.de* oder über die Hochschule führt.

Sie werden jetzt fragen, warum Hochschule oder *hochschulstart.de*? Warum nicht nur Hochschule oder nur *hochschulstart.de*? Dahinter steckt ein durchdachtes System, das – obwohl es auf den ersten Blick so erscheinen mag – keineswegs bürokratische Schikane ist. Das System trägt der Tatsache Rechnung, dass es kleine Fächer (wenige Studierende) und große Fächer (viele Studierende) gibt, und dass es begehrte und weniger begehrte Studienplätze sowie beliebte und weniger beliebte Hochschulen gibt.

Dies führt zu folgender Situation:

Fach A ist bundesweit überlaufen, das heißt, es gibt erheblich mehr Bewerberinnen und Bewerber für alle Hochschulen im Fach A, sodass nur ein Teil davon sofort einen Studienplatz bekommen kann. In diesem Fall sprechen wir von einem sogenannten bundesweiten Numerus clausus, das heißt, das Fach ist für alle Hochschulen der Bundesrepublik Deutschland zulassungsbeschränkt, und der Weg zum Studienfach führt über das bundesweite Auswahlverfahren von *hochschulstart.de*. Hierzu gehören derzeit die drei medizinischen Studiengänge und Pharmazie.

Fach B: Im **Dialogorientierten Serviceverfahren** von *hochschulstart.de* werden für mehrere hundert Studiengänge mit örtlicher Zulassungsbeschränkung bundesweit die Studienplätze vergeben. Das Verfahren sieht vor, dass jede /-r Bewerber /-in online bis zu zwölf Wünsche eingeben kann. Die Hochschulen wählen dann nach ihren spezifischen Kriterien die Bewerber aus, benachrichtigen die Bewerber über das Portal, die sich dann wiederum online für oder gegen dieses Angebot entscheiden können.

Beim **Fach C** ist es wieder anders. Viele Hochschulen haben, weil die Zahl der Studienbewerber für Fach C die Zahl der Studienplätze an dieser Hochschule überschreitet, Zulassungsbeschränkungen. Andere Hochschulen hingegen haben, weil sie entweder weniger Bewerberinnen und Bewerber haben oder weil die Zahl der Studienplätze in diesem Fach größer ist, keine Probleme mit dem Andrang und können alle Zulassungsanträge berücksichtigen. Dort, wo es zu viele Bewerbungen gibt, besteht ein sogenannter **Orts-NC**, das heißt, an diesem Hochschulort ist das Fach C mit einem lokalen Numerus clausus belegt. An anderen Hochschulen ist es zulassungsfrei. In jedem Fall führt der Weg zur Vergabe dieser Studienplätze über die Hochschule.

Am einfachsten ist es beim **Fach D**. Hier haben wir seit Jahren entweder weniger oder nicht mehr Bewerbungen als Studienplätze. Deshalb wird auch kein *hochschulstart.de*-Verfahren und kein Orts-NC benötigt. Wenn Sie also hören, dass Ihr Wunschstudiengang **zulassungsfrei** ist, bedeutet es, dass jeder, der über die notwendigen Voraussetzungen (Hochschulreife) verfügt und sich bis zu einem bestimmten Termin bei der Hochschule bewirbt, unabhängig von Abiturnote, Wartezeit und Auswahlverfahren, den Studienplatz bereits sicher hat.

Zu **Fach E** zählen Studienfächer, die eine besondere Begabung voraussetzen, die sich weder an der Abiturgesamtnote noch an den Noten einzelner Fächer ablesen lässt. Es handelt sich dabei um Fächer, die entweder eine besondere künstlerische, musische, sportliche oder sprachliche Begabung voraussetzen. Hier findet vor Beginn des Studiums eine entsprechende Aufnahme- oder Eingangsprüfung statt, von deren Bestehen oder Nichtbestehen es abhängt, ob man den Studienplatz erhält. Diese Eignungsprüfung soll aber nicht nur zeigen, dass man überdurchschnittlich talentiert ist, sondern auch, dass theoretische Grundkenntnisse vorhanden sind. Auch hier bewirbt man sich direkt bei den Hochschulen.

Die Bewerbung bei hochschulstart.de

Die Grafik auf S. 93 zeigt, dass hochschulstart.de für zwei Vergabeverfahren zuständig ist, erstens das Auswahlverfahren für bundesweit besonders stark nachgefragte Fächer und zweitens für mehrere hundert örtlich zulassungsbeschränkte Studiengänge, bei denen hochschulstart.de für Fachhochschulen und Universitäten die Auswahl der Studierenden mit durchführt. Man spricht beim zweiten Verfahren vom sogenannten **Dialogorientierten Serviceverfahren** von *hochschulstart.de*.

Konzentrieren wir uns zuerst auf das Auswahlverfahren für die bundesweit stark nachgefragten Studiengänge, wozu derzeit Humanmedizin, Zahnmedizin, Tiermedizin und Pharmazie gehören:

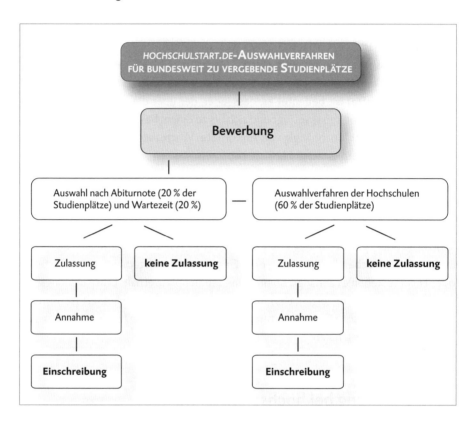

HOCHSCHULSTART.DE-AUSWAHLVERFAHREN FÜR BUNDESWEIT ZU VERGEBENDE STUDIENPLÄTZE

Bewerbung

Auswahl nach Abiturnote (20 % der Studienplätze) und Wartezeit (20 %) — Auswahlverfahren der Hochschulen (60 % der Studienplätze)

Zulassung | keine Zulassung | Zulassung | keine Zulassung

Annahme | Annahme

Einschreibung | Einschreibung

Das Auswahlverfahren von *hochschulstart.de* gilt für diejenigen Fächer, die, bundesweit gesehen, viele Studienplätze haben, aber eben nicht genug, da es seit langem erheblich mehr Bewerbungen als freie Plätze gibt (s. Fach A, S. 94). Damit ist aber noch nicht erklärt, warum das Verfahren über *hochschulstart.de* läuft.

Theoretisch könnten auch die einzelnen Hochschulen auswählen. Die Vergabe durch *hochschulstart.de* erfolgt aus praktischen Gründen. Stellen Sie sich vor, Sie möchten Pharmazie studieren, eines der Studienfächer, das an allen deutschen Universitäten zulassungsbeschränkt ist. Um sich für einen Studienplatz zu bewerben, müssten Sie an alle Universitäten, die dieses Studienfach anbieten, Ihre Unterlagen schicken, das heißt viele Briefe, viele Kopien und Beglaubigungen usw. Um den künftigen Studierenden diese Vielfachbewerbungen zu ersparen, genügt es, sich bei einer Stelle, nämlich bei *hochschulstart.de*, zu bewerben. Hinzu kommt ein weiterer praktischer Grund. Zwischen dem Bewerbungsschluss und den Zulassungsbescheiden liegen nur wenige Wochen. In dieser kurzen Zeit müssten die einzelnen Hochschulen im Falle des Faches Pharmazie aus Tausenden von Bewerbungen 50 oder 100 Personen auswählen. Damit wären sie personell völlig überfordert. Aus diesem Grund nimmt ihnen *hochschulstart.de* diese Aufgabe ab.

Wie vergibt *hochschulstart.de* die Studienplätze im Rahmen des Auswahlverfahrens? Für 40 Prozent der Studienplätze dieser Fächer ist *hochschulstart.de* allein zuständig, 60 Prozent der Studienplätze werden in Auswahlverfahren der Hochschulen vergeben, woran *hochschulstart.de* allerdings vielfach – aber nicht immer – weiter beteiligt ist.

Zuerst einmal wird von den 40 Prozent der Studienplätze eine bestimmte Quote (u. a. Ausländer aus Nicht-EU-Ländern, Zweitstudienbewerber, Härtefälle) vorab ausgewählt. Die übrigen Studienplätze werden nach zwei Kriterien vergeben: nach der sogenannten Qualifikation (20 Prozent) und nach der Wartezeit (20 Prozent). Der Begriff Qualifikation bedeutet nichts anderes, als dass es sich dabei um die Durchschnittsnote des Abiturs handelt. Wartezeit ist die Zahl an Halbjahren (= Semestern), die seit dem Abitur vergangen sind und in denen man noch nicht (auch kein anderes Fach!) studiert hat. Was in dieser Zeit seit dem Abitur gemacht wurde, ist für *hochschulstart.de* unerheblich. Ob Sie einen Bundesfreiwilligendienst oder ein freiwilliges soziales Jahr abgeleistet haben, ob Sie eine Lehre begonnen, ob Sie gejobbt haben oder nach dem Abitur erst mal für längere Zeit verreist waren, interessiert *hochschulstart.de* nicht. Man erhält die Wartezeit rückwirkend. *hochschulstart.de* rechnet aufs Abitur zurück und gibt pro Halbjahr ein Semester Wartezeit.

Wer über die Abiturnote oder die Wartezeit keinen Studienplatz erhalten hat, für den bleibt noch die Hoffnung, über die Auswahlverfahren der Hochschulen zugelassen zu werden. Um in diese Auswahlverfahren zu gelangen, ist aber eine vorherige Bewerbung bei *hochschulstart.de* unbedingt erforderlich; Direktbewerbungen bei den Hochschulen für die Auswahlverfahren sind in den hochschulstart.de-Fächern nicht möglich.

Nach welchen Kriterien werden diese übrigen 60 Prozent der Studienplätze in den Auswahlverfahren vergeben? Diese sind von Fach zu Fach und von Hochschule zu Hochschule sehr unterschiedlich. Auf der Homepage von *hochschulstart.de* kann für jede Hochschule das jeweilige Verfahren zum aktuellen Bewerbungssemester in Erfahrung gebracht werden. Mögliche Auswahlkriterien – neben der Abiturnote – können sein: Eine vorherige Berufsausbildung / -tätigkeit, die Belegung bestimmter Fächer in der Oberstufe, ein Auswahlgespräch mit Hochschulprofessoren, die erfolgreiche Teilnahme an Wettbewerben (etwa bei »Jugend forscht«), ein Freiwilligendienst und fachspezifische Studierfähigkeitstests (etwa der Test für Medizinische Studiengänge).

Die Zulassungsbescheide verschickt *hochschulstart.de* Mitte August / Februar für die ausgewählten Bewerber / -innen der Abiturbesten- und der Wartezeitquote. Anfang September / März folgen die Ergebnisse für die Auswahlverfahren der Hochschulen.

Wer leider eine Ablehnung bekommt, sollte es ein Semester später oder im darauffolgenden Jahr erneut versuchen. Es gibt aber noch einen kleinen Hoffnungsschimmer: Nicht alle, die eine Zulassung erhalten, nehmen den Studienplatz an. Da ohne Annahme (Achtung bei Urlauben in der genannten Zeit) der angebotene Studienplatz verfällt, werden diese Plätze in Nachrückverfahren weitervergeben. Wer nicht zu den glücklichen Nachrückern gehört, hat eine weitere Chance: Auch nicht alle, die den Studienplatz angenommen haben, schreiben sich tatsächlich an der Hochschule ein. Deren Plätze darf nach Ablauf der Einschreibefrist die Hochschule vergeben – normalerweise im Losverfahren. Nehmen Sie deshalb, falls Sie auch im Nachrückverfahren nicht zum Zuge kamen und Sie auf der Homepage einer Hochschule gelesen haben, dass sie ein Losverfahren anbietet, an diesem Losverfahren teil.

Wer außergewöhnliche gesundheitliche, soziale oder familiäre Gründe glaubhaft nachweisen kann (es muss eine »besondere Ausnahmesituation« vorliegen) oder früher in dem gleichen Studiengang eine Zulassung hatte, aber aus unverschuldeten Gründen das Studium nicht beginnen konnte, kann einen Sonderantrag auf sofortige Zulassung stellen (sogenannter **Härtefallantrag**).

Wer außergewöhnliche soziale oder familiäre Gründe vorbringen kann, hat die Möglichkeit, einen Antrag auf **Nachteilsausgleich** zu stellen, der im Erfolgsfall die Durchschnittsnote verbessert. Das Gleiche gilt für die Wartezeit. Auch hier kann ein Antrag auf Nachteilsausgleich gestellt werden.

Das vorgestellte System der Studienplatzvergabe wird – bedingt durch das Urteil des Bundesverfassungsgerichts vom 19. Dezember 2017 – sich voraussichtlich zum Sommersemester 2020 wesentlich verändern. Interessenten für die medizinischen Fächer und Pharmazie wird empfohlen, sehr gründlich auf der Homepage von *hochschulstart.de* die neuen Auswahlbedingungen für dieses Semester zu recherchieren.

Das *Dialogorientierte Serviceverfahren* von *hochschulstart.de*

Mit der Abschaffung der »Zentralstelle für die Vergabe von Studienplätzen (ZVS)« und der Einrichtung der »Stiftung für Hochschulzulassung« – bekannt als *hochschulstart.de* – an ihrer Stelle war die Aufgabe verbunden, ein zentrales System für die Vergabe von Studienplätzen an den meisten deutschen Hochschulen anzubieten, das den Namen »Dialogorientiertes Serviceverfahren« erhielt.

Hinter dem **Dialogorientierten Serviceverfahren** steht eine gute Überlegung: Traditionell bricht zu jedem Wintersemester an den über 400 deutschen Hochschulen ein Bewerbungs-Chaos aus. Nicht wenige der geschätzten rund 500 000 Studienplatzbewerber reichen, um ihre Chancen auf einen Studienplatz zu verbessern, ihre Bewerbung bei mehr als einer Hochschule ein. Das verbessert ihre Chance auf einen Studienplatz ganz erheblich, verursacht aber für die Hochschulen und auch für Studienbewerber eine chaotische Situation. Wer eine Zulassung von mehreren Hochschulen erhält, darf sich freuen, hat aber dann die Qual der Wahl und muss sich meistens innerhalb einiger Wochen entscheiden. Jede /-r Studienbewerber /-in kann natürlich nur einen Studienplatz einnehmen. Aber in der Zeit, bis jemand sich für eine bestimmte Hochschule entschieden hat, werden an den anderen Hochschulen, an denen er oder sie ebenfalls eine Zulassung erhalten hat, die Plätze blockiert. Auf diese Plätze warten wiederum händeringend diejenigen, die noch keinen Studienplatz bekommen haben, und ihn dann möglicherweise erst kurz vor Semesterbeginn oder in Nachrückverfahren erhalten.

Das hinter *hochschulstart.de* stehende System sieht vor, dass jede /-r Bewerber /-in online bis zu zwölf Wünsche eingeben kann. Die Hochschulen wählen dann nach ihren spezifischen Kriterien die Bewerber aus, benachrichtigen die Bewerber über das Portal, die sich dann wiederum online für oder gegen dieses Angebot entscheiden können. Wird der Studienplatz angenommen, wird der Name sofort automatisch aus allen anderen Listen gestrichen, und der Bewerber blockiert keine weiteren Studienplätze mehr.

Jeder, der sich für einen Studienplatz bewerben möchte, sollte deshalb vor der Bewerbung auf *www.hochschulstart.de/dosv* gehen und sich aktuell informieren, ob evtl. auch der Wunschstudiengang unter den hier vergebenen Studiengängen zu finden ist. Hat man herausgefunden, dass der Wunschstudiengang unter Beteiligung des Dialogorientierten Serviceverfahrens vergeben wird, registriert man sich unter *www.hochschulstart.de/dosv* und erhält eine Bewerber-Identifikationsnummer (Bewerber-ID) und eine Bewerber-Authentifizierungs-Nummer (BAN). Mit diesen bewirbt man sich anschließend entweder über das Bewerbungsportal der jeweiligen Hochschule (sogenanntes dezentrales Verfahren) oder direkt für den Studiengang bei *www.hochschulstart.de/dosv* (sogenannte zentrale Bewerbung).

Ortstermin: Bewerbung bei der Hochschule

Für die meisten Fächer wendet man sich nicht an *hochschulstart.de*, sondern an die jeweilige Hochschule, die dieses Studienfach anbietet. Hier werden die Studienplätze nach drei verschiedenen Systemen vergeben: ohne Zulassungsbeschränkung, nach einem Orts-NC oder durch eine besondere Eignungsprüfung (s. Grafik auf der Seite unten).

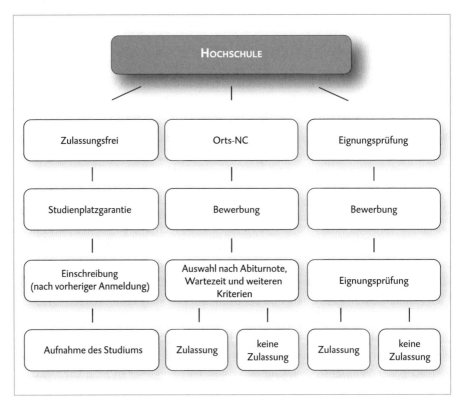

Lesen Sie auf der Homepage der Zielhochschule, dass Ihr Fach »zulassungsfrei« ist, erhalten Sie – unabhängig von der Abiturnote, der Wartezeit oder anderen Auswahlkriterien – den Studienplatz. Auch für die freien Studiengänge ist eine vorherige Anmeldung und die Einhaltung bestimmter Fristen erforderlich. In der Regel wird auch hier die Bewerbung um den Studienplatz online eingeleitet; anschließend wird die Zusendung weiterer Unterlagen auf dem Postweg verlangt. Wenn Sie also hören, dass Ihr Fach »zulassungsfrei« ist, heißt das nicht, dass Sie erst am ersten Tag des Semesters an der Hochschule erscheinen sollten.

Bei den Studiengängen mit Orts-NC gibt es erfahrungsgemäß mehr Bewerber als Studienplätze. Deshalb muss die Hochschule auswählen, nach Abiturnote, Wartezeit und weiteren Kriterien, wie vorherige Berufsausbildung/-tätigkeit, Praktika, Teilnahme an Wettbewerben, Belegung studiengangsrelevanter Schulfächer in der Oberstufe, Noten in studiengangsrelevanten Schulfächern in der Oberstufe, Studierfähigkeitstests, Auswahlgespräch oder Motivationsschreiben. Wenn Sie hören, dass Ihr Wunschfach an Ihrer Wunschhochschule einen Orts-NC hat, dann heißt das aber nicht, dass dieses Fach automatisch auch an anderen Hochschulen mit einem Orts NC belegt ist. Häufig gibt es anderswo entweder mehr Studienplätze oder weniger Bewerber. Dann ist das Fach dort zulassungsfrei und Sie können sich (unter Beachtung der Termine) direkt einschreiben.

Eine Studienplatzvergabe nach besonderer Eignungsprüfung betrifft erst einmal die Studienfächer an den Musik-, Kunst- und Sporthochschulen sowie die Studiengänge Journalismus/Publizistik und Übersetzen/Dolmetschen.

Bei der Bewerbung für ein Sportstudium muss man in Form einer Aufnahmeprüfung seine sportlichen Fähigkeiten in mehreren Sportarten (Mannschafts- und Individualsport) unter Beweis stellen.

Für das Studium der Musik ist eine Prüfung vorgeschrieben, die eine entsprechende musikalische Grundbegabung und – je nach Studienfach – eine entsprechende Stimme, gutes Gehör, theoretische Kenntnisse und/oder die Beherrschung eines Musikinstrumentes nachweist.

Bei den Studienplätzen in Freier oder Angewandter Kunst haben die meisten Hochschulen ein zweistufiges Auswahlverfahren. Sie erwarten zunächst eine Mappe mit künstlerischen Objekten, die von Professoren des Faches begutachtet werden. Schafft man diese Hürde, wird man zur eigentlichen Aufnahmeprüfung eingeladen. Bei dieser Prüfung werden allgemeine künstlerische Begabungen sowie besondere Fähigkeiten und Kenntnisse im Hinblick auf das spätere Studienfach überprüft. Wer auch diese Hürde genommen hat, erhält entweder direkt die Zulassung oder kommt auf eine Warteliste und kann dann in einem der kommenden Semester beginnen.

Die Auswahl für Studiengänge wie Publizistik oder Journalismus ist wieder anders. Hier müssen die Bewerber nachweisen, dass die entsprechenden sprachlichen und persönlichen Voraussetzungen vorhanden sind.

Wichtig ist, dass alle diejenigen, die eine Eignungsprüfung ablegen müssen und das Studium direkt nach dem Abitur aufnehmen möchten, sich bereits ein bis eineinhalb Jahre vor dem Abitur über das jeweilige Auswahlverfahren über die Webseiten der Hochschulen informieren und sich mit infrage kommenden Hochschulen in Verbindung setzen. Viele Hochschulen bieten für die Aufnahmeprüfungen eigene Info-Veranstaltungen an oder – für Kunststudiengänge – Mappenkurse.

Studieren ohne Abitur

Wer weder über die Fachhochschulreife, die fachgebundene Hochschulreife noch über das Abitur verfügt, dem steht der Weg zum Studium über eine berufliche Ausbildung offen. Interessenten müssen die Berufsausbildung erfolgreich abgeschlossen haben und eine bestimmte Anzahl von Jahren berufstätig gewesen sein und ggf. weitere Prüfungen, wie etwa die Meisterprüfung, abgelegt haben. Jedes Bundesland hat für diesen Hochschulzugang gesonderte Regelungen.

Rheinland-Pfalz beispielsweise hatte bereits 1996 als erstes Bundesland Regelungen eingeführt, die es Berufstätigen und Meistern unter bestimmten Umständen möglich machten, ein Hochschulstudium aufzunehmen. 2010 trat ein neues rheinland-pfälzisches Hochschulgesetz in Kraft, das für beruflich qualifizierte Personen ohne Hochschulzugangsberechtigung die Zugangsmöglichkeiten zum Hochschulstudium erweiterte bzw. vereinfachte: Personen, die eine Meisterprüfung oder eine vergleichbare Fortbildungsprüfung abgelegt haben, erhalten mit dieser Qualifikation die unmittelbare Berechtigung zum Studium an einer rheinland-pfälzischen Fachhochschule oder Universität und dies für alle Fächer und unabhängig von der Gesamtnote des Abschlusses.

Personen, die eine berufliche Ausbildung mit qualifiziertem Ergebnis (Note: 2,5 oder besser) abgeschlossen haben und anschließend eine mindestens zwei Jahre dauernde berufliche Tätigkeit ausgeübt haben, erhalten eine Hochschulzugangsberechtigung für das Studium aller Fächer an rheinland-pfälzischen Fachhochschulen sowie eine fachgebundene Hochschulzugangsberechtigung an einer der Universitäten.

Zwei Einschränkungen sind in Rheinland-Pfalz aber weiterhin zu beachten: Studiengänge, die mit einer kirchlichen Prüfung abgeschlossen werden, oder Studiengänge in Katholischer Theologie sind weiterhin grundsätzlich ausgeschlossen bzw. bedürfen einer gesonderten Genehmigung.

Derzeit studieren etwa 51 000 beruflich Qualifizierte an den deutschen Hochschulen. 2015 nahmen etwa 7 400 Personen an einer Fachhochschule ihr Studium auf, 5 000 an einer Universität und 150 an einer künstlerischen Hochschule. Dabei schrieben sich rd. 54 % in Studiengänge der Rechts-, Wirtschafts- und Sozialwissenschaften ein, rd. 20 % in Studiengänge der Ingenieurwissenschaften und rd. 11 % für Studiengänge im Bereich Gesundheit / Medizin. Die Hochschule mit den meisten Erstsemestern war dabei die FernUniversität in Hagen.

Berufstätige ohne Hochschulzugangsberechtigung sollten sich bei den Studierendensekretariaten und bei den Studienberatungsstellen der Hochschulen genauestens informieren. Diese sind dafür zuständig zu prüfen, ob und inwieweit die Zugangsvoraussetzungen erfüllt sind. Dort erhält man auch Informationen und Unterlagen zur Antragsstellung.

Weitere Informationen:
Sigrun Nickel, Nicole Schulz, Update 2017: Studieren ohne Abitur in Deutschland. Überblick über aktuelle Entwicklungen, hrsg. vom CHE/gemeinnütziges Centrum für Hochschulentwicklung, Gütersloh 2017 (CHE Arbeitspapier Nr. 195). S. hierzu unter: http://www.che.de/downloads/CHE_AP_195_Studieren_ohne_Abitur_2017.pdf (zuletzt aufgerufen 15.12.2018) und unter www.studieren-ohne-abitur.de

Der Blick nach vorn:
Berufliche Möglichkeiten
nach dem Hochschulstudium

In einem Buch über die Studienwahl darf natürlich nicht die Frage fehlen, welche beruflichen Möglichkeiten ein Hochschulstudium eröffnet und welche Perspektiven die jeweiligen Fächer voraussichtlich bieten. Im dritten Kapitel wurde bereits erläutert, welche Berufe die einzelnen Fächergruppen ermöglichen und in welchen Bereichen man Absolventen welcher Fachbereiche bevorzugt findet. Mögliche berufliche Tätigkeiten sind jedoch bei jedem akademischen Beruf vielfältig. Zwei Beispiele: Eine/-n Ingenieur/-in erwartet man vielleicht am ehesten in der Entwicklungsabteilung eines Industrieunternehmens. Aber er oder sie kann genauso gut als Dozent/-in an der Hochschule, als Berater/-in eines Industrieverbandes, als Lektor/-in in einem Verlag für technische Fachbücher, als Mitarbeiter/-in in der Entwicklungshilfe, als Journalist/-in für eine Fachzeitschrift oder als Mitarbeiter/-in eines Abgeordneten arbeiten.

Kunsthistoriker/-innen arbeiten zwar bevorzugt in Museen und in Ämtern für Denkmalpflege. Absolventen dieses Studiums können aber auch als Dozent/-innen an einer Volkshochschule, als Kunsthändler/-innen, als Anbieter/-innen von Ausstellungskonzepten, als Inhaber/-innen einer Galerie oder einer Buchhandlung oder als Mitarbeiter/-innen bei einem Kunstverlag tätig sein.

Abiturienten und ihre Eltern stellen im Zusammenhang mit einem Hochschulstudium oft folgende Fragen:

1. Welche Prognosen gibt es im Hinblick auf den künftigen Arbeitsmarkt?

2. Findet man nach einem Hochschulstudium (überhaupt) eine Arbeit?

3. Findet man eine der Ausbildung entsprechende Tätigkeit?

4. Wie ist es um die Verdienstmöglichkeiten bestellt?

5. Welche Studienfächer bieten welche beruflichen Perspektiven?

6. Lohnt sich ein Studium überhaupt?

Welche Prognosen gibt es im Hinblick auf den künftigen Arbeitsmarkt?

Unserer Meinung nach gibt es keine wirklich verlässliche Aussage darüber, welches Studium welche beruflichen Chancen und Verdienstmöglichkeiten bietet. Es gibt verschiedene Prognosen, aber keine zuverlässigen Angaben. Niemand weiß wirklich, wie der Arbeitsmarkt in Deutschland in fünf bis sieben Jahren aussehen wird, denn dieser ist abhängig von der Weltwirtschaft, von der Entwicklung des Euro, von technischen Innovationen, von Nachfrage und Konsum und von Veränderungen bei den jeweiligen Berufen.

Findet man nach einem Hochschulstudium überhaupt eine Arbeit?

Diese Frage ist einfach zu beantworten. Jedes Hochschulstudium vermittelt Kenntnisse und Qualifikationen, die für den Arbeitsmarkt benötigt werden. Man erwirbt Fähigkeiten zu logischem und abstraktem Denken, sich vielfältige Informationen zu beschaffen, einen Text zu strukturieren und zu erstellen, Wissen zu vermitteln und vieles mehr.

Bislang hat fast jeder, der ein Hochschulstudium abgeschlossen hat, irgendwann eine Arbeit gefunden. Das kann allerdings eine Tätigkeit sein, für die nicht alles, was im Studium gelernt wurde, auch benötigt wird oder nur ein Teil dessen, was im Studium vermittelt wurde, oder eine berufliche Tätigkeit, die nichts mit dem Studium zu tun hat.

Findet man eine der Ausbildung entsprechende Tätigkeit?

Diese Frage ist schwerer zu beantworten, weil sie von verschiedenen Einflussgrößen abhängig ist, die kaum zu steuern sind: von der Zahl der Studienanfänger und Studierenden im jeweiligen Fach, der Anzahl der künftigen Arbeitsplätze, dem Durchschnittsalter derjenigen, die in dem jeweiligen Beruf tätig sind (Frage des Ersatzbedarfs), den neu zu schaffenden Arbeitsplätzen in diesem Bereich (Neubedarf), der allgemeinen wirtschaftlichen Lage, der technologischen Entwicklung und einigem mehr.

Schon aus dieser Aufzählung wird deutlich, dass es bei diesen vielen Faktoren keine Garantie geben kann, dass alle nach Abschluss ihres Hochschulstudiums eine der Ausbildung entsprechende gut bezahlte Tätigkeit finden. Wenn Sie sich aber für ein Studium entscheiden, das Ihren persönlichen Neigungen und Interessen entspricht, wenn Sie dieses Studium in vernünftiger Zeit schaffen, sich zusätzliche Qualifikationen aneignen und auch offen sind für die Anforderungen des künftigen Arbeitsmarktes, werden Sie mit sehr hoher Wahrscheinlichkeit Ihren Wunschberuf finden.

Wie ist es um die Verdienstmöglichkeiten bestellt?

Hochschulabsolventen verdienen im Durchschnitt etwa 20 bis 40 Prozent mehr als Nichtakademiker. Es gibt aber eine große Spannbreite innerhalb der jeweiligen Berufe. Berufseinsteiger mit Hochschulabschluss bekommen am Anfang je nach vorheriger Ausbildung derzeit etwa 2 200 bis 4 000 Euro brutto im Monat. Wie viel Geld man nach einigen Jahren verdient, hängt dann nicht mehr davon ab, welches Fach studiert wurde, sondern wie gut man die berufliche Praxis bewältigt, welche Leistungen im Berufsleben erbracht werden, wie wirtschaftlich gut oder schlecht es der jeweiligen Branche geht und inwieweit die Bereitschaft vorhanden ist, das vorhandene Wissen zu aktualisieren und zu erweitern.

Eine Information geht bei den Diskussionen um die Verdienstmöglichkeiten für Hochschulabsolventen häufig unter, und zwar die nach dem Lebensverdienst. Wer studiert hat, beginnt erst fünf bis zehn Jahre später als andere mit dem Geldverdienen. Beim Vergleich eines durchschnittlichen Akademikergehalts mit dem Einkommen eines »Nichtakademikers« überholen Hochschulabsolventen erst mit Anfang fünfzig ihre Kollegen, die nicht studiert haben.

Welche Studienfächer bieten welche beruflichen Perspektiven?

Bei aller Vorsicht gegenüber Prognosen lassen sich bestimmte Trends und Entwicklungen für die nächsten Jahre erkennen. Auf dieser Basis werden im letzten Teil dieses Kapitels die Berufe, die von rund 90 Prozent aller Hochschulabsolventen ergriffen werden, im Hinblick auf ihre voraussichtlichen Perspektiven vorgestellt.

Aller Voraussicht nach werden auch in den nächsten Jahren die technischen (einschließlich Informatik) sowie naturwissenschaftlichen und medizinischen Fächer über längere Zeiträume die besten Chancen bieten, gefolgt von den wirtschaftswissenschaftlichen Fächern. Im Mittelfeld werden voraussichtlich die Sozialwissenschaften rangieren, im hinteren Bereich die geisteswissenschaftlichen Studiengänge. Doch Vorsicht: Es gibt einzelne technische Fächer, die wenig gefragt sind, während bestimmte Geisteswissenschaften, etwa in der »richtigen« Lehramtskombination, sehr gefragt sein können.

Lohnt sich ein Studium überhaupt?

Wenn man das Wort »lohnt« ausschließlich auf Geld und Einkommen reduziert, dann lohnt sich ein Studium unter diesem Gesichtspunkt kaum oder nicht in dem Maße, wie Außenstehende vermuten würden, weil der Berufseinstieg bei Akademikern erst viel später erfolgt als bei anderen Ausbildungen.

Wenn man aber »lohnt« weiter fasst und damit auch ideelle und persönliche Aspekte meint, dann ist ein Studium nach wie vor eine sehr nützliche Zukunftsinvestition. Es bietet die Möglichkeit, sich vielfältig zu bilden, die Ausbildung mitzugestalten, sich umfangreiches Wissen anzueignen und die eigene Persönlichkeit zu entwickeln.

Die künftigen Perspektiven für Hochschulabsolventen

Blicken wir auf den Zeitraum 2022 bis 2026, in dem die Leser / -innen dieses Buches den Arbeitsmarkt betreten werden. Jemand, der behaupten würde, er kenne diesen Arbeitsmarkt genau, müsste über hellseherische Begabungen verfügen. Dennoch kann die Frage »Auf welchen Arbeitsmarkt treffe ich voraussichtlich, wenn ich in einigen Jahren in den Beruf einsteigen möchte?« nicht unbeantwortet bleiben.

Die Arbeitsmarktchancen in diesem Zeitraum hängen von mehreren Faktoren ab. Schwer vorhersagbar sind die allgemeine Konjunkturentwicklung, weltwirtschaftliche Rahmenbedingungen und der technologische Wandel. Etwas besser prognostizierbar sind der Ersatzbedarf an Hochschulabsolventen und die Veränderungen innerhalb des Arbeitsmarktes.

Ersatzbedarf heißt, dass Menschen zwischen 63 und 67 Jahren altersbedingt aus dem Berufsleben ausscheiden und ihre Stelle von einem Jüngeren besetzt wird. Das heißt aber nicht, dass der 26-jährige Hochschulabsolvent den 66-jährigen Leiter ersetzt, sondern dass ein »Stühlerücken« von oben nach unten stattfindet. Der 66-Jährige wird durch einen 54-Jährigen ersetzt, dessen Stelle wird von einem 47-Jährigen eingenommen und so weiter, bis der oder die 26-Jährige den Job eines 35-Jährigen übernimmt.

Der Ersatzbedarf in den Jahren 2022 bis 2026 wird hoch sein. Denn in diesen fünf Jahren verlassen die geburtenstarken Jahrgänge der späten 1950er-Jahre altersbedingt den Arbeitsmarkt. In diesen Jahren zwischen 1955 und 1959 wurden mehr als doppelt so viele Kinder geboren wie etwa in den 1980er- oder 1990er-Jahren. Hinzu kommt, dass es in den Jahrgängen bis 1959 einen höheren Anteil an Akademikern gibt als vorher. Beides, der Ersatzbedarf allgemein und der Ersatzbedarf an akademisch Ausgebildeten, wird voraussichtlich positive Effekte auf den Arbeitsmarkt und die Berufschancen für Hochschulabsolventen haben.

Eine weitere positive Entwicklung geht vom Arbeitsmarkt selbst aus. Der Bedarf an Hochschulabsolventen wird sich erhöhen aufgrund der technologischen Entwicklung und den weiter steigenden Anforderungen an die beruflichen Qualifikationen. Die Zahl der Arbeitsplätze mit geringen Anforderungen geht zurück. Die Zahl der

Arbeitsplätze mit hohen Anforderungen an Ausbildung und Qualifikationen nimmt zu. Dieser Trend besteht seit vielen Jahren. Immer häufiger bedarf es auch in den nächsten Jahren eines Studiums, um ein hochqualifiziertes Tätigkeitsprofil zu erfüllen.

Für die geschilderte Entwicklung ist auch die zunehmende Technisierung und Digitalisierung verantwortlich. Die Arbeitsabläufe werden immer komplexer und stellen immer höhere fachliche Anforderungen an die Berufstätigen. Insgesamt wird es zu einem Verdrängungsprinzip kommen. Arbeitsplätze, die eine qualifizierte Berufsausbildung voraussetzen, verdrängen zunehmend solche, für die man wenig fachliche Qualifikationen benötigt. Gleichzeitig verdrängen die Absolventen von den Hochschulen die Fachkräfte ohne Studium, es findet also eine Verdrängung von »oben nach unten« statt. Diese Entwicklung ist bereits seit Jahren im Gange und hat zur Folge, dass immer mehr Arbeitsplätze, die früher von Nichtakademikern besetzt waren, von akademisch Ausgebildeten eingenommen werden. Dieser Trend ist übrigens in allen Industriestaaten zu beobachten.

Erheblich schwerer einzuschätzen ist hingegen die allgemeine Wirtschaftsentwicklung in Deutschland und Europa und die Einflüsse, die von der Weltwirtschaft ausgehen. Man hat vor einigen Jahren gesehen, wie massiv die von den USA ausgegangene Bankenkrise 2007/2008 auch in Deutschland wirtschaftliche Turbulenzen ausgelöst hat.

Nicht alles ist gefragt: Perspektiven nach Wirtschaftssektoren und Berufen

Die insgesamt günstige Entwicklung wird sich in den Wirtschaftssektoren unterschiedlich auswirken.

Der primäre Sektor, das heißt Landwirtschaft, Forstwirtschaft, Fischerei, Bergbau usw., wird weniger Arbeitsplätze benötigen, weil Nahrungsmittel in anderen Ländern preisgünstiger hergestellt und Rohstoffe anderswo günstiger eingekauft werden können.

Im sekundären Sektor, also Industrie und Gewerbe, sind die Arbeitsmarktchancen unterschiedlich. Arbeitsplätze mit geringer Technologie nehmen ab und werden auch in den nächsten Jahren ins Ausland verlagert, wo die Kosten für die Produktion von Waren geringer sind. Gleichzeitig werden neue Arbeitsplätze mit höheren Anforderungen geschaffen, etwa bei den Informations- und Kommunikationstechnologien, in der Gen- und Biotechnologie, in der Verfahrenstechnik, in den Nanotechnologien, im Bereich der künstlichen Intelligenz und bei den Werkstoffwissenschaften.

Für den tertiären Sektor, das heißt bei den Dienstleistungen, wird eine leichte Steigerung an neuen Arbeitsplätzen erwartet, vor allem im Bereich der freien und selbstständigen Berufe.

Auch zwischen Staatsdienst, Privatwirtschaft und selbstständigen oder freiberuflichen Tätigkeiten wird es Verschiebungen geben. Im Staatsdienst werden die Arbeitsplätze abnehmen, weil staatliche Aufgaben privatisiert oder ausgelagert werden und die Belastungen mit Steuern und Abgaben nicht weiter nach oben gesteigert werden können. Die privaten Unternehmen weisen die genannte Doppelentwicklung auf. Arbeitsplätze mit geringen fachlichen Anforderungen sind rückläufig, Arbeitsplätze mit hohem Technologieaufwand und hohen fachlichen Anforderungen werden zunehmen.

Gute Chancen bieten selbstständige und freiberufliche Existenzen, weil immer mehr Betriebe Dienstleistungen, die sie bislang mit eigenem Personal durchgeführt haben, aus Kostengründen von außen einkaufen und weil sich der Übergang von der Industriegesellschaft zur Dienstleistungs- und Informationsgesellschaft vollzieht.

Auch der Arbeitskräftebedarf bei den Berufen, für die ein Hochschulstudium üblich oder Voraussetzung ist, wird sich recht unterschiedlich entwickeln. Einige Berufe werden erheblich mehr Arbeitskräfte benötigen, andere etwa so viel wie derzeit, wiederum andere etwas weniger als bislang. Mit dieser allgemeinen Aussage dürfte Ihnen jedoch nicht gedient sein, Sie wollen es wahrscheinlich etwas genauer wissen.

Nachfolgend haben wir deshalb eine Übersicht zusammengestellt, wie sich voraussichtlich der Arbeitskräftebedarf bei den einzelnen Berufen verändern wird. Doch bevor Sie sich die voraussichtliche Entwicklung genauer anschauen, einige kleine Vorbemerkungen: Wir verfügen nicht über hellseherische Begabungen und wissen nicht, wie viele Personen wann für welchen Beruf tatsächlich benötigt werden. Die rasanten Veränderungen auf dem Arbeitsmarkt und die technischen Entwicklungen entziehen sich einer exakten Prognose. Bekannt ist aber in etwa, wie viele Studierende derzeit in den jeweiligen Studienfächern eingeschrieben sind, wie sich in den vergangenen Jahren der Arbeitskräftebedarf in etwa entwickelt hat, welche Altersstrukturen die Berufe aufweisen, wie viele Personen in etwa altersbedingt ausscheiden und welchen Bedarf die Arbeitgeber für die nächsten Jahre haben werden.

Die Übersicht kann aber nicht mehr sein als eine Orientierung für Ihre Studien- und Berufswahl. Machen Sie auf keinen Fall den Fehler, sich den Beruf herauszusuchen, der vermeintlich gute Perspektiven verspricht, der aber ein Studium voraussetzt, für das Sie nicht das notwendige Interesse und die entsprechende Begabung mitbringen.

Studium und Berufsperspektiven
(Voraussichtlicher Arbeitskräftebedarf für Berufe mit Hochschulabschluss von 2022 – 2026)

↑ = erheblich mehr Bedarf

↗ = mehr Bedarf

→ = in etwa gleich viel Bedarf

↘ = geringerer Bedarf

↓ = erheblich geringerer Bedarf

Agrarberufe ↘

Apotheker /-in und Pharmakologe / Pharmakologin →

Arbeits- und Berufsberater /-in ↗

Architekt /-in →

Archivar /-in und Dokumentar /-in →

Arzt / Ärztin ↗

Beamter / Beamtin im höheren Dienst →

Betriebswirt /-in →

Bibliothekar /-in ↘

Biowissenschaftler /-in ↗

Chemiker /-in ↗

Designer /-in ↗

Diplomat /-in →

Dolmetscher /-in / Übersetzer /-in →

Entwicklungshelfer /-in →

Erwachsenenbildner /-in →

Europabeamter /-beamtin →

Forstwirt /-in →

Geodät /-in →

Geowissenschaftler /-in ↗

Gesundheits- und Pflegeberufe ↑

Haushalts- und Ernährungswissenschaftler /-in ↗

Hochschullehrer /-in →

Informatiker /-in ↗

Ingenieur /-in ↗

Innenarchitekt /-in ↘

Journalist /-in und Publizist /-in ↘

Justitiar /-in →

Lehrer /-in an allgemeinbildenden Schulen ↗

Lektor /-in im Verlagswesen ↓

Lektor /-in als Sprachlehrer /-in →

Manager /-in →

Mathematiker /-in ↗

Notar /-in →

Patentanwalt /-anwältin ↑

Physiker /-in ↗

Psychologe / Psychologin →

Rechtsanwalt /-anwältin ↘

Richter /-in →

Sozialarbeiter /-in ↗

Sozialpädagoge /-pädagogin ↗

Sportlehrer /-in (nicht Lehramt) ↗

Staatsanwalt /-anwältin →	Volkswirt /-in →
Stadt- und Regionalplaner /-in →	Arbeitsmarkt Werbung ↗
Statistiker /-in →	Wirtschaftsinformatiker /-in ↗
Steuerberater /-in ↗	Wirtschaftsingenieur /-in ↗
Theologe / Theologin →	Wirtschaftsprüfer /-in ↗
Umweltberufe ↗	Tierarzt /-ärztin →
Unternehmensberater /-in ↗	Zahnarzt /-ärztin →

- Die **Agrarberufe** gehören nicht zu den Rennern auf dem künftigen Arbeitsmarkt, weil Agrarprodukte, von Ausnahmen abgesehen, in anderen Ländern preisgünstiger gewonnen oder hergestellt werden und weil die Landwirtschaft ein weiterhin abnehmender Wirtschaftsbereich ist. Wer sich dennoch für ein solches Studium entscheidet, sollte sich auf die Bereiche spezialisieren, die eher gefragt sind, wie z. B. ökologische Landwirtschaft oder technische Spezialfächer.

- Bei **Apothekern und Pharmakologen** – das sind ausgebildete Pharmazeuten, die in der industriellen Forschung tätig sind – dürfte es keine wesentlichen Veränderungen geben. Einerseits profitieren sie vom Fortschritt in der pharmazeutischen Entwicklung und andererseits auch davon, dass das durchschnittliche Lebensalter der Menschen weiter ansteigt. Durch die Zulassungsbedingungen bleibt die Zahl der Absolventen recht konstant. Außerdem sind viele Menschen gegenüber Arzneimitteln kritisch eingestellt und vertrauen verstärkt auf Naturpräparate. Die Zahl der Arbeitsplätze wird in etwa konstant bleiben.

- **Arbeits- und Berufsberater**, bislang hauptsächlich bei den Arbeitsagenturen und an den Hochschulen anzutreffen, wird es in Zukunft vermehrt auch als Selbstständige geben. Sie werden ihr Auskommen finden, weil der Arbeitsmarkt immer komplexer wird und die Hilfe von kompetenten Fachleuten benötigt wird. Außerdem ist diese Berufsgruppe recht klein.

- Bei **Architekten** wird der Bedarf voraussichtlich gleich bleiben. Beim Hoch- und Tiefbau, das heißt bei der Planung von Straßen, Fabriken, Häusern, Brücken usw., dürfte der Bedarf eher zurückgehen. Was aber gefragt sein wird, ist Modernisierung der in den letzten Jahrzehnten entstandenen Häuser und Gebäude und umweltgerechtes Bauen. Der Beruf ist allerdings sehr stark abhängig von der jeweiligen Konjunkturlage in der Bauwirtschaft. Diese ändert sich etwa alle fünf bis sieben Jahre.

- **Archivare und Dokumentare** wird man in Zukunft etwa gleich viele brauchen, weil die Fülle an Informationen, die mithilfe der elektronischen Datenverarbeitung erfasst und an die jeweilige Zielgruppe weitergeleitet werden, immer größer wird. Auch privatwirtschaftliche Informations- und Dokumentationsdienste werden weiter auf den Markt drängen.

- Die Beschäftigungssituation von **Ärzten** dürfte gut sein, nicht nur bedingt durch den medizinischen Fortschritt, sondern weil bei vielen niedergelassenen Ärzten, vor allem Hausärzten, die Übergabe der Praxis ansteht. Innerhalb der medizinischen Fachgebiete wird es aber größere Unterschiede geben.

- **Beamte im höheren Dienst:** Der Bedarf dürfte gleich bleiben. Sparzwänge durch klamme öffentliche Kassen werden ausgeglichen durch vermehrte Aufgaben des Staates.

- **Betriebswirtschaftslehre und Volkswirtschaftslehre** gehören zu den größten Fächern und haben die höchsten Studentenzahlen in Deutschland. Die Unternehmen können sich ihre Kandidaten aus einer großen Absolventenzahl aussuchen, haben aber einen hohen Bedarf an »passgenauen« Bewerbern. Selbstständige und freiberufliche Tätigkeiten dürften bessere Perspektiven als angestellte Tätigkeiten bieten.

- Ein geringerer Bedarf an **Bibliothekaren** zeichnet sich ab. Ein großer Teil dessen, was bisher in Form eines Buches publiziert wird, wird künftig auf elektronischen Systemen angeboten. Der Bibliothekar der Zukunft wird deswegen kein »Bücherwurm«, sondern ein EDV-Spezialist sein.

- **Biowissenschaftler** sind in der Gentechnologie und Biotechnologie und damit auf einem der großen Arbeitsmärkte der Zukunft tätig.

- **Chemie** bestimmt auch in Zukunft unser Leben. Deshalb werden gut ausgebildete Chemiker auch weiter in großer Zahl gebraucht, vor allem auch vor dem Hintergrund teilweise stagnierender Absolventenzahlen.

- **Designer** wird es eher mehr als weniger geben, weil der Trend zur Individualisierung anhält. Gefragt sind aber nur diejenigen, die gute Ideen haben und sie auch umzusetzen vermögen. Diese Branche ist allerdings von sehr schnellen Trends geprägt.

- Der Bedarf an **Diplomaten** ist seit Jahrzehnten in etwa konstant und dürfte es auch in Zukunft bleiben. Internationale Beziehungen sind für jedes Staatswesen wichtig.

- Dass bereits in wenigen Jahren Computer **Dolmetscher und Übersetzer** gänzlich ablösen, ist eher Utopie und nicht realistisch. Fachübersetzer haben bessere Karten als Literaturübersetzer. Vor allem Wirtschafts- und technische Fachsprachen dürften gefragt sein.

- **Entwicklungshelfer** sind auch in Zukunft gefragt wegen der Notwendigkeit, Entwicklungsländer beim Aufbau ihrer Wirtschaft und technischen Infrastruktur zu unterstützen. Allerdings gibt es selten Dauerarbeitsplätze.

- Der Bedarf an **Erwachsenenbildnern** dürfte stagnieren bis leicht ansteigen, weil die Freizeitaktivitäten der Menschen weiter zunehmen und auch ein Bedarf an erwachsenenbezogener betrieblicher Weiterbildung und an der Bildung im sogenannten dritten Lebensabschnitt vorhanden ist.

- Trotz regelmäßiger EU-Krisen dürfte die Zahl der **EU-Bediensteten** (aktuell ca. 33 000) in etwa gleichbleiben oder evtl. leicht steigen, schon deshalb, weil künftig weitere Kompetenzen auf die EU-Ebene verlagert werden.

- Der Bedarf an **Forstwirten** ist stagnierend, weil es sich vor allem um Tätigkeiten im öffentlichen Dienst handelt, wo gespart werden muss, und weil die Altersstruktur keinen größeren Ersatzbedarf schafft.

- **Geodäten** sind Vermessungsingenieure, entweder im Staatsdienst, in Planungsbüros oder selbstständig tätig. Sie gehören aber zu einer sehr kleinen Berufsgruppe mit etwa gleichbleibendem Bedarf.

- Ein Plus hingegen bei den **Geowissenschaftlern**, die Bodenschätze ausfindig machen, Deponien anlegen oder künstliche Mineralien herstellen. Rohstoffe werden knapp und immer teurer.

- Der Bedarf im Bereich **Gesundheit und Pflege** an Arbeitskräften mit Fachhochschul- oder Hochschulabschluss wird weiter und voraussichtlich stark steigen, da durch den medizinischen Fortschritt das Lebensalter steigt und immer mehr alte Menschen versorgt und gepflegt werden müssen.

- Auch gute Ernährung wird in Zukunft wichtig sein. Viele Leute essen in Großküchen, wo **Haushaltswissenschaftler** tätig sind, oder sind ernährungsbewusst und brauchen fachkundigen Rat von **Ernährungswissenschaftlern**.

- Nachdem in den vergangenen Jahren viele Professoren, das sind **Hochschullehrer**, aus Altersgründen ausgeschieden sind und ihre Stellen neu besetzt wurden, werden in den nächsten Jahren deutlich weniger Professuren neu zur Besetzung anstehen. Mit einer erheblichen Ausweitung der Stellen ist trotz voraussichtlich weiter steigender Studierendenzahlen nicht zu rechnen.

- An gut ausgebildeten **Informatikern** mit Zusatzqualifikationen (etwa in BWL) gibt es in den nächsten Jahren einen weiter zunehmenden Bedarf.

- Wer ein **Ingenieurfach** studiert und erfolgreich abschließt, braucht ebenfalls keine Angst vor Arbeitslosigkeit zu haben. Im Gegenteil: Die Firmen werden auch die nächsten Jahre einen Ersatzbedarf an Absolventen haben und ihnen gute Ein- und Aufstiegsmöglichkeiten bieten.

- **Innenarchitekten** sind ein wenig abhängig von der Konjunktur im Bausektor. Eine Kombination mit Architektur ist weniger anfällig.

- Geschrieben und gelesen wird auch in der Zukunft eher noch mehr als heute. Allerdings wird das gedruckte Medium immer mehr durch elektronische Medien ersetzt. Audiovisuelle oder digitale Medien bieten bessere Chancen als Printmedien. Da viele Geisteswissenschaftler in die Medien möchten, ist die Konkurrenz für **Journalisten** und **Publizisten** recht groß.

- **Justitiare** sind ausgebildete Juristen und als Mitarbeiter in der staatlichen Verwaltung oder in der Rechtsabteilung von Unternehmen tätig. Die Zahl der Arbeitsplätze wird sich nicht erhöhen, aber auch nicht entscheidend zurückgehen.

- Der Generationswechsel bei den **Lehrern** ist weiterhin nicht abgeschlossen. Allerdings gibt es zwischen den westlichen und östlichen Bundesländern sowie zwischen den verschiedenen Lehrämtern und Fächerkombinationen erhebliche Unterschiede. Die Berufschancen für angehende Lehrer werden sich insgesamt verbessern.

- Im **Verlagswesen** sind ähnlich wie beim Bibliothekar digitale Veränderungen im Gange. Arbeiten, die von **Lektoren** bislang im Verlag gemacht wurden, werden mehr von Selbstständigen übernommen. Außerdem wird ein größerer Teil der Zeitungen, Zeitschriften und Bücher künftig auf elektronischem Weg in Umlauf gebracht.

- **Lektoren** nennen sich auch Personen, die vor allem an ausländischen Hochschulen als **Sprachlehrer** tätig sind. Sie sind eine sehr kleine Berufsgruppe, deren Zahl konstant bleiben dürfte.

- **Manager**, ein Traumberuf vieler Abiturienten mit Traumgehältern und Boni, wird es in Zukunft eher weniger als mehr geben. Die Wirtschaft steht weiterhin im Zeichen einer Konzentration und dem Abbau von Hierarchien.

- Bei **Mathematikern** wird die Zahl der Arbeitsplätze leicht steigen. Sie sind vielseitig einsetzbar.

- Die Zahl der Notariate ist vom Staat begrenzt. Da **Notare** zu den Juristen mit den besten Examensnoten gehören, dürfte sich an ihren Berufsperspektiven nicht viel ändern.

- **Patentanwälte** sind Ingenieure mit einer zusätzlichen juristischen Ausbildung, die im Auftrag von Unternehmen nach bereits bestehenden Patenten recherchieren, Patentschriften erstellen und Patente anmelden. Sie erwarten weiterhin gute Arbeitsmarktchancen.

- **Psychologen** werden schon deshalb auch künftig in entsprechender Anzahl benötigt, weil viele Menschen immer weniger in der Lage sind, ihre Probleme zu lösen. Es kommt aber sehr auf den jeweiligen Studienschwerpunkt an, wie gut die Berufschancen sind.

- **Rechtsanwälte** gehen weiter eher mageren Zeiten entgegen. Jura ist ein Fach mit nach wie vor hohen Studentenzahlen. Bis zu 75 Prozent eines Absolventenjahrgangs eröffnen eine Anwaltskanzlei oder suchen dort einen Job. Manche Anwaltskanzleien können den Inhaber schon jetzt kaum ernähren. Außerdem müssen Rechtsanwälte nicht mit Mitte 60 in Rente gehen. Sie gehören zu den freien Berufen.

- Kriminelle wird es in der Zukunft leider auch weiterhin geben, womit das Einkommen von **Richtern** und **Staatsanwälten** gesichert ist. Viel mehr als die bestehenden Stellen wird es wegen der engen Finanzen des Staates aber nicht geben. Ohne Prädikatsexamen hat man dementsprechend wenig Chancen auf diese Stellen.

- Bei **Sozialarbeitern** und **Sozialpädagogen** gibt es ein Ungleichgewicht zwischen der Notwendigkeit, mehr Personen einzustellen, und der Finanzierung, weil sie vor allem im Staatsdienst und bei konfessionellen Einrichtungen beschäftigt sind, wo das Geld auch künftig knapp sein wird. Die Anzahl der staatlichen Arbeitsplätze dürfte sich wohl insgesamt erhöhen aufgrund derselben Gründe wie bei den Psychologen. Also hier ein Plus.

- Sport wird auch in Zukunft einen hohen Stellenwert in der Bevölkerung haben. Diese Aussage gilt gleichermaßen für den Leistungssport wie für den Breitensport. Somit sind die Aussichten für **Sportlehrer** (nicht Lehramt) gut.

- **Stadt- und Regionalplaner**, vor allem diejenigen, die sich in ökologischen Themen gut auskennen, werden auch weiterhin recht gute berufliche Möglichkeiten haben.

- Für **Statistiker** sieht es nicht schlecht, aber auch nicht rosig aus, weil künftig ein immer größerer Teil ihrer Arbeit von Computern gemacht wird.

- **Steuerberater** blicken in eine weiterhin gute Zukunft, weil sie die Einzigen sind, die die Pfade durch den dichten Steuerdschungel kennen.

- Bei den **theologischen Berufen** ist eine Prognose schwer. Religiosität ist in unserer Gesellschaft nicht gerade ein Trend. Außerdem sinken die Einnahmen der Kirchen durch Kirchenaustritte. Geistliche haben sehr gute Chancen. Bei Laientheologen und Religionslehrern dürften sich die Perspektiven eher halten als verbessern.

- Es gibt keinen Bachelor oder Master für Umweltschutz. Wenn von **Umwelt- berufen** gesprochen wird, meint man Chemiker, die darauf spezialisiert sind, Boden- oder Wasseranalysen zu erstellen, Geografen, die an der Planung von Mülldeponien mitarbeiten, Ingenieure, die umweltschonende Maschinen herstellen oder Filteranlagen bauen, Wirtschaftswissenschaftler, die Finanzie- rungskonzepte erarbeiten können, oder Juristen mit dem Schwerpunkt Umwelt- recht. Die »grünen Berufe« sind weiterhin gefragt.

- Der Beruf **Unternehmensberater** ist auch künftig ein guter Tipp. Kaum ein Unternehmen kann auf den Rat dieser Spezialisten verzichten. In wirtschaftlich guten Zeiten geht es um Ausweitung und um neue Märkte, in mageren Zeiten um Rationalisierung und ums wirtschaftliche Überleben.

- Auch in den nächsten Jahren wird man genügend Leute in der **Werbung** brau- chen mit guten Ideen und der Fähigkeit, sie in Werbespots, auf Plakaten oder online umzusetzen. Allerdings ist Werbung ein hartes Geschäft und ein Job für junge Leute mit einem guten Gespür für neue Trends.

- **Wirtschaftsingenieure** haben eine Doppelausbildung in Technik und Wirtschaft. Wegen dieser besonderen Qualifikation sind sie seit vielen Jahren auf dem Arbeitsmarkt gefragt. An diesen guten Perspektiven dürfte sich künftig nichts ändern. Dasgleiche gilt für **Wirtschaftsinformatiker**.

- **Wirtschaftsprüfer** sind Wirtschaftswissenschaftler oder Juristen mit mehr- jähriger Berufspraxis und einer Zusatzprüfung, die im Auftrag von Unternehmen die Jahresbilanzen erstellen oder in staatlicher Anstellung prüfen. Die Berufsperspektiven der Wirtschaftsprüfer können als weiterhin gut bis recht günstig eingeschätzt werden.

- Bei den **Tierärzten** und auch bei den **Zahnärzten** wird es vermutlich keine nennenswerten Veränderungen geben. Haustiere sind beliebt und Zähne nach wie vor behandlungs- und reparaturbedürftig.

Bachelor oder Master – was verlangt der Arbeitsmarkt?

Als vor einigen Jahren die vorher eingliedrigen Studiengänge im Zuge der Bologna-Reform in eine zweigliedrige Struktur aus Bachelor und Master umgestellt wurden, standen dahinter mehrere Überlegungen. Zum einen folgte man dem weltweit dominierenden anglo-amerikanischen System einer zweistufigen Ausbildung von Bachelor und Master, zum anderen sah man für junge, gut ausgebildete Leute einen früheren Eintritt in den Arbeitsmarkt vor. Für diejenigen, die ein vertieftes weiterführendes und stärker wissenschaftlich ausgerichtetes Master-Studium anstrebten, sollte dieser Weg offen gehalten werden. Man ging damals davon aus, dass zwei Drittel der Studierenden mit dem Bachelor die Universität oder die Fachhochschule verlassen würden und dass ein Drittel ein Masterstudium anschließen würde.

Es ist jedoch anders gekommen: Ewa 70 Prozent aller Bachelor-Studierenden streben einen Master an. Ein möglicher Grund hierfür ist, dass Master-Absolventen nach einer Studie als Berufseinsteiger etwa 13 Prozent mehr als Bachelor-Absolventen verdienen und aufgrund der längeren und vertieften Ausbildung mit zunehmender Berufserfahrung bis zu 30 Prozent. Hier gibt es allerdings in den einzelnen Branchen und je nach Größe eines Unternehmens Unterschiede.

Auf der anderen Seite steigen Bachelor-Absolventen im Durchschnitt etwa zweieinhalb bis drei Jahre früher in den Arbeitsmarkt ein und verdienen Geld.

Was in jedem Fall vom Tisch ist, war die ursprüngliche Befürchtung, dass der Bachelor eine Art Schmalspurstudium sei und für den Arbeitsmarkt nur bedingt tauge. Der Bachelor ist ein vollwertiger Universitäts- oder Fachhochschulabschluss. In einer anderen Studie erklärten rund 85 Prozent der befragten Unternehmen, dass man auch ohne Master bei ihnen Karriere machen könne. Von daher kann davon ausgegangen werden, dass sich der Bachelor-Abschluss weiter durchsetzen wird. Das hängt auch damit zusammen, dass der Studienabschluss nur ein Kriterium unter mehreren bei der Auswahl der Bewerber/-innen ist. Weitere wichtige Kriterien sind Praxiserfahrung, die jemand durch Praktika, Arbeit während des Studiums oder ein praxisnahes Thema in der Abschlussarbeit erworben hat, und ob der Bachelor bzw. Master an einer wissenschaftlichen Hochschule (Universität) oder an einer Fachhochschule abgelegt wurde.

Die Arbeitsmarktchancen sind auch abhängig von den jeweiligen Fächern. Unter Experten gibt es eine klare Meinung, dass eine Wissenschafts- oder Forschungskarriere ohne Master so gut wie ausgeschlossen ist. Ein Muss ist der Master auch in Fächern wie Chemie, Biologie, Mathematik, Physik, Geowissenschaften und teilweise in der Informatik. Auch für staatlich regulierte Berufe wie den des Lehrers wird der Master vorausgesetzt.

Ob man sich für einen zweiten Studienabschluss entscheidet, hängt auch wesentlich von den persönlichen Interessen ab. Wer sich im Bachelorstudium schwertat und sein Wissen frühzeitig in die Praxis umsetzen möchte, für den empfiehlt sich erst einmal ein Bachelor-Abschluss. Wer hingegen das Gefühl hat, im Gymnasium und im Bachelor-Studium gut zurechtgekommen zu sein, wem die Wissenschaft im Studium sehr viel Spaß macht oder, wie bereits erläutert, Berufe in Wissenschaft und Forschung anstrebt, sollte versuchen, dem Bachelor einen Master anzuschließen.

Es bleiben im Kontext »Bachelor oder Master?« noch drei Fragen offen: Soll ich den Master an der Hochschule machen, an der ich den Bachelor-Abschluss geschafft habe? Hierfür gibt es gute Gründe, wie etwa die Vertrautheit mit der bisherigen Hochschule, aber man sollte sich auch anschauen, welche Vertiefungsmöglichkeiten im Master-Studium andere Hochschulen im Hinblick auf eine Spezialisierung im späteren Beruf bieten.

Die zweite Frage ist, ob man mit einem Bachelor von der Fachhochschule einen Master an der Universität belegen kann? Im Prinzip kann man sich mit einem Bachelor von der Fachhochschule auch für einen Master an einer Universität bewerben. Man sollte sich jedoch vor diesem Schritt genau über die Zulassungsvoraussetzungen informieren. Das heißt, ob die Universität dies grundsätzlich ermöglicht und welche Voraussetzungen gegeben sind. So ist beispielsweise in den Wirtschaftswissenschaften der mathematische Anteil im Bachelor-Universitätsstudium höher als im Fachhochschulstudium. Dies kann zum Ausschlusskriterium bei der Masterzulassung werden.

Und schließlich die Frage zur Masterarbeit: Diese Abschlussarbeit sollte stark ausgerichtet sein auf den Berufseinstieg und die angestrebte berufliche Laufbahn. Wer einen nahtlosen Berufseinstieg nach dem Master anstrebt, sollte nach Möglichkeit seine Master-Arbeit in einem Unternehmen schreiben. Damit hat man bereits einen ersten Fuß in der Tür und die Chance, Kontakte zu knüpfen und einen guten Eindruck zu hinterlassen. Die Wahrscheinlichkeit, im Anschluss an die Master-Arbeit über ein Traineeprogramm oder einen Direkteinstieg in das Unternehmen starten zu können, steigt enorm. Allerdings erwarten die Unternehmen, dass die Master-Arbeit ein Thema umfasst, dass dort relevant ist.

Verwendete Materialien:
Friederike Lübke, Wann sich ein Master-Studium auszahlt, Die Welt vom 26.03.2016, *https://www.welt.de/wirtschaft/karriere/bildung/article153695316/Wann-sich-ein-Master-Studium-auszahlt.html* (zuletzt aufgerufen 15.12.2018); Lara Sogorski, Welcher Abschluss ist gefragt? Bachelor oder Master?« Hochschul-Anzeiger der Frankfurter Allgemeinen Zeitung vom 09.12.2014, *http://hochschulanzeiger.faz.net/magazin/studium/bachelor-oder-master-13298833.html* (zuletzt aufgerufen 15.12.2018); Alexander Lemonakis, Lohnt sich der Master? Brauche ich einen Master-Abschluss für den Berufseinstieg? UNICUM vom 18.05.2017, *https://www.unicum.de/de/bachelor-und-dann/masterstudium/lohnt-sich-der-master* (zuletzt aufgerufen 15.12.2018)

Beliebte und gefragte Studienbereiche

In diesem Kapitel stellen wir Ihnen Studienfächer und Bereiche vor, die bei Abiturienten, Studierenden und zum Teil auch auf dem Arbeitsmarkt der Zukunft besonders gefragt sind. Diese Fächer werden derzeit von über 80 Prozent aller Studierenden an den deutschen Hochschulen belegt. Sie erhalten Informationen darüber, womit sich diese Fächer beschäftigen, wie das Studium aufgebaut ist, welche Fächerkombinationen und Abschlüsse möglich sind, für welche Berufe sie qualifizieren und wie es um die künftigen Berufsperspektiven bestellt ist.

- Agrarwissenschaften
- Architektur / Innenarchitektur
- Biowissenschaften
- Chemie und Lebensmittelchemie
- Geowissenschaften / Geografie
- Germanistik
- Geschichte und Kunstgeschichte
- Gestaltung, Grafik und Design
- Gesundheit und Pflege
- Informatik
- Ingenieurstudiengänge
- Lehramt

- Mathematik und Physik
- Medien
- Medizinische Fächer
- Pharmazie
- Psychologie
- Rechtswissenschaft
- Sozialwissenschaften
- Umweltwissenschaften / Ökologie
- Werkstoff- und Materialwissenschaften
- Wirtschaftsingenieurwesen
- Wirtschaftswissenschaften
- Internationale Studiengänge

Agrarwissenschaften

Agrarwissenschaften ist der Oberbegriff für Fächer, die sich mit der wirtschaftlichen Nutzung und Pflege des Bodens durch den Anbau von Pflanzen und mit der Tierhaltung beschäftigen. Benachbarte Fächer sind Weinbau / Getränketechnologie, Gartenbau und Forstwissenschaft / Forstwirtschaft.

Studiengänge an den Universitäten heißen meistens Agrarwissenschaften und sind stärker theoretisch ausgerichtet, während das Studium der Landwirtschaft eher technisch orientiert ist und überwiegend an den Fachhochschulen angeboten wird. Absolventen beider Studiengänge finden berufliche Einsatzmöglichkeiten im lehrenden, beratenden, technischen oder administrativen Bereich. In eine praktische Betätigung als Landwirt führen diese Studiengänge nur selten. Das Studium besteht aus naturwissenschaftlichen, technischen, wirtschafts- und sozialwissenschaftlichen Teilen und ist demnach sehr breit angelegt. Ein wichtiges Teilgebiet ist die Phytomedizin, die sich mit Pflanzenkrankheiten und -schädigungen und hauptsächlich mit deren Verhütung beschäftigt. Wichtig sind auch ökologische Fragen, vor allem im Hinblick auf einen umweltverträglichen Einsatz von Düngemitteln und artgerechte Tierhaltung.

Ausgebildet wird im Bachelor-Master-Studienmodell; an Universitäten und Fachhochschulen wird der Bachelor und der Master of Science (B.Sc. und M.Sc.) vergeben.

An Universitäten sind die Bachelorstudiengänge auf drei Jahre angelegt; schließt man einen Masterstudiengang an, dauert dieser zwei weitere Jahre. Bachelorstudiengänge an Fachhochschulen haben eine Dauer von drei oder dreieinhalb Jahren. Masterstudiengänge an Fachhochschulen sind auf weitere eineinhalb oder zwei Jahre angelegt. Beim Fachhochschulstudium muss vor oder in den ersten Semestern des Studiums ein mehrmonatiges Praktikum in der Landwirtschaft abgeleistet werden.

Im Bachelorstudium der Agrarwissenschaften / Landwirtschaft stehen die naturwissenschaftlichen Fächer (Chemie, Biologie), Mathematik einschließlich Statistik, Grundlagen der Wirtschaftswissenschaften, Pflanzenproduktion, Tierzucht, Sozialwissenschaften des Landbaus, Bodenkunde und Landtechnik erst einmal im Vordergrund. Nach dem Basisstudium oder Grundstudium, das drei oder vier Semester umfasst, erfolgt eine kleine Schwerpunktsetzung. Diese kann in den Fachrichtungen Pflanzenwissenschaften / Pflanzenproduktion, Tierwissenschaften / Tierproduktion, in Wirtschafts- oder Sozialwissenschaften des Landbaus oder Agrartechnik erfolgen. An einigen Hochschulen gibt es auch eine mögliche Schwerpunktsetzung auf die Fächer Ökologie / Ressourcenschutz.

Statt eines breit angelegten Bachelorstudiengangs Agrarwissenschaften kann man auch spezialisierte Studiengänge belegen, etwa Wirtschaftsingenieurwesen /

Agrarmarketing und Management (Freising-Triesdorf), Ökolandbau und Vermarktung (Eberswalde) oder Pferdewirtschaft (Nürtingen). Wer sich nicht zu früh festlegen will, dem wird die Spezialisierung erst im Masterstudium empfohlen: Das Angebot reicht hier von Ökologische Landwirtschaft (Kassel) über Nachwachsende Rohstoffe und Bioenergie (Stuttgart-Hohenheim) bis hin zu Sustainable International Agriculture (Göttingen).

Die beruflichen Perspektiven sind schwer einzuschätzen. Einerseits ist die Relevanz der Landwirtschaft rückläufig, andererseits gewinnt ökologische Landwirtschaft und Regional- und Landschaftsplanung immer mehr an Bedeutung. Absolventen der Fachrichtung Wirtschafts- und Sozialwissenschaften des Landbaus / Agrarökonomie eröffnen sich auch Einsatzmöglichkeiten in nationalen Entwicklungshilfeorganisationen oder internationalen Organisationen, wobei man für diesen Bereich Fremdsprachenkenntnisse, erste Auslandserfahrungen, etwa durch Praktika, Bereitschaft zur Mobilität und eine kontaktfreudige Persönlichkeit mitbringen sollte.

Weitere Informationen: Auf den Websites der Hochschulen, die agrarwissenschaftliche Studiengänge anbieten. Diese können sehr gut recherchiert werden mit den Datenbanken der Studiengänge unter *www.studienwahl.de* und unter *www.hochschulkompass.de.*

Architektur / Innenarchitektur

Architekten sind überall dort anzutreffen, wo es um das Planen, Entwerfen und Ausführen von Baumaßnahmen geht. Sie sind entweder selbstständig als Inhaber eines eigenen Architekturbüros oder in einem Büro als angestellter Architekt tätig. Weitere berufliche Einsatzmöglichkeiten bieten sich bei großen Bauunternehmen oder bei staatlichen Baubehörden, wo sie vor allem Koordinierungsaufgaben bei der Zusammenarbeit von Behörden (Bauämter, Ämter für Denkmalpflege) und den Baufirmen übernehmen. Zum Tätigkeitsbereich des Architekten gehört nicht nur die Planung von Neubauten, sondern auch die Renovierung, Modernisierung und Sanierung bestehender Gebäude.

Zukünftige Architekten können zwischen einem Studium an einer Universität, einer Fachhochschule und einer Kunsthochschule wählen. Das Architekturstudium ist an wissenschaftlichen Hochschulen theoretischer und eher grundlagenbezogen, an den Fachhochschulen praxisorientiert angelegt. Das Studium schließt an Universitäten und Technischen Universitäten mit einem Bachelor und einem Master of

Science (B.Sc., M.Sc.) ab, an Kunsthochschulen und an Fachhochschulen wird auch der Bachelor und Master of Arts vergeben (B.A., M.A.). Unabhängig vom gewählten Hochschultypus müssen Studienanfänger entweder vor dem Studium oder in den ersten Semesterferien Praktika ableisten. Eine dem Beruf nahestehende Ausbildung vor dem Studium, etwa als Bauzeichner, empfiehlt sich, schon um zu prüfen, ob die Baubranche das richtige Berufsfeld ist. Dieser Beruf ist nichts für allzu empfindliche Naturen.

An Begabungen und fachlichen Qualifikationen werden Interesse an künstlerischer Gestaltung, technisches Verständnis, gutes räumliches Denken und Darstellungsvermögen sowie eine gute mathematisch-naturwissenschaftliche Begabung erwartet. Viele Hochschulen überprüfen die künstlerisch-gestalterischen Voraussetzungen in einer Aufnahmeprüfung. In der Regel muss eine Mappe mit künstlerischen Exponaten vorgelegt werden, die von Dozenten begutachtet wird. Wenn diese Hürde genommen ist, folgt noch eine künstlerische Prüfung an der Hochschule.

Das Studium besteht aus theoretischen und fachpraktischen Lehrveranstaltungen in Geometrie, Vermessungslehre, Malerei und bildnerischer Gestaltung, Baukonstruktion, Gebäudelehre, Tragwerkskonstruktion, Bauphysik, Bauchemie, Baustofflehre, Kostenplanung, Planungssoftware, Baurecht, Stadt- und Kommunalplanung, Architektur- und Kunstgeschichte.

Bachelorstudiengänge an Universitäten umfassen drei Jahre, dazu kommt ein zweijähriges Masterstudium; an Fachhochschulen sind die Bachelorstudiengänge auf drei oder dreieinhalb Jahre und Masterstudiengänge auf eineinhalb oder zwei Jahre angelegt. Für die Aufnahme in die Architektenkammer – und somit für die Eröffnung eines eigenen Büros – ist entweder der Master oder der Abschluss eines vierjährigen Bachelorstudiengangs erforderlich; ein kürzerer Bachelor reicht nicht für die Aufnahme aus. In diesem Fall kann man nur im Angestelltenverhältnis arbeiten.

Auf das Studium folgt eine zwei- bis dreijährige Praxis bei Bauunternehmen oder in Architekturbüros. Anschließend ist die Aufnahme in die Architektenkammer möglich, und es kann die geschützte Berufsbezeichnung »Architekt« geführt werden.

Der Beruf weist einen hohen Anteil an Selbstständigen auf, deren Einkünfte abhängig sind von den Baukosten und der Größe des Projektes sowie dem Umfang der erbrachten Leistungen. Die Gehälter der Angestellten unterliegen der freien Vereinbarung; Berufseinsteiger erhalten im Vergleich zu anderen Akademikern unterdurchschnittliche Gehälter. Die Beschäftigungs- und Einstellungschancen sind insgesamt stark von der Baukonjunktur abhängig.

Innenarchitekten gestalten, wie schon der Name sagt, den Innenraum. Als Vollstudiengang wird Innenarchitektur an Fachhochschulen angeboten, an Universitäten ist es kein eigenständiges Fach, sondern ein Schwerpunkt in Architekturstudiengängen. Ein Bachelorstudiengang dauert an Fachhochschulen in der Regel sechs oder sieben Semester und schließt mit dem Bachelor (B.A.) ab. Masterstudiengänge sind auf weitere drei oder vier Semester angelegt. Vorausgesetzt wird zu Studienbeginn ein Praktikum von mehrmonatiger Dauer in Innenausbaubetrieben, vor allem in Bau- und Möbeltischlereien, und – wie zum Teil auch beim Architekturstudium – eine erfolgreich bestandene Aufnahmeprüfung. Neben gestalterischen Fähigkeiten werden von den Studienbewerbern u. a. Wissen über die Beschaffenheit der zu verwendenden Werkstoffe (u. a. Holz, Glas, Keramik, Textilien) und verschiedene künstlerische Darstellungstechniken, vor allem Freihandzeichnen, erwartet.

Die Bewerbung für einen Studienplatz in Innenarchitektur geht an die jeweilige Hochschule. Wegen der künstlerischen Aufnahmeprüfung wird ein erster Kontakt ein Jahr vor dem beabsichtigten Studienbeginn empfohlen.

Beschäftigungsmöglichkeiten finden Innenarchitekten im eigenen Büro oder als Angestellte in einem größeren Büro. Hinzu kommen Tätigkeiten in Einrichtungshäusern, in Werbe- und Fotoateliers sowie im Gaststätten- und Ausstellungsbau. Die Absolventen dürfen die Berufsbezeichnung »Innenarchitekt« dann nach zwei- bis dreijähriger einschlägiger Berufstätigkeit führen.

Zum Studium Innenarchitektur siehe vor allem die Informationen auf der Homepage des Bundes Deutscher Innenarchitekten unter *www.bdia.de.*

Weitere Informationen auch direkt auf den Websites der Hochschulen, die Architektur- und Innenarchitektur-Studiengänge anbieten. Diese können sehr gut recherchiert werden mit den Datenbanken der Studiengänge unter *www.studienwahl.de* und unter *www.hochschulkompass.de.*

Biowissenschaften

Unter dem Begriff Biowissenschaften werden verschiedene selbstständige Studiengänge zusammengefasst: Biologie, Biochemie, Bioinformatik, Biophysik und Biotechnologie. Das Studium ist vorwiegend an Universitäten möglich. Dabei handelt es sich um ein naturwissenschaftliches Studium, das im Bachelor in den ersten Semestern aus Chemie, Physik, Mathematik, Biologie und zum Teil aus Informatik besteht und erst ab dem dritten oder vierten Semester eine Schwerpunktsetzung vorsieht. Die eigentliche Spezialisierung erfolgt in den Masterstudiengängen. Studienabschluss ist der Bachelor und Master of Science (B.Sc. und M.Sc.) bzw. der Bachelor und Master of Engineering (B.Eng. und M.Eng.).

Bachelorstudiengänge sind an Universitäten auf sechs Semester, an Fachhochschulen auf sechs oder sieben Semester angelegt; ein sich anschließender Masterstudiengang an Universitäten dauert noch einmal vier, an Fachhochschulen drei oder vier weitere Semester. Die Bewerbung erfolgt direkt bei den Hochschulen, einige haben interne Zulassungsbeschränkungen.

Bei den Biowissenschaften sind Tätigkeiten in den zwei Schlüsseltechnologien Bio- und Gentechnologie von besonderer Bedeutung, weil die Neuentwicklung von Arzneimitteln wesentlich auf der Basis biotechnischer Verfahren oder gentechnischer Prozesse erfolgt. Mehrere Tausend Personen arbeiten in entsprechenden Unternehmen, wobei die Arbeitsplätze nicht eingerechnet sind, an denen biotechnologische Forschung vor der industriellen Nutzung betrieben wird. In Universitätslabors und anderen staatlichen Forschungseinrichtungen sind ebenfalls einige Tausend Wissenschaftler/-innen mit biotechnologischer Grundlagenforschung beschäftigt oder auf der Suche nach neuen biotechnologischen Anwendungen.

Die Diskussionen um Klonen und Genmanipulationen bei Mensch und Tier versperren den Blick dafür, dass die Biotechnologie sehr viel weiter gefasst ist und ihre Verfahren so neu nicht sind. Seit Jahrtausenden braut der Mensch Bier durch Hefegärung, stellt Essig, Sauerkraut und Buttermilch mithilfe von Bakterien her und verwandelt über Schimmelpilze Milch in länger haltbaren Käse. Auch die moderne Biotechnologie nutzt besondere Stoffwechselleistungen von Mikroorganismen für technische Verfahren.

Der Biotechnologie bieten sich bei der Anwendung biologischer Erkenntnisse in technologischen Verfahren und Produkten in Zukunft immer breitere Einsatzmöglichkeiten, z. B. bei der biotechnologischen Herstellung von Arzneimitteln und Impfstoffen, beim Einsatz von Enzymen für die Waschmittelindustrie und für Anwendungen in der Milch-, Zucker- und Textilindustrie, bei der Haltbarmachung von Nahrungsmitteln, beim präventiven Umweltschutz (Biosensoren), bei der Bodensanierung und Abwasserreinigung mit Mikroorganismen, bei der Produktion nachwachsender Rohstoffe und bei der Herstellung biologischer Pflanzenschutzmittel, aber auch in der Energiewirtschaft und der Qualitätskontrolle.

Während die Biotechnologie biochemische Prozesse nutzt, versucht die Gentechnologie Organismen dazu zu bringen, Stoffe zu produzieren, zu denen sie aufgrund ihres Bauplans nicht in der Lage sind, indem ihnen bestimmte Erbanlagen eingepflanzt werden. Dadurch lassen sich neue Medikamente, Impfstoffe und Enzyme in großer Menge und Reinheit gewinnen. Durch eine planmäßige Veränderung des Erbgutes können auch Pflanzen resistent gegen Erreger gemacht und Nahrungsmittel in bislang nicht gekannter Güte und Größe erzeugt werden. Gegenüber gentechnisch veränderten Nahrungsmitteln gibt es bei den Verbrauchern noch erhebliche Widerstände. Bei der somatischen Gentherapie, dem Einsatz der Gentechnik am Menschen zur Reparatur von defektem Erbgut, und bei der Bekämpfung von Krankheiten sehen die meisten eher Vor- als Nachteile.

In den Berufsbereich Biotechnologie und Gentechnologie führen mehrere Wege: Ein Studium der Biotechnologie wird von mehreren Universitäten und Fachhochschulen als Vollzeitstudiengang oder innerhalb der Studiengänge Verfahrenstechnik oder Chemieingenieurwesen angeboten. Möglich ist ebenso ein Studium der Biochemie (nur an Universitäten). Auch ein traditionelles Chemie-, Biologie-, Medizin- oder Pharmaziestudium eröffnet Möglichkeiten mit entsprechenden Schwerpunkten wie organische Chemie, Molekularbiologie, Biochemie, pharmazeutische Chemie oder Verfahrenstechnik. Der Studiengang Bioinformatik kann entweder als eigenständiger Studiengang oder als Schwerpunkt in Informatikstudiengängen gewählt werden.

Voraussetzungen sind neben einer fundierten mathematisch-naturwissenschaftlichen Begabung technisches Verständnis und Fingergeschick sowie ein ausgeprägtes Interesse an Wissenschaft und Forschung, da es sich später überwiegend um Tätigkeiten im Labor handelt.

Der Biotechnologe ist entweder stärker Naturwissenschaftler oder Ingenieur, muss aber von beiden Seiten etwas verstehen, weil er in Projekten mit Vertretern anderer Fächer eng zusammenarbeitet. Deshalb ist auch Teamorientierung gefragt.

Während der Ausbildung werden Praktika in Forschungsinstituten und in Unternehmen empfohlen. Eine Doktorarbeit ist wegen der forschungsintensiven Tätigkeiten sinnvoll und bietet die Möglichkeit, sich auf einem Feld besonders zu qualifizieren. Wichtig sind nach dem Studium Auslandsaufenthalte zur Vertiefung der Methoden und zum Erlernen von neuen Verfahren.

Weitere Informationen: Homepage des Verbands Biologie, Biowissenschaften und Biomedizin (*www.vbio.de*), die viele nützliche Tipps für angehende Biowissenschaftler bietet.

Weitere Informationen auch direkt auf den Websites der Hochschulen, die Studiengänge der Biowissenschaften anbieten. Diese können sehr gut recherchiert werden mit den Datenbanken der Studiengänge unter *www.studienwahl.de* und unter *www.hochschulkompass.de*.

Chemie und Lebensmittelchemie

Die Chemie erforscht die Eigenschaften, Zusammensetzung und Umwandlung von Stoffen und chemischen Verbindungen. Das Fach wiederum besteht aus verschiedenen Teilgebieten wie anorganische Chemie, organische Chemie, physikalische Chemie, theoretische Chemie, angewandte Chemie, Polymerchemie.

Ein eigenständiges Fach, aber mit der Chemie eng verwandt, ist die Lebensmittelchemie. In diesem Fach lernen die Studierenden vor allem die Nahrungsmittel im Hinblick auf Reinheit und Qualität zu analysieren, Zusatzstoffe zu untersuchen und Bedarfsgegenstände (etwa Verpackungen von Lebensmitteln) auf ihre Verträglichkeit hin zu prüfen. Abgeschlossen wird das Studium der Lebensmittelchemie mit dem Staatsexamen.

Das Fach Chemie ist überwiegend an Universitäten, aber auch an einigen Fachhochschulen vertreten, während Lebensmittelchemie nur von Universitäten angeboten wird. Beim Universitätsstudium stehen die wissenschaftlichen Grundlagen und Methoden der Chemie sowie ihre Anwendungen in der chemischen Industrie im Vordergrund. Das Fachhochschulstudium ist eher technisch ausgerichtet im Hinblick auf Tätigkeiten in der Produktion und Betriebsleitung von Chemieunternehmen. Die Studiengänge heißen hier etwa »Angewandte Chemie« (Aachen, Jülich, Lübeck, Nürnberg), Chemietechnik (Kaiserslautern) oder Pharma- und Chemietechnik (Beuth Hochschule für Technik Berlin).

Die Bewerbung für einen Studienplatz in Chemie erfolgt direkt bei der jeweiligen Universität oder Fachhochschule, nur vereinzelt gibt es örtliche Zulassungsbeschränkungen.

Die Vorstellung vom eigenbrötlerischen Chemiker, der im Labor allerlei Mixturen zusammenbraut, hat mit der Realität nichts gemein. Chemiker arbeiten im Team und in enger Zusammenarbeit mit anderen Abteilungen wie der Produktion und Qualitätsprüfung. Die Chemieindustrie, eine der größten Industrien weltweit, arbeitet global. Aus diesem Grund müssen angehende Chemiker über sehr gute Fremdsprachenkenntnisse verfügen – zumal auch die Fachliteratur zumeist in englischer Sprache vorliegt – und sollten auch während des Studiums oder während der Doktorarbeit einige Zeit im Ausland geforscht oder gearbeitet haben.

Im Studienbereich Chemie werden die Abschlüsse Bachelor und Master of Science (B.Sc. und M.Sc.) vergeben. Die Bachelorstudiengänge an Universitäten sind auf sechs Semester angelegt, das Masterstudium auf vier weitere. Chemiestudiengänge an Fachhochschulen, von denen es aber nur wenige gibt, dauern sechs oder (häufiger) sieben Semester. Für ein anschließendes Masterstudium sind hier drei oder vier weitere Semester zu veranschlagen. Für das Lehramt an Schulen wird ein Bachelor- und Master-of-Education-Studiengang (B.Ed., M.Ed.) in Chemie belegt.

Die Studienzeit – mindestens fünf Jahre bis zum Masterabschluss – verlängert sich für Chemiker in der Regel um etwa drei weitere Jahre, denn Chemie gilt als das Fach mit dem höchsten Anteil (über 90 Prozent) an Promotionen. Diese können nur an Universitäten durchgeführt werden. Verliehen wird der akademische Grad Dr. rer. nat. Da Unternehmen Wert darauf legen, Absolventen einzustellen, die mit den neuesten wissenschaftlichen Methoden vertraut sind, werden die promovierten Chemiker auch zukünftig weitaus bessere Karten auf dem Arbeitsmarkt haben als ihre nichtpromovierten Kollegen.

Chemie ist ein naturwissenschaftliches Studium und erfordert eine breite Begabung in allen naturwissenschaftlichen Fächern einschließlich Mathematik. Aber die Vorliebe für Naturwissenschaften reicht allein nicht aus. Chemiker sollten auch über eine gewisse Fingerfertigkeit und technisches Verständnis verfügen. Für die langwierigen Versuchsreihen benötigen sie zudem eine Menge Geduld.

Das Einstiegsgehalt junger Chemiker /-innen und Lebensmittelchemiker /-innen liegt im oberen Drittel. Allerdings erwarten die Unternehmen zusätzliche Qualifikationen in Betriebswirtschaftslehre, das eine oder andere Praktikum und, was besondere Pluspunkte bringt, einen Auslandsaufenthalt an einem renommierten Forschungsinstitut.

Weitere Informationen auf der Homepage der Gesellschaft Deutscher Chemiker unter *www.chemie-studieren.de*. Auch können hier die Broschüre »Berufsbilder in der Chemie« und »Berufseinstieg in der Chemie« heruntergeladen werden. Sehen Sie hierzu unter *www.gdch.de/berufsbilder*.

Weitere Informationen auch direkt auf den Websites der Hochschulen, die Chemie-Studiengänge anbieten. Diese können sehr gut recherchiert werden mit den Datenbanken der Studiengänge unter *www.studienwahl.de* und unter *www.hochschulkompass.de*.

Geowissenschaften / Geografie

Unter dem Begriff Geowissenschaften sind mehrere Studiengänge zusammengefasst, die sich im weitesten Sinne mit der Erforschung der Erde und der Nutzung ihrer Rohstoffe beschäftigen. Geologen einschließlich Ingenieurgeologen befassen sich mit der Entwicklung und dem Aufbau der festen Erdkruste. Sie sind an der Suche nach Rohstoffen, etwa bei der Erdöl- und Erdgasgewinnung, bei der Durchführung von Bohrungen sowie bei Bodenuntersuchungen und Standortbestimmungen für Großbauwerke wie Staudämme oder Kraftwerke beteiligt.

Mineralogen sind Gesteinskundler für Kristalle einschließlich Halb- und Edelsteine und für petrologische Rohstoffe wie z. B. Erdöl. Paläontologen sind überwiegend in wissenschaftlichen Funktionen tätig und erforschen das Erdalter und das frühe Leben auf der Erde. Geophysiker beschäftigen sich mit der Physik der Erde und ihrem Magnetfeld und mit den Einwirkungen aus dem Weltraum.

Während das Studium der Geologie und der genannten Einzeldisziplinen stark technisch-naturwissenschaftlich ausgerichtet ist, befindet sich das sehr beliebte Fach Geografie, in der Schule Erdkunde genannt, zwischen Naturwissenschaften und Kulturwissenschaft. Die Geografie ist die Wissenschaft von der Erdoberfläche, ihrer Beschaffenheit und ihrer Bedeutung für Wirtschaft und Menschen. Aus diesem Grund sind Geografen seltener in wissenschaftlichen Berufen tätig, sondern eher als Lehrer an allgemeinbildenden Schulen, in Schulbuchverlagen, in der Kartografie (Kartenherstellung), im Fremdenverkehr und im Umweltschutz. Im Gegensatz zu den Geowissenschaftlern haben sie aber abgesehen vom Schuldienst kein fest umrissenes Berufsfeld.

Geowissenschaftler, um einige Beispiele zu nennen, die Bohrungen nach Erdgas oder Erdöl leiten, Rohstoffe im Meer ausfindig machen, neue Kohle- oder Erzvorkommen suchen, in der technischen Entwicklungshilfe arbeiten, eine Mülldeponie anlegen oder sich um Entsorgung kümmern, neue Baustoffe oder künstliche Kristalle für die elektrotechnische Industrie entwerfen, stehen in Konkurrenz zu anderen Ingenieuren und Naturwissenschaftlern. Wer Geologie studieren möchte, hat die Möglichkeit, zwischen dem gleichnamigen Studiengang oder einem Studium der Geophysik, Meteorologie oder der Ozeanografie zu wählen. Das Studium der Geografie bietet die Möglichkeit, sich im Laufe der Ausbildung auf folgende Gebiete zu spezialisieren: Physische Geografie, Klimatologie, Biogeografie, Kulturgeografie, Kartografie oder (nicht überall möglich) Umweltschutz und Landes-, Regional- und Stadtentwicklung. Das Studium der geowissenschaftlichen oder geografischen Studiengänge schließt nach sechs Semestern mit dem Bachelor of Science bzw. dem Bachelor of Arts ab. Ein vertiefendes Masterstudium nach dem Bachelor ist auf vier Semester angelegt. Nach dem Master besteht die Möglichkeit einer anschließenden Promotion. Studienplätze werden nur von Universitäten angeboten und von den jeweiligen Hochschulen direkt vergeben. Ausnahme: An Fachhochschulen werden Geoinformatik-Studiengänge angeboten.

Der aktuelle und auch künftige Arbeitsmarkt für Geowissenschaftler ist angespannt, aber nicht schlecht. Das Studium der Geowissenschaften bietet wegen seiner breiten Einsatzfelder auch die Möglichkeit, in anderen Ländern oder in international tätigen Unternehmen arbeiten zu können. Frühzeitiger Kontakt zum Beruf etwa durch Praktika ist ebenso wichtig wie gute Fremdsprachenkenntnisse. Zusätzliche BWL-Kenntnisse erhöhen die Attraktivität der Bewerber.

Weitere Informationen auch direkt auf den Websites der Hochschulen, die Studiengänge der Geowissenschaften und Geografie anbieten. Diese können sehr gut recherchiert werden mit den Datenbanken der Studiengänge unter *www.studienwahl.de* und unter *www.hochschulkompass.de*.

Germanistik

Germanistik, die Wissenschaft von der deutschen Sprache und Literatur, gehört zu den zahlenmäßig größten Fächern und erfreut sich großer Beliebtheit. Die Studienanfänger haben bisweilen eine falsche Vorstellung von den Inhalten und Zielen des Germanistikstudiums und glauben, man könne sich in dem Fach die Sporen für eine schriftstellerische Laufbahn verdienen oder zumindest sein Deutsch in Wort und Schrift verbessern. Doch hiermit hat das Germanistikstudium wenig zu tun. Germanistik ist die wissenschaftliche Beschäftigung mit dem Deutschen als Literatur- und Umgangssprache. Die Studierenden beschäftigen sich mit Sprachtheorie, Sprachanalyse, Grammatik, mit den Gattungen der deutschen Literatur und ihren wichtigsten Vertretern. Es können Studiengänge gewählt werden, die sprachwissenschaftlich oder literaturwissenschaftlich oder auf eine Epoche der deutschen Sprache ausgerichtet sind. Das Fach umfasst die Entwicklung der deutschen Sprache von den Anfängen schriftlicher Zeugnisse im 8. und 9. Jahrhundert n. Chr. bis zur Gegenwartssprache, weswegen auch die Vorstufen des Neuhochdeutschen, das Mittelhochdeutsche und das Althochdeutsche, erlernt werden müssen. Die gegenwärtige Sprache und Literatur ist nur ein (häufig kleiner) Bereich des Studiums.

Für ein Germanistikstudium wird neben dem notwendigen Faktenwissen ein Interesse am Lesen und an Sprache und die Fähigkeit zur Analyse und Interpretation von Texten vorausgesetzt. Wer bereits im Deutschunterricht Mühe hatte, die Gedanken der Sprachgrößen zu erahnen, und nie so richtig verstand, was an einem Gedicht interessant sein kann, sollte Abstand vom Studienfach Germanistik nehmen.

Germanistik wird im Bachelor normalerweise nicht als Einzelfach studiert, sondern in Kombination mit einem anderen Fach. Üblicherweise stehen hierfür die anderen sprach- und kulturwissenschaftlichen Fächer zur Auswahl. Eine Verbindung mit einem historischen Fach ist schon deshalb sinnvoll, weil Literatur ohne den jeweiligen historischen Kontext kaum verständlich ist und zu Fehldeutungen verleitet.

Die Bachelorstudiengänge schließen nach sechs Semestern mit dem Bachelor of Arts (B.A.) ab, auf den ggf. ein viersemestriges Masterstudium folgt. Für das Lehramtsfach Deutsch gibt es eigene Bachelor- und Master-of-Education-Studiengänge (Abschluss: B.Ed. und M.Ed.). Im Falle des Lehramtsstudiums heißt das Fach auch nicht mehr Germanistik, sondern Deutsch, ist aber inhaltlich im Wesentlichen gleich, außer dass man zusätzlich noch pädagogische Veranstaltungen besucht, erste Hilfestellung bekommt, wie man das Fach Deutsch an der Schule unterrichtet (Fachdidaktik), und Schulpraktika im Rahmen des Studiums absolviert.

Im Bachelor kann man bereits spezialisiert studieren und etwa Studiengänge wählen wie Deutsche Literatur (Konstanz), Germanistik im Kulturvergleich (Heidelberg) oder Sprachwissenschaft des Deutschen (Freiburg). Wer eine Spezialisierung erst im Master vornehmen möchte, kann wählen zwischen Masterstudiengängen »Germanistische Literaturwissenschaft« und »Germanistische Sprachwissenschaft« oder »Deutsch als Fremdsprache«, es gibt aber auch sehr spezialisierte Studiengänge, wie etwa »Deutsche Klassik im Europäischen Kontext« (Jena).

In den Bachelorstudiengängen studiert man das Fach in der Regel in Kombination mit einem zweiten gleichwertigen Fach (Zwei-Fach-Bachelor) oder in Kombination mit einem vom Leistungsumfang »kleinen« Fach (Bachelor-Hauptfach und Bachelor-Nebenfach). Das Lehramtsfach Deutsch wird mit einem oder zwei weiteren Lehramtsfächern verbunden. Nach dem Master besteht für gute und hervorragende Absolventen die Möglichkeit, eine Doktorarbeit anzufertigen, für die zwei bis vier Jahre veranschlagt werden müssen.

Germanistik ist wie die anderen Geisteswissenschaften (abgesehen vom Lehramtsstudium) kein Fach, in dem auf bestimmte Berufe hin ausgebildet wird. Trotz der eingangs gemachten Einschränkung, dass das Germanistikstudium keine Ausbildung für künftige Schriftsteller ist, streben die Absolventen häufig in die Medien und ins Verlagswesen. Weitere Tätigkeitsbereiche sind Erwachsenenbildung und Bibliotheken. Diese Aufzählung macht deutlich, dass Germanistik keine breiten beruflichen Möglichkeiten bietet, sondern sich auf einige Bereiche konzentriert. Deshalb sind zusätzliche Qualifikationen wie IT-Kenntnisse, BWL, Fremdsprachen und praktische Berufserfahrungen z. B. durch Praktika während des Studiums von besonderer Wichtigkeit. Auch von Nutzen ist eine berufliche Ausbildung vor dem Studienbeginn, etwa als Medienkaufmann /-frau oder Buchhändler /-in.

Weitere Informationen auch direkt auf den Websites der Hochschulen, die Germanistik-Studiengänge anbieten. Diese können sehr gut recherchiert werden mit den Datenbanken der Studiengänge unter *www.studienwahl.de* und unter *www.hochschulkompass.de.*

Geschichte und Kunstgeschichte

Geschichte und Kunstgeschichte gehören bei Abiturienten zu den beliebtesten Studienfächern. Während das Fach Geschichte bei Schülerinnen und Schülern gleichermaßen beliebt ist, ist Kunstgeschichte eine Frauendomäne. Mancherorts sind vier Fünftel der Studierenden weiblichen Geschlechts. Die Beliebtheit des Faches Geschichte ist umso bemerkenswerter, da abgesehen vom Lehramt an staatlichen Schulen (Geschichte plus ein weiteres Schulfach sowie zusätzlich Erziehungswissenschaft, Fachdidaktik, Schulpraktika) das Studium nicht auf fest umrissene Berufe hin ausbildet. Wer Architektur studiert, möchte später Architekt werden, wer Zahnmedizin studiert, Zahnarzt. Eine ähnlich feste Orientierung haben angehende Historiker und Historikerinnen nicht. Sie streben traditionell in den staatlichen Archivdienst, in die Medien oder auch ins Verlagswesen, in Museen, in die Wissenschaft, die Öffentlichkeitsarbeit oder die Erwachsenenbildung. Die gleichen Berufsziele haben auch die künftigen Kunsthistoriker /-innen im Blick. Außerdem gibt es einen Bereich, der gewissermaßen für Kunsthistoriker /-innen reserviert ist – die Denkmalpflege.

Geschichte und Kunstgeschichte gehören zu den Studiengängen, die eine große Vielfalt an Nebenfächern und Möglichkeiten der Schwerpunktsetzung bieten. In Bachelorstudiengängen können Geschichte und Kunstgeschichte in Kombination mit einem gleichwertigen Hauptfach (Zwei-Fach-Bachelor) studiert werden, oder man verbindet sein »großes Studienfach« mit einem vom Leistungsaufwand her »kleineren Fach« (Bachelor-Hauptfach und Bachelor-Nebenfach).

Die Auswahl an Kombinationsfächern ist groß; Präferenzen gibt es wenige, außer dass man bei der Wahl des Bachelor-Zweit- oder -Nebenfaches auch berufliche Perspektiven nicht ganz außer Acht lassen sollte. Wer beispielsweise das Geschichtsstudium mit Betriebswirtschaftslehre kombiniert – sofern diese Kombination an der gewählten Hochschule möglich und die notwendige Begabung vorhanden ist –, hat später sicherlich bessere Karten für den Arbeitsmarkt als ein anderer mit der Fächerkombination Geschichte plus Philosophie oder Archäologie. Aber auch solche Verbindungen sind kein Ausschlussgrund für Berufsfähigkeit.

Für das Studium sind Sprachkenntnisse von besonderer Wichtigkeit. Für das Verständnis der Antike oder des Mittelalters ist es unerlässlich, lateinische Originaltexte lesen und (noch wichtiger) auch übersetzen zu können. Fehlende Lateinkenntnisse müssen in recht arbeitsaufwendigen Schnell- und Intensivkursen studienbegleitend nachgeholt werden. Gute Englisch- und Französischkenntnisse müssen ebenso nachgewiesen werden.

Die großen Bereiche im Studium der Kunstgeschichte sind Malerei, Bildhauerei, Architektur und – an einigen Hochschulen – das Kunsthandwerk. Das Studium ist entweder auf deutsche oder europäische Kunstgeschichte ausgerichtet. Wer über diesen nationalen oder europäischen Tellerrand hinausblicken möchte, sollte eine außereuropäische Philologie (Japanologie, Sinologie o. Ä.) als Bachelor-Zweit- bzw. -Nebenfach wählen.

Das Fach Kunstgeschichte wird mit einem Bachelor und Master of Arts (B.A., M.A.) abgeschlossen.

Das Geschichtsstudium lässt einem die Wahl zwischen Bachelor-of-Arts- und Master-of-Arts-Studiengängen, die entweder fachlich breit oder auf eine Epoche oder einen Teilbereich der Geschichte (etwa Wirtschaftsgeschichte oder Wissenschaftsgeschichte) ausgerichtet sind. Geschichtslehrer studieren in Bachelor- und Master-of-Education-Studiengängen (B.Ed. und M.Ed.).

Etwa zehn bis fünfzehn Prozent der Absolventen promovieren anschließend zum Dr. phil. Der Doktortitel ist für die meisten Berufe, in denen Historiker/-innen und Kunsthistoriker/-innen tätig sind, kein Muss. Bei Tätigkeiten im Archivdienst, in Museen und Denkmalpflegeämtern ist die Promotion jedoch entweder Voraussetzung oder zumindest erwünscht.

Die künftigen beruflichen Perspektiven sind nur schwer einschätzbar. Der Staat als Hauptarbeitgeber muss überall sparen. Deshalb sollten auch freiberufliche oder selbstständige Tätigkeiten (Journalismus, Kunsthandel, Dozent/-in in der Erwachsenenbildung, Ausstellungsmanagement o. Ä.) mit in die beruflichen Überlegungen einbezogen werden.

Die Studienplätze werden direkt von den Hochschulen vergeben. In Geschichte sind viele Studiengänge zulassungsfrei, in Kunstgeschichte gibt es an einigen Universitäten einen örtlichen Numerus clausus.

Weitere Informationen auch direkt auf den Websites der Hochschulen, die Geschichte und Kunstgeschichte anbieten. Diese können sehr gut recherchiert werden mit den Datenbanken der Studiengänge unter *www.studienwahl.de* und unter *www.hochschulkompass.de.*

Gestaltung, Grafik und Design

Studiengänge im Bereich Gestaltung und Design gehören bei Schülern und Schülerinnen mit dem Berufsziel Werbung zu den besonders gefragten Fächern. Aber nur ein Teil von ihnen kann den Wunsch realisieren, weil vor dem Studium massive Hürden aufgebaut sind. Wer nicht das Abschlusszeugnis einer Fachoberschule für Gestaltung vorlegen kann, muss eine Mappe mit künstlerischen Exponaten einreichen und bei erfolgreicher Begutachtung zusätzlich eine künstlerische Aufnahmeprüfung bestehen; selbst wenn diese Hürde genommen ist, muss man u. U. noch ein oder zwei Jahre Wartezeit in Kauf nehmen. Daneben werden teilweise vor Studienaufnahme noch einschlägige Praktika von unterschiedlicher Dauer vorausgesetzt.

Gestaltung/Design umfasst im Wesentlichen zwei Studiengänge: Industrial Design (Produktdesign) und Kommunikationsdesign (Visuelle Kommunikation). Industrial Designer streben in die Konsum- und Investitionsgüterindustrie, wo Produkte nach technisch-funktionalen, werbewirksamen oder ästhetischen Gesichtspunkten gestaltet oder verschönert werden. Kommunikationsdesign ist vor allem Gestaltung von Kommunikationsmitteln, beispielsweise von Zeitungen, Zeitschriften, Werbebroschüren, Werbeplakaten, Websites und Newslettern. Kommunikationsdesigner arbeiten überwiegend in der Werbung.

Wer ein gestalterisches Fach studieren möchte, findet zahlreiche Angebote an fast allen Kunsthochschulen und an einer Reihe von Fachhochschulen. Allerdings sollten sich Interessenten vorab über die Inhalte und Schwerpunkte des Studiums genau informieren, weil es sehr unterschiedliche Schwerpunkte gibt. Nur einige Beispiele: Industriedesign/Produktdesign, Kommunikationsdesign, Modedesign, Textilgestaltung, Buchkunst, Edelstein- und Schmuckdesign, Grafik-Design, Transportation Design, Glasgestaltung, Bühnenbild, Mediendesign, Interaction Design/Game Design.

Für Bachelorstudiengänge müssen an Kunsthochschulen sechs Semester (plus vier Semester Masterstudium), an Fachhochschulen sechs oder sieben Semester (plus drei oder vier Semester Masterstudium) eingeplant werden. In den ersten Semestern werden die gestalterischen Grundlagen, die künstlerischen Darstellungstechniken, die Herstellung von Modellen und Konstruktionen sowie die naturwissenschaftlichen Grundlagen, gesellschaftlichen Bezüge und historischen Aspekte (z. B. Kunstgeschichte, Geschichte der Mode) vermittelt. Eine Schwerpunktsetzung erfolgt dann in den letzten zwei oder drei Semestern des Bachelors oder im Masterstudium.

Die Berufsperspektiven sind, wie bei anderen künstlerischen oder musischen Studien, stark abhängig von der Fähigkeit, Ideen zu entwickeln und sie in Produkte oder Dienstleistungen umzusetzen. Die Branche lebt geradezu von immer neuen und kürzeren Trends und Modeerscheinungen. Ein ideales Betätigungsfeld also für junge Leute mit Ideen und Gestaltungswillen.

Weitere Informationen auch direkt auf den Websites der Hochschulen, die gestalterische Studiengänge anbieten. Diese können sehr gut recherchiert werden mit den Datenbanken der Studiengänge unter *www.studienwahl.de* und unter *www.hochschulkompass.de.*

Gesundheit und Pflege

Absolventen von Gesundheits- und Pflegestudiengängen werden seit Jahren stark nachgefragt. Der Gesundheitsmarkt ist einer der größten Wirtschaftsbereiche in Deutschland – mit weiterhin Entwicklungspotenzial und mit steigenden Beschäftigungsmöglichkeiten. Auch künftig werden vor allem in drei Bereichen Arbeitskräfte benötigt: in der Pflege, im Gesundheitsmanagement und in der Medizintechnik.

Menschen werden bekanntlich immer älter. Alte Menschen müssen medizinisch versorgt, gepflegt und betreut werden. Gleichzeitig steigt der medizinisch-technische Fortschritt. Die knappen Kassen zwingen aber zu Kostenbewusstsein und zum Sparen. Dabei wird versucht, durch wirtschaftliches Handeln viel Geld einzusparen, ohne dass dadurch die Leistungen eingeschränkt werden müssen. Dies erfordert ein modernes Finanz- und Personalmanagement sowie eine gute Aus- und Weiterbildung des Personals.

Das Studienangebot umfasst Studiengänge wie Pflegemanagement / Health Care Management oder Pflegepädagogik und für alle wirtschaftlich ausgerichteten Berufszweige Gesundheitsmanagement / Gesundheitsökonomie. Auch gibt es jetzt Studiengänge für Gesundheitsberufe, die vorher ausschließlich über eine Berufsfachschulausbildung erlernt werden konnten. Physiotherapie, Ergotherapie, Logopädie und Hebammenwissenschaft werden mittlerweile an mehreren Fachhochschulen angeboten; dabei wurden auch viele duale Studienmöglichkeiten eingerichtet: Hier werden Ausbildungen an einer Berufsfachschule mit einer Fachhochschulausbildung parallel absolviert. An der staatlichen Hochschule für Gesundheit Bochum etwa wird das gesamte Spektrum dieser dualen Studiengänge angeboten.

Arbeitgeber für die Gesundheits- und Pflegespezialisten sind nicht nur Krankenhäuser und Pflegeeinrichtungen, sondern auch Krankenkassen und andere Träger der Gesundheitsverwaltung, Fachschulen, die Gesundheitsindustrie und Berufsverbände.

Die Gesundheitseinrichtungen sind ohne medizinische Hochtechnologie und elektronische Informationssysteme nicht mehr denkbar. Für Diagnostik, Behandlung und Überwachung von Patienten müssen technische Geräte nicht nur eingerichtet und gewartet werden. Häufig sind sie EDV-gesteuert. Der Computer wird auch bei der medizinischen Diagnostik, der Behandlung und der Informationsrecherche eingesetzt. Hierfür werden vermehrt Spezialisten mit Hochschulausbildung benötigt. Einige Hochschulen bieten Ingenieurstudiengänge für Biomedizinische Technik oder für Medizintechnik an. Mehrere Fachhochschulen bilden auch Ingenieure für Technisches Gesundheitswesen oder für Krankenhausbetriebstechnik aus, die für die gesamten technischen Anlagen im Krankenhaus – nicht nur die medizinischen – verantwortlich sind.

Ein weiteres interessantes Studienangebot sind Medizininformatik-Studiengänge: Diese Informatiker sind entweder direkt im medizinischen Bereich (Labordatenverarbeitung, Intensivüberwachung, Blutbankführung) oder im kaufmännisch-organisatorischen Bereich (Rechnungswesen, Beschaffung, Bettenverwaltung) tätig.

Abiturienten, die am Berufsbereich Gesundheit und Pflege interessiert sind, sollten sich aber nicht nur auf die Hochschulausbildungen konzentrieren. Es gibt eine Reihe von technischen Berufen, Pflegeberufen, Assistentenberufen, therapeutischen Berufen und Schönheitsberufen, die auch über eine betriebliche Ausbildung oder eine Fachschulausbildung erlernt werden können. Zahntechniker oder Logopäde sind nur zwei Beispiele für attraktive Gesundheitsberufe.

Weitere Informationen: Auf den Websites der Hochschulen, die Studiengänge im Bereich Gesundheit / Pflege anbieten. Diese können sehr gut recherchiert werden mit den Datenbanken der Studiengänge unter *www.studienwahl.de* und unter *www.hochschulkompass.de*.

Informatik

Informatik ist die noch recht junge Wissenschaft von der systematischen Informationsverarbeitung mithilfe von Computern. Aufgabe der Informatik ist es, komplexe Systeme der Informationsverarbeitung in Wissenschaft, Technik, Wirtschaft und Gesellschaft zu erstellen und ihre Beherrschbarkeit zu sichern.

Wer Informatik studieren möchte, steht vor einer Fülle von Angeboten und Möglichkeiten. Die meisten Universitäten, Technischen Universitäten und Fachhochschulen bieten das Fach mit allerdings unterschiedlichen Schwerpunkten und Vertiefungsrichtungen an.

Im Studium, das mit einem Bachelor und Master of Science (B.Sc. und M.Sc.) abschließt, wird ein breites Wissen in allen Teilgebieten der Informatik (theoretische, praktische, technische und angewandte Informatik), in Mathematik, Physik, Rechtswissenschaft und Wirtschaftswissenschaft vermittelt.

Einige Universitäten und Fachhochschulen haben kombinierte Studiengänge mit starken Informatikanteilen eingerichtet. Die Wirtschaftsinformatik kümmert sich um Analyse und Steuerung betrieblicher, organisatorischer und gesamtwirtschaftlicher Vorgänge und bezieht wesentliche Teile der Wirtschaftswissenschaften, vor allem der Betriebswirtschaftslehre, ein. Die Ingenieurinformatik fokussiert sich auf Entwicklung und Einsatz von Informatikmethoden und -hilfsmitteln in der Gesamtheit der Ingenieurwissenschaften. Sie wird als eigenständiger Studiengang angeboten oder in Verbindung mit Elektrotechnik, Bauingenieurwesen oder Maschinenbau. Medizininformatik ist die Anwendung der Informatik in der Medizin, um Erkenntnisse über Diagnostik, Therapie und Prävention zu systematisieren und aufzubereiten.

Voraussetzung für das Studium der Informatik sind eine gute mathematisch-naturwissenschaftliche Begabung, technisches Geschick, die Fähigkeit, komplexe Probleme anhand von Modellen und Algorithmen zu lösen, zügig und systematisch arbeiten zu können, hohe Konzentrationsfähigkeit und Selbstdisziplin, Verständnis für wirtschaftliche Fragen und die Bereitschaft, das Wissen auf dem neuesten Stand zu halten. Unentbehrliche Voraussetzung für das Informatikstudium sind auch gute Englischkenntnisse.

Arbeitgeber erwarten die Beherrschung von mindestens zwei Programmiersprachen, Zusatzkenntnisse in BWL, Praxiserfahrung (durch verschiedene Praktika), Fremdsprachenkenntnisse, soziale Kompetenz und Teamfähigkeit, ferner hohe Belastbarkeit und eine permanente Bereitschaft zur Weiterbildung, weil kaum ein Arbeitsbereich so schnell technischen Veränderungen unterliegt wie die elektronische Informationsverarbeitung.

Weitere Informationen: Auf den Websites der Hochschulen, die Informatik-Studiengänge anbieten. Diese können sehr gut recherchiert werden mit den Datenbanken der Studiengänge unter *www.studienwahl.de* und unter *www.hochschulkompass.de*.

Ingenieurstudiengänge

Gut qualifizierte Ingenieurabsolventen erwartet auch in den nächsten Jahren ein sehr gutes Arbeitsplatzangebot. Dabei hat der Ingenieurnachwuchs nicht nur sehr gute, sondern vor allem auch breite Einstiegsmöglichkeiten, was vorwiegend für Elektro- und Informationsingenieure und Maschinenbauer gilt, weniger für Bauingenieure und Vermessungsingenieure. Äußerst günstig sind auch die Perspektiven für spezialisierte Studiengänge wie Medizintechnik und die Studiengänge im Bereich der Versorgungs- und Entsorgungstechnik.

Wer ein ingenieurwissenschaftliches Fach studieren möchte, hat die Wahl zwischen rund 30 verschiedenen Fächern und einer großen Anzahl von Schwerpunkten und auch zwischen einem Universitäts- und einem Fachhochschulstudium (zu den einzelnen Fächern s. S. 45 f.). Studiert wird im Bachelor-/Masterstudienmodell; an Universitäten sind die Studiengänge auf drei Jahre (sechs Semester) angelegt, mit daran anschließenden zweijährigen (viersemestrigen) Masterstudiengängen. An Fachhochschulen werden drei- oder dreieinhalbjährige Bachelorstudiengänge angeboten. Der Master an Fachhochschulen dauert in der Regel drei oder vier Semester.

Das Bachelorstudium besteht in den ersten Semestern aus den technischen Teilgebieten und aus Mathematik. Erst in den letzten zwei Bachelorsemestern erfolgt eine Schwerpunktsetzung. Die Vertiefung und Spezialisierung ist den Masterstudiengängen vorbehalten. Das Studium schließt mit einem Bachelor und einem Master of Engineering (B.Eng., M.Eng.) ab. Für gute Berufsperspektiven ist der Masterabschluss unverzichtbar.

Für jedes der Ingenieurfächer sind Interesse und Begabung für die Naturwissenschaften und für die (angewandte) Mathematik unerlässlich, ferner Vorkenntnisse in Informatik, gutes Deutsch und flüssiges Englisch. Spaß an der Technik und naturwissenschaftliche Neigung sind die wichtigsten Motivationen für das nicht eben leichte Ingenieurstudium.

Als wichtige Qualifikationen für künftige Ingenieure sind gute Noten, Fremdsprachen, Praxissemester, Fachwissen plus betriebswirtschaftliche Kenntnisse, die Bereitschaft zur Weiterbildung und zur Arbeit im Team gefragt. Das Studium bietet auch gute Möglichkeiten, im europäischen und außereuropäischen Ausland tätig zu werden.

Fazit: Wer für ein Ingenieurstudium geeignet ist und auch das notwendige Durchhaltevermögen für dieses arbeitsintensive Studium mitbringt, trifft auch zukünftig auf sehr gute berufliche Möglichkeiten.

Weitere Informationen: Auf den Websites der Hochschulen, die ingenieurwissenschaftliche Studiengänge anbieten. Diese können sehr gut recherchiert werden mit den Datenbanken der Studiengänge unter *www.studienwahl.de* und unter *www.hochschulkompass.de.*

Lehramt

In Deutschland sind derzeit über 800000 Lehrerinnen und Lehrer an staatlichen Schulen tätig. Unterschieden werden allgemeinbildende Lehrämter (Grundschule, Hauptschule, Realschule, Gymnasium, Höhere Handelsschule), berufsbildende Schulen (verschiedene Arten von Berufsschulen) und Sonderschulen. Das Lehramtsstudium ist an Universitäten, Pädagogischen Hochschulen (nur in Baden-Württemberg), an Kunst- und Musikhochschulen (Kunst, Musik) sowie an der Sporthochschule Köln (Lehramt Sport) möglich. Ausgebildet wird in Bachelor-of-Education- und Master-of-Education-Studiengängen (B.Ed. und M.Ed.).

Auf den Master, der als 1. Staatsexamen anerkannt wird, folgt eine rund zweijährige Zusatzausbildung an Schulen (Referendariat), die wiederum mit einer Prüfung (2. Staatsexamen) abschließt. Jedes Lehramt schreibt das Studium von mehreren Schulfächern (meistens zwei oder drei) sowie zusätzliche Veranstaltungen in Pädagogik, die sogenannte Fachdidaktik und mehrere Schulpraktika vor.

Bei der Wahl der Studienfächer und der Schulform muss gut überlegt werden, wo man in fünf bis sieben Jahren mit guten Einstellungschancen rechnen kann. Gute berufliche Möglichkeiten dürften auch zukünftig die berufsbildenden Schulen bieten. Hier verbessern sich die Einstiegschancen vor allem dann, wenn entweder zwei berufsbezogene Fächer oder ein berufsbezogenes mit einem gängigen allgemeinbildenden Fach (z.B. Mathematik, Englisch, Deutsch u. Ä.) gewählt wurden. Generell dürften auch in Zukunft technische und naturwissenschaftliche Lehramtsfächer mehr gefragt sein als allgemeinbildende Lehramtsfächer.

Interessenten für ein Lehramtsstudium sollten die Materialien der jeweiligen Kultusministerien zum Lehrerbedarf durcharbeiten, um sich über die zukünftigen Perspektiven im jeweiligen Bundesland zu informieren. Die Kultusministerien haben ihre Erwartungen zum künftigen Lehrerbedarf in ihrem Bundesland in der Regel auf ihrer Homepage eingestellt.

Weitere Informationen: Auf den Websites der Hochschulen, die Lehramtsstudiengänge anbieten. Diese können sehr gut recherchiert werden mit den Datenbanken der Studiengänge unter *www.studienwahl.de* und unter *www.hochschulkompass.de*.

Mathematik und Physik

Um Missverständnissen vorzubeugen: Mathematik und Physik sind zwei verschiedene Studienfächer. Sie bringen jedoch ähnliche Voraussetzungen mit sich, sind in den ersten Semestern ähnlich aufgebaut und erschließen den Absolventen vergleichbare Berufstätigkeiten – somit ist es sinnvoll, beide in einem Kapitel abzuhandeln. Physik und Mathematik haben weitere Gemeinsamkeiten: Das Studium wird überwiegend von Universitäten und nur von wenigen Fachhochschulen angeboten. Die Studiendauer für beide Fächer beträgt etwa fünf bis sechs Jahre. Beide Fächer schließen mit einem Bachelor und Master of Science (B.Sc. und M.Sc.) ab. Ein Bachelorstudiengang an Universitäten ist dabei auf drei Jahre angelegt, ein darauffolgender Master auf weitere zwei Jahre. Wer Lehrer für Mathematik und Physik werden möchte, studiert in eigenen Bachelor- und Master-of-Education-Studiengängen (B.Ed., M.Ed.).

Physiker und Mathematiker sind in der überwiegenden Mehrzahl als Lehrer im staatlichen Schuldienst tätig sowie im Bereich Forschung und Entwicklung, wo sie physikalische und technische Geräte entwickeln und überwachen, oder dort, wo neue technische Verfahren umgesetzt werden müssen. Während Physiker mehr in der Grundlagenforschung vertreten sind, trifft man Mathematiker eher da, wo es um die Bewältigung und Strukturierung von Zahlen oder um Entscheidungen geht, für die Planberechnungen und Risikoabschätzungen notwendig sind. Der größte Arbeitgeber der Mathematiker ist die Versicherungswirtschaft, wo sie entweder in eigenen mathematischen Abteilungen oder in der Datenverarbeitung tätig sind. Auch Physiker bedienen sich moderner EDV. Deshalb gibt es eine Menge beruflicher Tätigkeiten, um die Mathematiker und Physiker miteinander konkurrieren. Mitkonkurrenten um die Jobs sind aber auch häufig Informatiker und Ingenieure. Das gilt vor allem für Tätigkeiten in der Datenverarbeitung.

Wer sich auf ein Physik- oder Mathematikstudium einlässt, weiß bereits von der Schule um die notwendigen Voraussetzungen. Spaß an physikalischen Versuchen oder an der Auflösung mathematischer Formeln reicht aber als Voraussetzung für ein erfolgreiches Studium nicht aus. Beide Fächer erfordern eine hohe Begabung zum abstrakten Denken, Interesse an den benachbarten Naturwissenschaften und die Bereitschaft zu einem arbeitsintensiven Studium.

Das Physikstudium verlangt außerdem viel Ausdauer bei den langen Versuchsreihen, technisches Geschick und Fingerfertigkeit. Für beide Fächer sind gute Englischkenntnisse wichtig, da Englisch die Wissenschaftssprache für diese Fächer ist.

Wer die Modulhandbücher miteinander vergleicht, findet in den ersten Semestern viele Gemeinsamkeiten: Erlernen physikalischer, mathematischer und chemischer Grundkenntnisse und Methoden, Statistik, Mechanik und Informatik. Mit Beginn des Vertiefungsstudiums (ab dem 3. oder 4. Semester des Bachelors und vor allem im Masterstudium) überwiegen dann die Besonderheiten des jeweiligen Faches.

Die Berufschancen für junge Mathematiker und Physiker sind nach wie vor recht günstig. Allerdings stellen die Unternehmen höhere Anforderungen als in der Vergangenheit. Gefragt ist ein breites, forschungsintensives Studium, aber keine Beschränkung nur auf Forschung. Frühzeitiger Bezug zur beruflichen Praxis durch Praktika, zusätzliche Kenntnisse in BWL und Informatik oder ein Forschungsaufenthalt an einem renommierten ausländischen Institut stellen wichtige Zusatzqualifikationen dar.

Eine Doktorarbeit, wofür zwei bis drei Jahre eingerechnet werden müssen, ist für die meisten beruflichen Einsatzbereiche keine Pflicht. Während ein Doktortitel für Tätigkeiten in Forschung und Entwicklung als notwendig erachtet wird – geradezu ideal ist es, wenn in der Doktorarbeit ein konkretes Forschungsthema mit betrieblicher Relevanz bearbeitet wird –, ist ein Doktor für Arbeiten in Planung, Produktion, Vertrieb und Kundenbetreuung durchaus sinnvoll, aber nicht zwingend notwendig.

An Fachhochschulen endet das Studium der Physikalischen Technik in einem Bachelorstudiengang nach sechs oder sieben Semestern. Für Masterstudiengänge müssen drei oder vier weitere Semester einkalkuliert werden. Gleiches gilt für Mathematik bzw. für Wirtschaftsmathematik an Fachhochschulen.

Literaturempfehlung: Wolfram Wickel, Jennifer Willms, *Studienführer Informatik, Mathematik, Physik*, 2012; »Infos zum Physikstudium«. Weitere Literaturempfehlungen auf der Homepage der Deutschen Physikalischen Gesellschaft (*www.dpg-physik.de*, unter »Service«). Weitere Informationen auf den Websites der Hochschulen, die Mathematik- und Physik-Studiengänge anbieten. Diese können sehr gut recherchiert werden mit den Datenbanken der Studiengänge unter *www.studienwahl.de* und unter *www.hochschulkompass.de*.

Medien

Die Medienbranche gehört zu den Berufsbereichen, in die Abiturienten bevorzugt streben, vor allem die, die ein Studium der sprach- und literaturwissenschaftlichen Fächer aufnehmen. Man unterscheidet grundsätzlich zwischen Printmedien (Zeitungen, Zeitschriften und im weitesten Sinne auch Verlage) – also überall, wo Informationen auf dem Medium Papier weitergegeben werden (auch wenn die Inhalte gleichzeitig als Internet-Ausgabe angeboten werden) – und den audiovisuellen Medien (wie Rundfunk, Fernsehen, Film, digitale Medien).

In den Bereich der Printmedien führen vier Wege:

1. Die Ausbildung an einer Journalistenschule. Da aber pro Schule nur etwa 10 bis 20 Plätze im Jahr zur Verfügung stehen und es sehr viele Bewerber / -innen gibt, ist es sehr schwer, an einen solchen Ausbildungsplatz zu gelangen. Zu den Auswahlkriterien zählen u. a. die Abiturnote und eine interne Aufnahmeprüfung. Die engagierte Mitarbeit an der Schülerzeitung oder eigene Beiträge in einer lokalen Zeitung bringen zusätzlich Pluspunkte.

2. Ein Volontariat nach dem Abitur. Als Volontär bei einer Zeitung / Zeitschrift angenommen zu werden kann ebenfalls recht schwierig werden, da Tageszeitungen oft eher Bewerber mit Hochschulabschluss vorziehen, die zudem oft schon erste praktische Erfahrungen (Praktika o. Ä.) vorweisen können. Aus diesem Grund ist es oft sinnvoller, sich an verschiedenen Stellen umzusehen und z. B. bei einem Verband, der auch Medienarbeit betreibt, anzuklopfen. Das Volontariat dauert meist zwei Jahre. Man durchläuft dabei alle zur Verfügung stehenden Abteilungen eines Unternehmens.

3. Das Studium von medienorientierten Fächern wie Journalistik, Publizistik, Medienwissenschaft u. a., welches an vielen Universitäten und einigen wenigen Fachhochschulen angeboten wird. Das Studium schließt mit einem Bachelorabschluss nach drei Jahren ab, ggf. sind zwei weitere Jahre für den Mastergrad zu veranschlagen. Ein medienorientiertes Studienfach verbindet theoretisches Wissen (Medientheorie, Gesellschaftswissenschaften, Kommunikationswissenschaften) mit fachpraktischen Kenntnissen (z. B. wie wird eine Zeitung hergestellt, wie sollte das Layout aufgebaut sein?). Eine Aufnahmeprüfung vor der Einschreibung ist fast überall obligatorisch.

4. Die Ausbildung, die von den meisten Medienspezialisten durchlaufen wird, ist die Kombination aus einem fachbezogenen Studium und einem anschließenden

Volontariat. Welches Studienfach dabei gewählt wird, hängt von den eigenen Interessen und Begabungen ab und natürlich auch davon, welche Tätigkeit im Bereich des Journalismus später angestrebt wird. Denn obwohl man während der Ausbildung alle Ressorts einer Zeitung (Lokales, Innenpolitik, Außenpolitik, Kultur, Sport u. a.) kennenlernt, ist man später meist nur in einer Sparte tätig. Sinnvolle Studiengänge sind deshalb u. a. Wirtschaftswissenschaften (VWL, BWL), Politikwissenschaft, Germanistik, Philosophie, Geschichte, Musikwissenschaft, Kunstgeschichte. Genauso gut können sich aber auch Fächer wie Archäologie, Theologie, Theaterwissenschaften oder Psychologie anbieten. Wer eine spätere Tätigkeit als Auslandskorrespondent anstrebt, benötigt fundierte Fremdsprachenkenntnisse in Englisch und einer weiteren Sprache. Für Personen, die diesen Weg wählen, ist es besonders wichtig, schon während des Studiums enge Tuchfühlung zu den Medien aufzubauen und auch zu halten, etwa als freier Mitarbeiter oder durch Praktika bei (mehreren) Zeitungen. Denn diese suchen sich ihre späteren Volontäre gerne aus dem Mitarbeiter- und Praktikantenkreis aus. Keine noch so gute Examensnote kann diese fachpraktischen Erfahrungen aufwiegen. Wer erst nach dem Studium die ersten Gehversuche im Journalismus unternimmt, hat schlechte Karten. Einige Begabtenförderungswerke (s. S. 169 ff.), etwa die Konrad-Adenauer-Stiftung und die Hanns-Seidel-Stiftung, die Stipendien für das Studium vergeben, haben Sonderprogramme für angehende Journalisten.

Kommen wir nun zu den audiovisuellen Medien. Hier ist entweder ein Studium an einer Hochschule für Film und Fernsehen (etwa Ludwigsburg, München, Potsdam) möglich oder ein Studium der Fächer Mediendesign oder Kommunikationsdesign, die an einer Reihe von Fachhochschulen und einigen Kunsthochschulen in Deutschland angeboten werden. Auch hier müssen in einer Eingangsprüfung recht hohe Hürden genommen werden, um die Aufnahme zu erreichen.

Notwendige Begabungen sind natürlich künstlerisches Talent, Kreativität und Affinität zu technischen Arbeitsweisen. Bei den Printmedien zählen vor allem die Fähigkeit, seine Informationen und Gedanken in verständlichem Deutsch zu Papier bringen zu können, die Geduld, gründlich zu arbeiten und seriös zu recherchieren, Beharrlichkeit und Kommunikationsfreudigkeit, aber auch die Fähigkeit, unter Druck arbeiten zu können.

Literaturempfehlung: Gabriele Hooffacker, Klaus Meier, *La Roches Einführung in den praktischen Journalismus. Mit genauer Beschreibung aller Ausbildungswege in Deutschland, Österreich und der Schweiz*, 2017; Nea Matzen, *Onlinejournalismus*, 2014.

Weitere Informationen direkt auf den Websites der Hochschulen, die Medienstudiengänge anbieten. Diese können sehr gut recherchiert werden mit den Datenbanken der Studiengänge unter *www.studienwahl.de* und unter *www.hochschulkompass.de*.

Medizinische Fächer

Medizin ist die Wissenschaft von den Ursachen, der Heilung und Vorbeugung von Krankheiten. Je nach Ausbildung sind Mediziner zuständig für Menschen (Humanmedizin), Tiere (Veterinärmedizin) oder für die Zähne des Menschen (Zahnmedizin).

Wer den Arztberuf ergreifen will, sollte folgende Bedingungen erfüllen: Interesse an und Begabung für Naturwissenschaften, hohe körperliche und psychische Belastbarkeit und die Bereitschaft, auch mehr als 40 Stunden pro Woche zu arbeiten. Der Arztberuf gehört zu den verantwortungsvollsten Berufen und zu denen mit der längsten Ausbildungsdauer.

Das Studium besteht aus einem dreimonatigen Krankenhauspflegedienst und einer Ausbildung in Erster Hilfe vor dem Studium, aus einem vorklinischen Studienabschnitt (Dauer: etwa zwei Jahre), einer Zwischenprüfung, auch Physikum genannt, und einem dreijährigen klinischen Studium. Während der vorlesungsfreien Zeit nach der ärztlichen Vorprüfung ist eine viermonatige Famulatur (auch im Ausland möglich) obligatorisch. Nach etwa fünfjährigem Studium folgt ein praktisches Jahr, das in einem Krankenhaus abgeleistet wird und in Ausbildungsabschnitte in Innerer Medizin, Chirurgie, Allgemeinmedizin oder einem weiteren klinisch-praktischen Fachgebiet unterteilt ist.

Erst anschließend erfolgt die Approbation, das heißt die Berechtigung, als Arzt zu arbeiten. Nach der Approbation ist eine Weiterbildung zum Arzt für Allgemeinmedizin oder zum Facharzt möglich. Eine Promotion zum Dr. med. ist entweder vor oder nach der Approbation möglich.

Wenn in einem Humanmedizinstudiengang die traditionelle Gliederung in theoretische und klinische Ausbildung aufgehoben ist und während des ganzen Studiums Theorie und Praxis miteinander verbunden werden, spricht man von sogenannten Modellstudiengängen. Viele Universitäten haben ihre Medizinstudiengänge in den letzten Jahren in Modellstudiengänge umgewandelt.

Junge Ärzte treffen in Deutschland derzeit auf günstige Arbeitsmarktperspektiven, Gleiches gilt für den europäischen Arbeitsmarkt, wo sie vor allem in Großbritannien, der Schweiz und Norwegen ihr Auskommen finden.

Medizin ist ein naturwissenschaftliches Studium mit zahlreichen Vorlesungen und Praktika in Physik, Chemie, Biologie und Biochemie im Grundstudium. Die eigentlichen medizinischen Fachgebiete der Krankheitslehre, Grundlagen der klinischen Medizin und die praktische Ausbildung im Krankenhaus (praktisches Jahr) sowie die einzelnen medizinischen Teilgebiete sind erst Bestandteil des zweiten und dritten Studienabschnitts.

Das Studium der Tiermedizin und der Zahnmedizin ist mit einer Dauer von fünf bis fünfeinhalb Jahren kürzer. In Zahnmedizin folgt dem zweieinhalbjährigen vorklinischen Studium ein vergleichbar langes klinisches Studium. Etappen zur Approbation als Zahnarzt sind eine naturwissenschaftliche Vorprüfung nach dem 2. Semester, eine zahnärztliche Vorprüfung nach dem 5. Semester und die abschließende zahnärztliche Prüfung. Ergänzt werden sollte das Studium durch praktische Tätigkeiten in zahntechnischen Labors. Der fertige Zahnarzt hat dann die Möglichkeit, eine Doktorarbeit anzufertigen oder eine Weiterbildung z. B. in Kieferorthopädie zu beginnen.

Das Studium der Tiermedizin ist in ein vorklinisches Studium (zwei Jahre), ein klinisches Studium (drei Jahre) und in eine staatliche Prüfung unterteilt. Während des Studiums sind vier Monate praktische Tätigkeiten im Schlachthof, bei einem Tierarzt oder in einer Tierklinik vorgeschrieben. Ein mehrmonatiges Praktikum vor der Studienaufnahme erleichtert die Entscheidung, ob die notwendige Eignung für den Beruf vorhanden ist. Wichtigste Voraussetzung für künftige Tierärzte ist die Liebe zum Tier. Das heißt aber nicht nur, Tiere zu mögen, sondern ihnen auch helfen zu wollen. Ähnlich wie beim Studium der Humanmedizin sind eine fundierte mathematisch-naturwissenschaftliche Begabung und für den späteren Beruf physische Belastbarkeit, Ausdauer, Standfestigkeit, Beobachtungsgabe und eine gute Motorik (sichere Hand) notwendig.

Von Zahnärzten erwartet man viel Verständnis und Einfühlungsvermögen, weil viele Patienten, darunter auch die Autoren dieses Studienführers, Angst vorm Zahnarzt haben. Zusätzlich zur notwendigen naturwissenschaftlichen und mathematischen Begabung lässt sich der Beruf nur mit einer enormen Stehfähigkeit und sicherem Hand- und Fingergeschick bewältigen. In kaum einem anderen Beruf muss man derart lange im Stehen und in einer recht ungewöhnlichen Körperhaltung seine Arbeit verrichten.

Der Zugang zum Medizinstudium führt über *www.hochschulstart.de* (s. hierzu auch S. 95 ff.). Jeweils 20 Prozent der Studienplätze werden von *hochschulstart.de* über die Abiturbesten- und Wartezeitquote vergeben. Für 60 Prozent der Studienplätze wählen die Hochschulen nach eigenen Kriterien aus, etwa nach der Belegung von bestimmten Fächern in der Oberstufe, praktischer Tätigkeit oder einer Ausbildung in einem Gesundheitsberuf, Ableistung von Freiwilligendiensten, Teilnahme an Landes- und Bundeswettbewerben und dem Test für Medizinische Studiengänge (TMS). Die Teilnahme am TMS kann allen Studieninteressenten nur dringend empfohlen werden – so geben einige Universitäten für ein hervorragendes Testergebnis einen Bonus auf die Abiturnote von 0,8! Die Anmeldung zum TMS erfolgt über: www.tms-info.org.

Zum Sommersemester 2020 ist aufgrund des Urteils des Bundesverfassungsgerichts vom 17. Dezember 2017 mit umfassenden Veränderungen bei der Hochschulzulassung zu rechnen.

Zum Weiterlesen: Jens Plasger, Christian Weier, Jan-Peter Wulf, *Abenteuer Medizinstudium*. Der MEDI-LEARN Studienführer, 2013; Felix Segger, Werner Zurowetz: *Training TMS – Der Medizinertest*, 2017, sowie *Testsimulationen, TMS-Testaufgaben mit Lösungen*, 2018.

Pharmazie

Pharmazie wird definiert als »Wissenschaft von den Arzneimitteln, ihrer Entwicklung, Herstellung, Prüfung auf Identität, ihrer Reinheit und ihrem Gehalt einschließlich der sachgemäßen Zubereitung und Lagerung sowie ihrer Wirkung« (Zitat aus *Studien- und Berufswahl*). 84 Prozent der mit solchen Aufgaben betrauten Pharmazeuten sind als Apotheker oder Krankenhausapotheker tätig. Die übrigen arbeiten bei Pharmaunternehmen, wo sie als sogenannte Pharmakologen tätig sind.

Der erste Eindruck vom Apothekerberuf kann täuschen: Sie sind keine gut bezahlten Verkäufer von Arzneimitteln, auch wenn sie, im Gegensatz zu früheren Zeiten, ihre Arzneimittel und Rohstoffe nicht mehr selbst herstellen, sondern von der Industrie beziehen. Sie müssen dennoch einen guten Überblick über die pharmazeutische Forschung haben, Kunden über Nebenwirkungen von Arzneimitteln und Neuentwicklungen auf dem Markt fachkundig beraten können und auch in der Lage sein, homöopathische Heilmittel oder Kosmetika selbst herzustellen.

Der Berufsweg zum Apotheker ist nur über ein Studium der Pharmazie an einer Universität möglich. Die rund fünfjährige Ausbildung schließt mit dem Staatsexamen ab. Im Anschluss an acht Semester Studium folgt ein praktisches Jahr, in dem sechs Monate in einer Apotheke, die übrigen in einer Krankenhausapotheke, in der Industrie oder einer Wissenschaftseinrichtung abgeleistet werden. Ohne eine naturwissenschaftlich-mathematische Begabung ist der Weg hinter die Apothekertheke nicht möglich. Wer Pharmazie studieren möchte, sollte sich auch ein Chemie- oder Biologiestudium vorstellen können – im ersten Studienabschnitt sind kaum Unterschiede festzustellen. Erst im Hauptstudium liegen die Schwerpunkte eindeutig auf Pharmazie (pharmazeutische Chemie, pharmazeutische Biologie, Toxikologie u. a.).

Wer Pharmazie studieren möchte, bewirbt sich über *hochschulstart.de* (s. hierzu auch S. 95 ff.). Die Berufsaussichten sind wegen der hohen Apothekendichte und der Konkurrenz durch Online-Apotheken für Berufsanfänger nicht umwerfend. Selbst Inhaber einer Apotheke zu werden ist nur mit entsprechendem Startkapital und nach gründlicher Analyse, wie viele Apotheken es bereits an welchen Stellen gibt, möglich. Wer den Weg in eine Krankenhausapotheke einschlagen will (für Berufsanfänger sehr schwierig), sollte sich in »klinischer Pharmazie« fortbilden. Jungpharmazeuten finden in der Pharmaindustrie etwas bessere Startchancen, besonders dann, wenn sie wissenschaftlich ausgewiesen (eine Doktorarbeit ist keine Bedingung, erleichtert aber den Einstieg) und betriebswirtschaftlich orientiert sind.

Psychologie

»Psychologie ist die Wissenschaft von den Formen und Gesetzmäßigkeiten des Lebens und Verhaltens des Menschen in Abhängigkeit von den inneren und äußeren Faktoren und deren Deutung« (Zitat aus *Studien- und Berufswahl*). Diese etwas akademische Formulierung will sagen, dass Psychologen überall dort zu finden sind, wo es um Probleme einzelner Menschen und deren Lösung oder um zwischenmenschliche Konflikte geht. Früher kümmerte sich um diese Dinge die Dorfgemeinschaft oder der Pfarrer, heute sind es eher Psychologen, Pädagogen und Sozialarbeiter. Da Probleme des Einzelnen und gesellschaftliche Probleme zunehmen und gleichzeitig die Fähigkeit, sie selbst zu lösen, zurückgeht, finden Psychologen ein breites Feld von Arbeitsmöglichkeiten, die sich in sechs Felder aufteilen lassen: Klinische Psychologen sind für psychologische Diagnose, Beratung und Behandlung entweder in der eigenen Praxis oder in Kliniken tätig. Schulpsychologen helfen bei Erziehungsproblemen und Verhaltensstörungen von Schülern und bei der Beratung von Eltern und Lehrern. Forensische Psychologen sind im Strafvollzug tätig und betreuen dort Gefangene oder erstellen Gutachten über die Resozialisierungsfähigkeit und über die Wahrscheinlichkeit eines Rückfalls in kriminelle Aktivitäten. Psychologen sind als Arbeits- und Betriebspsychologen in Unternehmen und Verwaltungen tätig, das heißt konkret: bei der Auswahl von Bewerbern, bei der Verbesserung des Betriebsklimas oder auch in der Aus- und

Weiterbildung der Mitarbeiter. Verkehrspsychologen betreuen Piloten, prüfen Kraftfahrer auf ihre Eignung und entwickeln Maßnahmen zur Unfallverhütung.

Das wesentliche (und häufig einzige) Arbeitsmittel des Psychologen ist das Gespräch, entweder mit einzelnen Personen oder mit Gruppen von Personen.

In Gesprächen versucht der Psychologe, sich einen Überblick über Hintergrund, Ursachen und Auswirkung des Problems zu verschaffen, mit den Beteiligten Lösungskonzepte zu entwickeln und bei der Umsetzung mitzuhelfen.

Der Weg zum Psychologenberuf führt über ein Universitätsstudium, das die meisten Universitäten anbieten. Die Bachelorstudiengänge sind auf drei Jahre angelegt, die Masterstudiengänge auf weitere zwei Jahre. Die Bewerbung erfolgt direkt bei den Universitäten. An Fachhochschulen, die ausschließlich Studiengänge in Wirtschaftspsychologie anbieten, findet man häufig drei oder dreieinhalbjährige Bachelorangebote und eineinhalb- und zweijährige Masterstudiengänge. Auch hier erfolgt die Bewerbung direkt bei der Fachhochschule.

Psychologiestudium ist nicht gleich Psychologiestudium. Je nach Universität sind die Schwerpunkte sehr unterschiedlich. An einigen Universitäten ist die Sozialpsychologie Schwerpunkt des Studiums, anderswo Klinische Psychologie, andernorts Experimentelle Psychologie, wieder woanders Arbeits-, Betriebs- und Organisationspsychologie. Von künftigen Psychologen wird erwartet, dass sie über ein stabiles Innenleben verfügen und belastbar sind, ebenso sozial engagiert und kommunikativ, gleichzeitig zuhören und auf andere Menschen zugehen können und über Realitätssinn verfügen.

Das Bachelorstudium vermittelt vor allem Teilgebiete der Psychologie (Allgemeine Psychologie, Entwicklungspsychologie, Persönlichkeitspsychologie, Sozialpsychologie, Klinische Psychologie) und gibt eine Einführung in die Methodenlehre des Faches einschließlich Statistik sowie in die Physiologie und die Biologie des Menschen. Hinzu kommen verschiedene empirisch-praktische Lehrveranstaltungen. Die letzten zwei Bachelorsemester und vor allem das Masterstudium bieten die Möglichkeit der Vertiefung und Spezialisierung. Hier erfolgt eine Ausrichtung auf potenzielle spätere Berufsfelder.

Häufig werden die Berufe Psychologe und Psychiater verwechselt. Psychiater sind ausgebildete Mediziner mit Facharztausbildung und dürfen Patienten auch medikamentös behandeln. Vor allem in der Klinischen Psychologie arbeiten Psychiater und Psychologen eng zusammen.

Weitere Informationen auf den Websites der Hochschulen, die Psychologie-Studiengänge anbieten. Diese können sehr gut recherchiert werden mit den Datenbanken der Studiengänge unter *www.studienwahl.de* und unter *www.hochschulkompass.de*.

Rechtswissenschaft

Jura zählt seit vielen Jahren zu den beliebtesten Studienfächern. Obwohl in den letzten Jahren die Zahl der Rechtsanwälte bereits stark angestiegen ist, drängen bis zu 75 Prozent eines Absolventenjahrgangs weiter in den Anwaltsberuf, was bereits dazu geführt hat, dass die Zahl der Rechtsanwälte 160 000 überschritten hat und ein immer größer werdender Teil kaum das finanzielle Existenzminimum erwirtschaftet.

Ausgenommen hiervon sind die Absolventen mit Prädikatsexamen. Aber nur etwa 10 bis 15 Prozent eines Absolventenjahrganges verfügen über zwei Examina mit der Note »voll befriedigend« oder besser. Da das Juraexamen als schwer gilt und Jura für manche Studierende ein »Verlegenheitsstudium« ist, beenden rund 40 Prozent ihre akademische Ausbildung oder das 2. Staatsexamen lediglich mit »ausreichend«.

Auf dem künftigen Arbeitsmarkt werden vor allem diejenigen erfolgreich sein, die vom Arbeitsmarkt gefragte (s. weiter unten im Text) Schwerpunkte und Spezialisierungen vorweisen können. Seitdem die Juristenausbildung an den Universitäten keine Einheitsausbildung mehr ist, können die Hochschulen nach der Zwischenprüfung Schwerpunktbereiche anbieten, die in der Abschlussprüfung ein Gewicht von 30 Prozent erhalten. Deren Wahl wird die beruflichen Wege der Nachwuchsjuristen – neben den Examensnoten – mitbestimmen. War es bis vor wenigen Jahren nicht von großer Bedeutung, wo man studierte, da die Inhalte bundesweit fast identisch waren, müssen Studienanfänger jetzt vorher gründlich recherchieren, welche Schwerpunktbereiche die einzelnen Hochschulen anbieten, und davon die Entscheidung für den Studienort abhängig machen.

Auch werden jetzt bereits während des Studiums Zusatzqualifikationen wie Gesprächsführung, Rhetorik und Kommunikationsfähigkeit vermittelt sowie fremdsprachliche rechtswissenschaftliche Veranstaltungen angeboten.

Unternehmen haben großes Interesse an Bewerberinnen und Bewerbern, die über fundierte Wirtschaftskenntnisse verfügen und Kenntnisse in Rechtsgebieten wie Handelsrecht, Wirtschafts- und Steuerrecht, Aktienrecht, Internationales Vertragsrecht, Umweltrecht, Technikrecht sowie Patentrecht nachweisen können.

Besonders gefragt werden die Juristen sein, die über internationale juristische Kompetenz verfügen, da die Globalisierung, die weitere europäische Integration und der technische Fortschritt den Regelungsbedarf erhöhen. Hier sollten als Schwerpunktbereich Europarecht, Internationales Recht oder Rechtsvergleich gewählt werden, oder man sollte sich intensiv mit dem Rechtssystem der angelsächsischen Länder oder dem französischen Recht beschäftigen. Die Universitäten Köln und Mainz etwa bieten einen deutsch-französischen Studiengang Recht an, der neben dem Staatsexamen auch den Erwerb der entsprechenden französischen Hochschulabschlüsse vorsieht.

Für eine internationalere Ausrichtung des Studiums sind auch Auslandsaufenthalte sinnvoll; davon machen Studierende der Rechtswissenschaft jedoch wegen der Andersartigkeit anderer nationaler Rechtssysteme noch verhältnismäßig wenig Gebrauch. Auch ein Praktikum bei einer europäischen oder internationalen Institution erhöht die Attraktivität für den Arbeitsmarkt. Der Deutsche Akademische Austauschdienst (DAAD) in Bonn *(www.daad.de)* hält eine Fülle von Fördermöglichkeiten bereit, die von Sommerkursstipendien über Stipendien für einjährige Auslandsaufenthalte bis hin zu Fachkursstipendien für angehende Rechtswissenschaftler reichen.

Eine Reihe von ausländischen Hochschulen, vor allem in Großbritannien, Frankreich und den USA, bieten Bewerbern mit abgeschlossenem Studium einjährige Zusatzausbildungen an. Besonders gefragt ist der in den angelsächsischen Ländern beliebte Master of Laws (LL.M.), aber auch beispielsweise der Master Degree in Comparative, European oder International Legal Studies. Auch hierfür vergibt der DAAD besondere Graduiertenstipendien.

All diejenigen, die sich mit dem Gedanken angefreundet haben, Jura als Studienfach zu wählen, sollten ihre Fähigkeiten, Interessen und Begabungen im Hinblick auf die Anforderungen des Jurastudiums sehr kritisch prüfen. Das bereitet zugegebenermaßen Schwierigkeiten, weil es an der Schule kein Fach gibt, an dem sich die Eignung für das Jurastudium ablesen ließe. Generell gilt: Wer gute Leistungen in Deutsch, Mathematik und in Latein hat, scheint für ein Jurastudium geeignet zu sein. Darüber hinaus erfordert Jura wie kein anderes Studium die Fähigkeit, einen konkreten Fall in allgemeine Rechtsprinzipien einordnen zu können und nach einem bestimmten Schema zu recherchieren, welche vergleichbaren Fälle es gibt und wie hierüber entschieden wurde. Zum guten Juristen gehört auch die Fähigkeit, zuhören zu können, überzeugend zu sein in Wort und Schrift und Verschwiegenheit zu bewahren. Wer die Motivation für ein Jurastudium aus spannenden Filmen ableitet, in denen ein rhetorisch brillanter Anwalt mit einer Sherlock-Holmes-reifen Kombinationsbegabung alle Zeugenaussagen auseinandernimmt und mit einem furiosen Plädoyer den zu Unrecht Angeklagten freibekommt, hat falsche Vorstellungen vom Juristenberuf. Juristen haben es bei ihrer alltäglichen Arbeit eher mit banalen Dingen zu tun wie z. B. Nachbarschaftsstreitigkeiten, Kleinkriminalität, Eintreibung von Geldforderungen, Scheidungen, Wasserrechtsbestimmungen oder Lärmbelästigungen.

Noch einige Informationen zum Aufbau des Studiums: Das Studium an der Universität dauert neun bis zehn Semester. Das vor allem in Vorlesungen Gelernte wird durch

Klausuren überprüft. Im Hauptstudium stehen mehr Seminare, die mit Hausarbeiten abgeschlossen werden, auf dem Stundenplan. Vor dem Examen wird einige Monate beim (zumeist privaten) Repetitor für die Erste Juristische Prüfung gebüffelt. Jura gehört zu den Fächern mit einer anstrengenden und umfangreichen Abschlussprüfung.

Auch sind an den Universitäten Bachelorstudiengänge mit dem Abschluss Bachelor of Laws (LL.B.) mit einer vorgesehenen Studiendauer von drei Jahren eingerichtet worden; sie führen aber nicht in die klassischen juristischen Berufe, sondern überwiegend als Wirtschaftsrechts-Studiengänge in die Rechtsabteilungen von Unternehmen. Den Studiengang Wirtschaftsrecht bieten auch viele Fachhochschulen an.

Mit der Ersten Juristischen Prüfung kann aber noch keiner der traditionellen Rechtsberufe (Richter, Staatsanwalt, Rechtsanwalt, Notar) ergriffen werden. Hierfür bedarf es einer zusätzlichen zweijährigen Ausbildung in Gerichten, Anwaltskanzleien, Finanzbehörden (Referendariat). Erst mit der Zweiten Juristischen Staatsprüfung, mit der das Referendariat abgeschlossen wird, wird man »Volljurist«.

Juristen, die es nicht in den juristischen Staatsdienst (derzeit sind dort ca. 4 Prozent der Juristen beschäftigt) oder in den Anwaltsberuf (Mitglied, Inhaber oder Mitarbeiter einer Anwaltskanzlei) zieht, haben die Möglichkeit, bei Unternehmen als Wirtschaftsjuristen (ca. 15 Prozent) oder bei Behörden als Verwaltungsjuristen (etwa 6 Prozent eines Absolventenjahrgangs) zu arbeiten.

Innerhalb der Unternehmen sind die meisten Juristen bei Versicherungen und Banken zu finden, also dort, wo die meisten Rechtsfälle zu bearbeiten sind.

Über die Gehälter von Juristen lässt sich nichts Verbindliches aussagen. Sie bewegen sich zwischen Existenzminimum (vor allem bei Einmann- oder Einfraukanzleien mit wenigen Mandanten) und Spitzengehältern in international tätigen Anwaltskanzleien.

Fazit: Die Berufschancen für Juristen gestalten sich in den nächsten Jahren weiter ungünstig. Wer seine Eignung für ein Jurastudium im Hinblick auf die Begabungen und Interessen kritisch überprüft hat und eine Hochschule wählt, die entsprechende europäische und internationale Schwerpunktmöglichkeiten bietet, oder seine Studienschwerpunkte frühzeitig auf interessante wirtschaftsnahe Vertiefungen oder besonders gefragte Rechtsgebiete legt, braucht, wenn er sich auch noch ein Prädikatsexamen oder ein Dreierexamen zutraut, aber keine Angst vor dem künftigen Arbeitsmarkt zu haben.

Literaturempfehlung: Christof Gramm, Heinrich Amadeus Wolff, *Jura – erfolgreich studieren*, 2015. Weitere Informationen auf den Websites der Hochschulen, die die Studiengänge Rechtswissenschaft und Wirtschaftsrecht anbieten. Diese können sehr gut recherchiert werden mit den Datenbanken der Studiengänge unter *www.studienwahl.de* und unter *www.hochschulkompass.de*.

Sozialwissenschaften

Unter dem Studium der Sozialwissenschaften wird im Allgemeinen das Studium der Soziologie und das Lehramtsstudium Sozialwissenschaft (oft auch Sozialkunde genannt) verstanden.

Soziologie ist die Wissenschaft, die sich mit den Grundlagen, Erscheinungsformen und Entwicklungen des menschlichen Zusammenlebens unter historischen und vor allem gegenwärtigen sozialen Gebilden beschäftigt. Soziologen sind also Gesellschaftswissenschaftler, die von der Annahme ausgehen, dass Menschen und ihr Verhalten maßgeblich von gesellschaftlichen Verhältnissen bestimmt werden. Ihre Ahnherren reichen vom Urvater der Soziologie, Max Weber, über den Radikalsoziologen Karl Marx bis hin zu den Vertretern der sogenannten Frankfurter Schule, die während der nationalsozialistischen Diktatur in die USA emigrierten und von dort aus den Gesellschaftswissenschaften zu internationaler Anerkennung verhalfen.

Die Sozialwissenschaften gehören zu den beliebtesten Studienfächern deutscher Studierender. Entsprechend hoch ist der Andrang an den Hochschulen und entsprechend schwer fällt die Suche nach einem angemessenen Arbeitsplatz. Während in der Vergangenheit der Staat etwa die Hälfte aller Sozialwissenschaftler aufnahm, suchen sie derzeit vor allem Beschäftigungsverhältnisse in der Wirtschaft und konkurrieren hier mit den Wirtschaftswissenschaftlern. Diesen Trend haben sich zahlreiche Hochschulen zunutze gemacht und bieten kombinierte wirtschaftswissenschaftlich-sozialwissenschaftliche Studiengänge an oder ein sozialwissenschaftliches Schwerpunktstudium, verzahnt mit BWL und VWL. Aus diesem Grunde sollten alle, die sich der Gesellschaftsanalyse oder Gesellschaftsveränderung verschreiben wollen, nur dann Soziologie studieren, wenn sie auch der BWL oder VWL etwas abgewinnen können.

Das Angebot der Universitäten an Teilgebieten und Vertiefungsmöglichkeiten ist recht unterschiedlich. Studieninteressenten sollten sich deshalb über das Angebot genau informieren. Dieser Aspekt spielt in den ersten Semestern des Bachelorstudiums keine so wichtige Rolle, weil hier Basiswissen in allgemeiner Soziologie, in den benachbarten Wirtschaftswissenschaften, in der politischen Wissenschaft, Statistik und Methodenlehre (Methoden der empirischen Sozialforschung), in Psychologie, Rechtswissenschaft und in Neuerer Geschichte vermittelt wird. Erst im fünften und sechsten Bachelorsemester und im Masterstudium erfolgt die Schwerpunktbildung in Richtung Wirtschaft, Bildungswesen (vor allem Weiterbildung) und öffentliche Verwaltung.

Im Bachelorstudium ist die Kombination mit einem zweiten gleichwertigen Bachelorfach oder einem vom Leistungsaufwand »kleineren« Fach möglich. Im Lehramtsstudium, das in Bachelor- und Master-of-Education-Studiengängen (B.Ed. und M.Ed.) absolviert wird, ist die Kombination von mindestens zwei Schulfächern zusammen mit einem erziehungswissenschaftlichen Begleitstudium, Fachdidaktik und Schulpraktika vorgesehen.

Wer Sozialwissenschaften studieren möchte, bewirbt sich direkt bei den Universitäten, die dieses Fach anbieten.

Weitere Informationen: Auf den Websites der Hochschulen, die Studiengänge der Soziologie und Sozialwissenschaft anbieten. Diese können sehr gut recherchiert werden mit den Datenbanken der Studiengänge unter *www.studienwahl.de* und unter *www.hochschulkompass.de.*

Umweltwissenschaften / Ökologie

An den deutschen Hochschulen wurden in den letzten Jahren viele neue Studiengänge und in bestehenden Studiengängen ökologische Schwerpunkte geschaffen, um dem Ziel »Schutz der Umwelt« gerecht zu werden. Um von vornherein Missverständnissen vorzubeugen: Die Liebe zur Umwelt und eine umweltfreundliche Gesinnung reichen als Voraussetzung für ein umweltbezogenes Studium nicht aus. Das Studium ist entweder auf Technischen Umweltschutz, Planerischen Umweltschutz, Naturwissenschaftlichen Umweltschutz oder auf Agrar- und Forstwirtschaftlichen Umweltschutz ausgerichtet. Neben der Bereitschaft, aktiv für die Umwelt einzutreten, gehören je nach Ausrichtung des Studiums eine technische, betriebswirtschaftlich-planerische oder eine naturwissenschaftliche Begabung zu den Grundvoraussetzungen für ein erfolgreiches Studium. »Abnehmer« dieser Studiengänge sind Unternehmen – kein Betrieb kann es sich heute noch leisten, auf den Rat von Fachleuten zu verzichten oder in dem Ruf zu stehen, nicht umweltfreundlich zu produzieren –, Behörden, die entweder Umweltgesetze oder -bestimmungen erlassen oder kontrollieren, Forschungs- und Entwicklungslabors, die Verfahren zur Luftreinhaltung, Lärmbekämpfung, Abfallbeseitigung und Wasserreinhaltung entwickeln, und schließlich Unternehmensberatungen, die private und staatliche Stellen fachkundig beraten oder Umweltkonzepte entwerfen. In kaum einem Bereich arbeiten die Experten derart eng zusammen wie im Umweltschutz. Politiker erlassen Gesetze und Bestimmungen, die von Behörden umgesetzt und kontrolliert werden, von Unternehmen und Privatpersonen eingehalten werden müssen und von Planungsspezialisten vorbereitet und organisiert werden. Wirtschaftswissenschaftler müssen Finanzierungsmodelle aufstellen und Ingenieure schließlich bei der Produktion darauf achten, dass die Bestimmungen eingehalten werden, und, was sich fürs Image und auf die Verkaufszahlen von Unternehmen förderlich auswirkt, neuartige, besonders umweltschonende Verfahren einführen. Das alles wiederum ist nicht möglich ohne Rechtsspezialisten, die die gesetzlichen Vorgaben kennen, und ohne Naturwissenschaftler, die etwas Fundiertes über Grenzwerte und Verträglichkeit zu sagen haben. Umweltwissenschaftler sind im Idealfall Experten mit einer naturwissenschaftlichen, wirtschaftswissenschaftlichen oder technischen Ausbildung mit fundierten Kenntnissen in Organisation, Finanzierung und Recht sowie mit der Fähigkeit, Überzeugungsarbeit zu leisten.

Die Absolventen von Umweltstudiengängen erhalten nach erfolgreichem Studium einen Bachelor- und anschließend einen Mastergrad, und das in recht unterschiedlichen Studiengängen wie etwa Geoökologie, Agrarökologie, Landeskultur und Umweltschutz, Landschaftsökologie, Verfahrenstechnik, Qualitäts- und Umweltmanagement oder (vor allem an Fachhochschulen) Umwelttechnik mit den verschiedensten Schwerpunkten.

Die Berufschancen für die Umweltexperten hängen auch künftig davon ab, welche Bedeutung Wirtschaft und Gesellschaft dem Umweltschutz beimessen. Die »grünen Studiengänge« erfreuen sich weiter einer hohen Attraktivität.

Studieninteressenten sollten sich wegen der Vielzahl der verschiedenen Studiengänge, der unterschiedlichen Ausrichtung und der Zulassungsbedingungen auf den Websites der Universitäten und Fachhochschulen informieren.

Für Bachelorstudiengänge sind an Universitäten überwiegend sechs Semester und für das vertiefende Masterstudium weitere vier Semester vorgesehen, an Fachhochschulen für den Bachelor sechs oder (häufiger) sieben Semester (ggf. plus drei oder vier Mastersemester).

Weitere Informationen: Auf den Websites der Hochschulen, die Umweltstudiengänge anbieten. Diese können sehr gut recherchiert werden mit den Datenbanken der Studiengänge unter *www.studienwahl.de* und unter *www.hochschulkompass.de*.

Werkstoff- und Materialwissenschaften

Unsere Vorfahren lernten, Steine so zu bearbeiten, dass sie Nahrungsmittel damit zerkleinern konnten. Der Faustkeil markiert die Anfänge menschlicher Zivilisation und ist zugleich der Beginn der Werkstoffwissenschaften. Der Steinzeit folgten die Bronzezeit und schließlich die Eisenzeit. Zwischen der Steinzeit und der Bronzezeit gelang es den Menschen, Häuser aus Lehmgeflechten zu errichten, Gefäße aus Ton zu brennen und Edelmetalle zu Schmuck zu verarbeiten.

Die modernen Werkstoff- und Materialwissenschaften beschäftigen sich mit Vertrautem und Neuem. Sie arbeiten mit Metallen und den nichtmetallisch-anorganischen Werkstoffen wie Porzellan, Keramik und Glas und mit organischen Werkstoffen wie Gummi, entwickeln neue Bindemittel und Verbundwerkstoffe und sind ständig auf der Suche nach neuen Legierungen und Kunststoffen.

Materialwissenschaftler sind Spezialisten für Gewinnung, Entwicklung und Verarbeitung dieser Materialien und erkunden ihre ganz speziellen Eigenschaften. Ihre Arbeit ist Grundlage für die Werkstoffwissenschaftler, die aus diesen Materialien Verfahren und Produkte entwickeln. Beim Hausbau, in der Fahrzeugtechnik, im Umweltschutz, in der Energiewirtschaft, in der Medizintechnik oder in der Luftfahrt, überall gilt es, besonderen Bedingungen gerecht zu werden. Künstliche Implantate müssen gut verträglich sein. Materialien für die Luft- und Raumfahrt müssen extremen Kälte-, Hitze- oder Druckbedingungen standhalten. Moderne Windschutzscheiben aus Glas-Kunststoff-Verbundstoffen und Karosserien mit Knautschzonen sollen das Verletzungsrisiko bei Unfällen minimieren. Sogenannte Supraleiter dürfen keinen messbaren elektrischen Widerstand mehr besitzen, um den hohen Anforderungen in der modernen Energietechnik gerecht zu werden.

Diese weit gefassten Aufgaben bieten Werkstoff- und Materialwissenschaftlern vielfältige berufliche Möglichkeiten in Unternehmen, die sich mit der Verarbeitung und Weiterentwicklung von Werkstoffen und Materialien beschäftigen, vor allem in der Forschung und in der technischen Entwicklung, aber auch in Materialämtern, Planungsbüros, als Sachverständige und in der staatlichen Forschung, z. B. an Hochschulen und industrienahen Forschungsinstituten.

Studierende finden in solchen Fächern optimale Studienbedingungen. Fast überall überschaubare Studienatmosphäre, kein Numerus clausus und kein Weg über *hochschulstart.de*, gute Betreuung und vielfältige Möglichkeiten, was Praktika und Bachelor- und Masterarbeiten in der Praxis betrifft. Hinterher winkt häufig ein Job in der Industrie mit weitergehenden Perspektiven. Im Studium können solche Fächer entweder als eigenständige Studiengänge Materialwissenschaft, Werkstoffwissenschaft, Metallurgie und Werkstofftechnik oder über die entsprechende Schwerpunktsetzung in Fächern wie Maschinenbau und Physik oder als spezialisierte Studiengänge wie Kunststofftechnik, Metalltechnik, Keramik und Glas belegt werden. Die erstgenannten werden vor allem an Universitäten, die letztgenannten eher an Fachhochschulen angeboten. Trotz der verschiedenen Studiengänge und Vertiefungsmöglichkeiten: Das Studium erfordert eine mathematisch-naturwissenschaftliche Begabung und viel technisches Verständnis. Es schließt mit dem Bachelor und Master of Science (B.Sc. und M.Sc.) oder – vor allem an den Fachhochschulen – mit dem Bachelor und Master of Engineering (B.Eng. und M.Eng.) ab. An Universitäten sind die Studiengänge auf drei Jahre (sechs Semester) angelegt; hinzu kommt ein zweijähriges (vier Semester) vertiefendes Masterstudium. An Fachhochschulen werden drei- oder dreieinhalbjährige Bachelorstudiengänge und eineinhalb- und zweijährige Masterstudiengänge angeboten.

Die Suche nach dem optimalen Material und dem idealen Werkstoff – leicht, korrosionsfrei, kälte- und hitzebeständig, elastisch und gleichzeitig von hoher Festigkeit, lang haltbar und leicht abbaubar, preiswert in der Herstellung und gut umweltverträglich – wird noch einigen Generationen von Werkstoff- und Materialwissenschaftlern Kopfzerbrechen bereiten, ihnen aber ihre berufliche Existenz noch lange sichern.

Weitere Informationen: Auf den Websites der Hochschulen, die Studiengänge der Werkstoff- und Materialwissenschaften anbieten. Diese können sehr gut recherchiert werden mit den Datenbanken der Studiengänge unter *www.studienwahl.de* und unter *www.hochschulkompass.de.*

Wirtschaftsingenieurwesen

»Weder Fisch noch Fleisch« hieß es, als die ersten Studiengänge Wirtschaftsingenieurwesen vor rund 30 Jahren eingerichtet wurden. Was anfangs belächelt wurde, hat sich wie kaum ein anderer neu entwickelter Studiengang auf dem Arbeitsmarkt behauptet. Die vermeintliche Schwäche – Breite statt Spezialisierung – wurde schnell zur Stärke. Ein Blick in die Stellenangebote zeigt, dass Wirtschaftsingenieure aufgrund ihrer weit gefächerten Ausbildung für immer mehr Tätigkeitsfelder nachgefragt werden, die ursprünglich als rein technisch oder rein kaufmännisch galten.

Der Grund hierfür ist einfach: Alle Wirtschaftsbereiche sind seit Jahrzehnten durch immer mehr Arbeitsteilung und Spezialisierung der Arbeitskräfte gekennzeichnet. Immer mehr Leute verstehen von immer mehr Dingen immer weniger. Entscidungen an der Schnittstelle zwischen Technik und Wirtschaft erfordern aber technisch-naturwissenschaftliches Verständnis, wirtschaftliche Kompetenz und gesellschaftliche Akzeptanz. Nur die Unternehmen, die strategisch planen und das technisch Mögliche mit dem wirtschaftlich Richtigen verbinden und auch dem Umweltschutz Rechnung tragen, können sich auf Dauer am Markt behaupten. In diesem Wechselbereich zwischen Technik und Wirtschaft liegt das breite Einsatzpotenzial von Wirtschaftsingenieuren.

Nach einer Untersuchung des Berufsverbandes sind über 90 Prozent der Wirtschaftsingenieure in der Privatwirtschaft tätig, davon zwei Drittel in leitenden Positionen. Etwa jeder sechste ist selbstständig. Entgegen dem Akademikertrend arbeiten über 50 Prozent von ihnen auch in mittelgroßen und kleineren Betrieben, die es sich häufig nicht leisten können, einen Ingenieur und einen Kaufmann zu beschäftigen.

Was die Zeit zwischen Studienabschluss und Berufseinstieg, Einstiegsgehälter, Verdienstmöglichkeiten und die Berufszufriedenheit anbelangt, sind Wirtschaftsingenieure in den Spitzenpositionen. Kein Wunder, dass sich über 95 Prozent aller Befragten erneut für dieses Studium entscheiden würden.

Innerhalb der Unternehmen arbeiten die meisten Wirtschaftsingenieure in der Unternehmensleitung, in Marketing und Vertrieb, in der Beratung, in Rechnungswesen und Controlling, in der Logistik und im Einkauf. Aber auch in Forschung und Entwicklung, Fertigung und Produktion, EDV, Fortbildung, Mitarbeiterschulung und im Personalwesen sind Wirtschaftsingenieure tätig.

Das Studium wird mit einem Bachelor und Master of Science (B.Sc. und M.Sc.) oder Bachelor und Master of Engineering (B.Eng. und M.Eng.) abgeschlossen. An Universitäten sind im Bachelorstudium drei Jahre (sechs Semester) Studienzeit vorgesehen, daran schließt sich ein zweijähriges (viersemestriges) Masterstudium an. An Fachhochschulen werden überwiegend drei- oder dreieinhalbjährige Bachelorstudiengänge angeboten, die Masterstudiengänge dauern hier in der Regel eineinhalb oder zwei Jahre. Mit einem Anteil von rund 20 Prozent schließen überdurchschnittlich viele Absolventen noch eine Promotion an, für die weitere zwei bis drei Jahre eingeplant werden sollten.

Das Studium verbindet technische (einschließlich EDV), naturwissenschaftliche sowie wirtschafts- und gesellschaftswissenschaftliche Studienfächer. Bei der Wahl der ingenieurwissenschaftlichen Ausrichtung steht eine Vielzahl von Fächern – von Bauingenieurwesen über Logistik und Luft- und Raumfahrttechnik bis hin zu Werkstofftechnik – zur Auswahl. Hinzu kommen Praktika in kaufmännischen und technischen Bereichen.

Die Ausbildung setzt eine breite Begabung, analytisches Denken und die Bereitschaft zu einem arbeitsintensiven Studium voraus.

Die beruflichen Perspektiven für Wirtschaftsingenieure können als gut bis sehr gut eingeschätzt werden, ebenso die Einkommenssituation: Rund die Hälfte der berufstätigen Wirtschaftsingenieure erzielt Gehälter zwischen 50 000 und 100 000 Euro.

Weitere Informationen: Auf der Homepage des Verbandes Deutscher Wirtschaftsingenieure e. V. (VWI) unter *www.vwi.org* sind viele nützliche Informationen rund um das Studium und das Berufsbild zu finden, vor allem kann hier die Publikation »Wirtschaftsingenieurwesen in Ausbildung und Praxis« bezogen werden.

Weiter sollte man sich direkt auf den Websites der Hochschulen, die Studiengänge Wirtschaftsingenieurwesen anbieten, informieren. Diese können sehr gut recherchiert werden mit den Datenbanken der Studiengänge unter *www.studienwahl.de* und unter *www.hochschulkompass.de.*

Wirtschaftswissenschaften

Wirtschaftswissenschaften sind die mit Abstand größte Fächergruppe in Deutschland. Mehrere Zehntausend Personen beginnen jährlich mit dem Studium. Die Gruppe umfasst die Fächer Volkswirtschaftslehre (VWL), Betriebswirtschaftslehre (BWL), Wirtschaftswissenschaft und kombinierte Studiengänge wie Wirtschaftspädagogik, Wirtschaftsinformatik oder Wirtschaftsmathematik.

Wirtschaftswissenschaften beschäftigen sich mit der Darstellung, Erklärung und Analyse wirtschaftlichen Handelns und mit den Instrumenten zu deren Gestaltung. Diese weit gefasste Definition macht bereits deutlich, dass es sich bei den Wirtschaftswissenschaften nicht um einen einheitlichen Studienbereich, sondern um mehrere fachlich benachbarte, aber selbstständige Studiengänge mit jeweils unterschiedlichen Sichtweisen und Schwerpunkten handelt.

An den wissenschaftlichen Hochschulen (Universitäten und Technische Universitäten) wird der Studiengang Betriebswirtschaftslehre (BWL), der sich vor allem mit den Unternehmen befasst, der Studiengang Volkswirtschaftslehre (VWL), in dem es mehr um gesamtwirtschaftliche Zusammenhänge geht, und der Studiengang Wirtschaftswissenschaft (bestehend aus BWL- und VWL-Anteilen) angeboten. Das Studienangebot der Fachhochschulen beschränkt sich auf Betriebswirtschaft (nur fünf Studienangebote für Volkswirtschaftslehre gibt es an Fachhochschulen); es kann gewählt werden zwischen allgemeinen Studiengängen der Betriebswirtschaft und Studiengängen, die ab dem ersten Semester auf einen Teilbereich, eine Branche oder auf eine internationale Orientierung hin ausbilden, wie etwa die Studiengänge Rechnungswesen und Controlling, Logistik, Marketing, Personalwirtschaft, Tourismusmanagement, aber auch deutsch-französische Betriebswirtschaft, deutsch-spanische Betriebswirtschaft, deutsch-lateinamerikanische Betriebswirtschaft, European Business o. Ä.

Das Studium an Universitäten / wissenschaftlichen Hochschulen und an Fachhochschulen unterscheidet sich durch die unterschiedlichen Zulassungsvoraussetzungen (Abitur, Fachhochschulreife) und hat an Fachhochschulen mehr praxisbezogene Anteile sowie eine stärkere Ausrichtung auf konkrete Berufstätigkeiten. Das Studium an wissenschaftlichen Hochschulen ist mehr theoretisch-forschungsorientiert angelegt und bietet nach dem Studienabschluss die Möglichkeit der Promotion zum Dr. rer. pol. oder Dr. rer. oec.

Neben den o. g. »klassischen« wirtschaftswissenschaftlichen Fächern gibt es Studiengänge, die Wirtschaftswissenschaften mit anderen Fächern kombinieren, wie etwa Wirtschaftsingenieurwesen, Wirtschaftsmathematik und Wirtschaftsinformatik. Das Studium der Statistik ist mathematisch ausgerichtet, ist aber eine wichtige Hilfswissenschaft für die wirtschaftswissenschaftlichen Fächer und kann an mehreren Universitäten als Studienschwerpunkt in Wirtschaftswissenschaften oder als eigenständiger Bachelor und Masterstudiengang gewählt werden.

Wer ein wirtschaftswissenschaftliches Fach studieren möchte, steht nicht nur vor der Entscheidung zwischen BWL, VWL und Wirtschaftswissenschaft und (möglicherweise) im Falle der BWL vor der Entscheidung Universität oder Fachhochschule. Auch die Wahl des richtigen Studienortes ist ein wesentliches Kriterium, denn es gibt beim gleichen Fach von Hochschule zu Hochschule sehr unterschiedliche Schwerpunkte und Wahlmöglichkeiten bei den Vertiefungsrichtungen. Deshalb sollte Wert auf eine ausführliche Studienberatung und auf die Lektüre des jeweiligen Modulhandbuchs gelegt werden.

Das Fach Betriebswirtschaftslehre an wissenschaftlichen Hochschulen beschäftigt sich mit allen wirtschaftlichen Fragen von Betrieben und Unternehmen. Übergreifend über einzelne Wirtschaftszweige und Wirtschaftsformen geht es dabei vor allem um Fragen und Probleme der Beschaffung, der Produktion, des Absatzes, der Finanzierung und der Organisation und damit um die Frage der Wirtschaftlichkeit. Die hierfür zu erarbeitenden Lösungskonzepte münden in diesbezüglichen Vorschlägen zu Handlungsalternativen der Unternehmensleitungen. Deshalb wird an einigen Universitäten Unternehmensführung als Schwerpunkt im Studium angeboten.

Das Fach Volkswirtschaftslehre an wissenschaftlichen Hochschulen befasst sich stärker mit den allgemeinen Entwicklungen und Gesetzmäßigkeiten innerhalb einer Volkswirtschaft und zwischen Volkswirtschaften verschiedener Länder. Sie untersucht die Funktionen und Beziehungen zwischen den Unternehmen, den privaten Haushalten und dem Staat. Neben der theoretischen Durchdringung der maßgeblichen ökonomischen Sachverhalte und Zusammenhänge geht es dabei um die Erarbeitung von Konzepten für eine zielgerichtete Wirtschaftspolitik. Von daher arbeitet die Volkswirtschaftslehre stark mit theoretischen Modellen und Szenarien.

Der Studiengang Wirtschaftswissenschaft an wissenschaftlichen Hochschulen geht von der Überlegung aus, dass die Aufteilung der Studiengänge in BWL und VWL den Anforderungen des Arbeitsmarktes nicht gerecht wird, zumal es keine klar abgegrenzten Tätigkeiten für Hochschulabsolventen der BWL und VWL gibt. Außerdem steht eine frühzeitige Spezialisierung dem Trend entgegen, dass für Entscheidungen betriebliche Kenntnisse und die Fähigkeit, diese in einen gesamtwirtschaftlichen Zusammenhang einordnen zu können, benötigt werden.

Die Studiengänge BWL, VWL und Wirtschaftswirtschaft sind in der ersten Phase des Bachelorstudiums ähnlich aufgebaut: Die ersten drei oder vier Semester sollen grundlegende inhaltliche und methodische Kenntnisse und Fertigkeiten vermitteln, die Studierenden in die wirtschaftswissenschaftlichen Denkweisen einführen, die notwendigen instrumentellen Kenntnisse vermitteln und sie zu problemorientierter und kooperativer Arbeit befähigen. Kernfächer sind normalerweise Volkswirtschaftslehre und Betriebswirtschaftslehre, Betriebliches Rechnungswesen (Kostenrechnung und Bilanzen), Mathematik, Statistik, Rechtswissenschaft, EDV für Wirtschaftswissenschaftler und mancherorts auch gesellschaftswissenschaftliche Lehrveranstaltungen. Hinzu kommen Wahlpflichtmodule, die je nach Hochschule unterschiedlich sind, z. B. Fremdsprachen, Soziologie, Psychologie. Nach drei oder vier Semestern wird das Basis- oder Grundstudium abgeschlossen. Die Lehrveranstaltungen bestehen im Wesentlichen aus Vorlesungen und Übungen, die mit schriftlichen Prüfungen (Klausuren) abgeschlossen werden. In den letzten zwei oder drei Semestern des Bachelorstudiengangs erfolgt eine kleine Schwerpunktbildung. Abgeschlossen wird ein Bachelorstudiengang an Universitäten nach drei Jahren Studienzeit (sechs Semestern) mit dem Bachelor of Arts (B.A.) oder dem Bachelor of Science (B.Sc.). Die eigentliche Vertiefung und Spezialisierung ist dem anschließenden zweijährigen Masterstudium vorbehalten.

An den meisten Universitäten wird kein Praktikum vor Studienbeginn vorausgesetzt. Nur wenige Universitäten sehen dies bei BWL vor (Dauer: ca. ein bis drei Monate).

Die Ausrichtung des Faches Betriebswirtschaft an Fachhochschulen ist vergleichbar mit dem Universitätsstudium Betriebswirtschaftslehre. Analysiert werden die Bedingungen, unter denen Betriebe der Gütererzeugung, des Handels, der Kreditwirtschaft, des Verkehrs, der öffentlichen Hand und der Versicherungswirtschaft effektiv wirtschaften und planen. Auch hier stehen Fragen wie etwa Beschaffung von Rohstoffen und Betriebsmitteln, Produktion, Verkauf, Arbeit, Organisation und Unternehmensführung im Vordergrund der Ausbildung. Die Studierenden sollen sich das betriebswirtschaftliche Wissen für die spätere berufliche Praxis aneignen, betriebliche Lösungsansätze exemplarisch erarbeiten und auch das methodische Instrumentarium erlernen.

Die ersten zwei oder drei Semester sind ähnlich angelegt wie an der Universität und umfassen üblicherweise die Fächer Allgemeine Betriebswirtschaftslehre, Spezielle Betriebswirtschaftslehre, Volkswirtschaftslehre, Rechnungswesen, Steuerlehre, Marketing, Mathematik, Statistik, EDV, Recht und Wirtschaftsfremdsprachen. Zusätzlich werden Wahlpflichtmodule dem gewählten Studienschwerpunkt entsprechend belegt, überwiegend in Vorlesungen und Übungen. In den letzten zwei oder drei Semestern des Bachelors wird bereits ein kleiner Schwerpunkt gesetzt. Die eigentliche Vertiefung und Spezialisierung ist in den Masterstudiengängen vorgesehen.

Die meisten Fachhochschulen erwarten ein Vorpraktikum mit einer Dauer zwischen sechs Wochen und drei Monaten, das sich bei einer vorherigen einschlägigen Berufsausbildung erübrigt. In das Studium ist häufig ein Praxissemester integriert.

Die FH-Bachelorstudiengänge sind auf sechs oder auf sieben Semester angelegt. Ein Masterstudium an Fachhochschulen dauert weitere drei oder vier Semester. Verliehen werden entweder der Bachelor und Master of Arts (B.A. und M.A.) oder der Bachelor und Master of Science (B.Sc. und M.Sc.).

Was Berufstätigkeiten und Berufsperspektiven anbelangt, sind Wirtschaftswissenschaftler überall dort zu finden, wo es um wirtschaftliche Fragen, Geld und Organisation geht. Während die Betriebswirte überwiegend als Angestellte in der Industrie und in Dienstleistungsunternehmen arbeiten, sind Volkswirte stärker im öffentlichen Dienst sowie bei Banken und Versicherungen zu finden. Eine Zusatzqualifikation kann – meist nach einigen Jahren Berufstätigkeit – der Master of Business Administration (MBA) sein.

Die Wirtschaftswissenschaften bieten wie kaum eine andere Fächergruppe vielfältige Möglichkeiten der Selbstständigkeit und der Existenzgründung. Studiengänge wie BWL und Wirtschaftswissenschaft vermitteln das notwendige Rüstzeug bereits im Studium. Allerdings werden für einen erfolgreichen Start in die berufliche Selbstständigkeit auch ein tragfähiges Unternehmenskonzept und eine solide Finanzierung benötigt. Gute bis sehr gute Möglichkeiten bieten Berufstätigkeiten als Steuerberater, Wirtschaftsprüfer (jeweils nach mehrjähriger Berufserfahrung und einer Zusatzprüfung) sowie Unternehmensberater.

Weitere Informationen: Auf den Websites der Hochschulen, die wirtschaftswissenschaftliche Studiengänge anbieten. Diese können sehr gut recherchiert werden mit den Datenbanken der Studiengänge unter *www.studienwahl.de* und unter *www.hochschulkompass.de.*

Internationale Studiengänge

Im Zeitalter der Globalisierung gehört die internationale Kompetenz auf dem Arbeitsmarkt zu den wichtigsten Qualifikationen. Gute Fremdsprachenkenntnisse, Denken in globalen Strukturen sowie Sensibilität für andere gesellschaftliche, politische, soziale und kulturelle Systeme gehören wie selbstverständlich zum Anforderungsprofil in Stellenausschreibungen. Auslandsaufenthalte während des Studiums sind für viele Arbeitgeber ein Zeichen von Flexibilität, Mobilität und für internationale Orientierung.

Aus diesem Grund bieten die Hochschulen im Rahmen von Kooperationen eigenständige europäische oder international ausgerichtete Studiengänge an, bei denen neben entsprechenden Lehrangeboten ein Studienaufenthalt von zwei oder mehr Semestern an Partnerhochschulen im Ausland Bestandteil der Ausbildung ist. Die Studieninhalte sind zwischen den Hochschulpartnern abgestimmt. Studien- und Prüfungsleistungen werden auf das hiesige Studium angerechnet. Studiengebühren fallen in der Regel nicht an. Gute Kenntnisse in der jeweiligen Landessprache werden ebenso vorausgesetzt wie die Bereitschaft zu einem arbeitsintensiven Studium. Besonders attraktiv ist die Möglichkeit eines doppelten Studienabschlusses (deutscher Abschluss und ausländisches Examen) oder von Praktika bei ausländischen Unternehmen, die in das Studium integriert sind. Aber nicht alle diese Studiengänge bieten solche Möglichkeiten.

Die meisten internationalen Studiengänge gibt es im Bereich der Wirtschaftswissenschaften und hier vor allem an den Fachhochschulen. Auch haben viele Hochschulen, ohne einen eigenen internationalen Studiengang einzurichten, Austauschprogramme mit europäischen und mit außereuropäischen Hochschulpartnern, haben Schwerpunkte wie europäische Wirtschaft oder internationale Wirtschaftsbeziehungen in das Studienangebot aufgenommen und sogenannte fachspezifische Fremdsprachenkurse eingerichtet.

Eine besondere Qualifikation für den internationalen Arbeitsmarkt ist der Master of Business Administration, abgekürzt MBA. Dabei handelt es sich nicht um einen »normalen« Master, der nach dem Bachelor absolviert wird, sondern um ein Aufbaustudium, für das mehrere Jahre Berufstätigkeit Voraussetzung sind.

Darüber hinaus bieten Hochschulen Studiengänge an, die entweder von den Studieninhalten internationaler ausgerichtet sind als herkömmliche Studienangebote oder deren Unterrichtssprache Englisch ist. Diese Studienangebote geben die Möglichkeit, die Studienschwerpunkte internationaler zu fixieren, ohne hierfür im Ausland studiert zu haben, und hervorragende Fremdsprachenkenntnisse für den internationalen Arbeitsmarkt zu erwerben.

Wichtig: Internationale Studiengänge haben nur eine begrenzte Anzahl von Studienplätzen und sind sehr begehrt. Interessenten müssen in der Regel ein Auswahlverfahren an der Hochschule erfolgreich bestehen. Wird man in den Studiengang aufgenommen, ist die Teilnahme an Auslandssemestern, Auslandspraktika u. Ä. Bestandteil des Studienplans und man muss sich nicht noch einmal extra hierfür bewerben.

Weitere Informationen: Auf den Websites der Hochschulen, die diese Studiengänge anbieten. Alle Studiengänge können recherchiert werden in den Datenbanken der Studiengänge unter *www.studienwahl.de* und unter *www.hochschulkompass.de* (jeweils unter »Studienform« »Internationaler Studiengang« wählen).

Die Finanzen müssen stimmen: Studienfinanzierung

In diesem Kapitel werden folgende Fragen beantwortet:

1. Wie viel braucht ein Studierender durchschnittlich pro Monat für den Lebensunterhalt?

2. Welche Möglichkeiten der Studienfinanzierung gibt es?

3. Welche Vergünstigungen können Studierende in Anspruch nehmen?

4. Welche Versicherungen brauchen Studierende?

Wenn wir von den Studienkosten sprechen, meinen wir zum einen die Studiengebühren an den privaten Hochschulen und zum anderen die Ausgaben für den monatlichen Lebensunterhalt. Nach der 21. Sozialerhebung des Deutschen Studentenwerks stehen den Studierenden hierfür durchschnittlich 918 Euro im Monat zur Verfügung. Dieser Durchschnittsbetrag wird aber durch studentische »Spitzenverdiener« angehoben – etwa ein Fünftel der Studierenden verfügt über weniger als 670 Euro im Monat.

Nachdem man jetzt eine ungefähre Vorstellung von den Lebenshaltungskosten hat, stellt sich die Frage, wie man die anfallenden monatlichen Kosten decken kann. Am günstigsten ist sicherlich die alleinige Unterstützung durch gut verdienende Eltern. Diese bequeme und problemlose Art der Studienfinanzierung bleibt aber nur einer kleinen Anzahl von Studierenden vorbehalten. Die meisten Studierenden haben eine Mischfinanzierung: Sie bekommen Geld von den Eltern und verdienen sich das, was noch fehlt, durch gelegentliches Jobben hinzu. Oder sie erhalten eine Unterstützung durch die Eltern und ein Stipendium. Oder sie erhalten BAföG, einen kleinen Zuschuss von den Eltern und jobben zusätzlich in einem 450-Euro-Job.

Grundsätzlich entrichten alle Studierenden für jedes Semester den sogenannten **Sozialbeitrag** oder **Semesterbeitrag**. Dieses Geld wird für die studentische Selbstverwaltung, für das Studentenwerk (Wohnheime, Essensversorgung, Notdarlehen usw.) und für die studentische Unfallversicherung verwendet. Die an das Studentenwerk bei Studienbeginn oder bei der Rückmeldung zu jedem weiteren Semester abzuführenden Kosten liegen an einigen Hochschulen durchaus schon bei 200 bis 250 Euro, weil das Studentenwerk gleichzeitig das Geld für Verkehrsbetriebe mit einzieht, deren Einrichtungen (Busse, Straßenbahnen usw.) die Studierenden mit ihrem Studentenausweis nutzen können.

Staatliche Unterstützung: BAföG

Was ist BAföG?

BAföG ist die Abkürzung für **Bundesausbildungsförderungsgesetz**, mit dem unter bestimmten Umständen Studierenden eine finanzielle Unterstützung gewährt wird. Derzeit erhalten etwa 584000 Studierende BAföG, wobei der durchschnittliche BAföG-Förderungsbetrag 464 Euro pro Monat beträgt.

BAföG ist zur einen Hälfte ein Geschenk, zur anderen Hälfte ein Darlehen des Staates. Das Darlehen wird nicht verzinst, und die Gesamtdarlehnsbelastung ist auf 10000 Euro begrenzt. Bei einem durch BAföG finanzierten Auslandsaufenthalt wird der Auslandszuschlag als nicht zurückzahlbarer Zuschuss gezahlt.

Wer hat Anspruch auf BAföG?

Grundsätzlich alle deutschen Studierenden, die an einer deutschen Hochschule ordnungsgemäß immatrikuliert sind, und Ausländer mit einer langfristigen Bleibeperspektive. Bei Ausbildungsbeginn dürfen BAföG-Bewerber das 30. Lebensjahr noch nicht vollendet haben (beim Masterstudium das 35. Lebensjahr). Es gibt aber mehrere Ausnahmen (Bewerber, die über den zweiten Bildungsweg kommen; Bewerber, die durch langjährige Berufstätigkeit einen Studienplatz bekommen haben; Bewerber, die durch Krankheit oder Kindererziehung ein Studium nicht früher aufnehmen konnten). Ob jemand Anspruch auf Leistungen hat, hängt davon ab, wie gut oder schlecht die Einkommens- und Vermögenssituation der Eltern ist, wie groß die Familie ist und ob der Antragsteller bei den Eltern wohnt oder außerhalb des Wohnortes untergebracht ist. Auch eigenes Vermögen des Antragsstellers wird berücksichtigt und Einkommen / Vermögen des Ehepartners.

Das System der Einkommens- und Vermögensermittlung mit seinen Freibeträgen, Zuschlägen und Anrechnungsbeträgen ist sehr kompliziert und ändert sich von Jahr zu Jahr. Verfügen die Eltern nur über ein durchschnittliches Einkommen oder sind mehrere Kinder im studierfähigen Alter, ist die Chance, BAföG zu bekommen, erheblich höher als bei einem hohen oder bei zwei Einkommen.

Leistungen können auch unabhängig vom Einkommen der Eltern erfolgen, wenn eine der folgenden Bedingungen erfüllt ist: fünfjährige Erwerbstätigkeit nach dem 18. Lebensjahr oder insgesamt sechs Jahre Ausbildungs- und Berufstätigkeit (drei Jahre Berufsausbildung, drei Jahre Erwerbstätigkeit).

Wie hoch sind die BAföG-Leistungen?

Der derzeitige Förderungshöchstbetrag beträgt für Studierende, die nicht bei den Eltern leben, 735 Euro. Das ist der sogenannte BAföG-Höchstsatz. Es gibt aber auch viele Studierende, die nur 300 oder 400 Euro pro Monat erhalten. Studierende Eltern erhalten zusätzlich einen Kinderbetreuungszuschlag von 130 Euro pro Monat für jedes Kind.

Die Finanzierung eines Auslandsaufenthaltes während des Studiums ist möglich, wenn der Aufenthalt für das Studium förderlich ist und wenn Studienleistungen, die dort erbracht wurden, auf das hiesige Studium angerechnet werden können. In diesem Fall kommen folgende Leistungen hinzu: Auslandszuschlag je nach Land (zwischen 50 und 450 Euro, evtl. anfallende Studiengebühren bis zu 4 500 Euro pro Studienjahr, Zuschuss zu den Reisekosten, Krankenversicherung, zusätzliche Aufwendungen). Die Auslandsförderung ist ein Zuschuss und braucht später nicht zurückgezahlt zu werden.

Die BAföG-Förderung gilt nicht nur für das Inland. Studierende, die im EU-Ausland oder der Schweiz ein Studium aufnehmen wollen, können auch dort vom ersten Semester an nach den BAföG-Inlandssätzen gefördert werden.

Ein Studium außerhalb der EU kann zunächst bis zu einem Jahr und maximal bis zu fünf Semestern gefördert werden.

Wie lange wird BAföG gezahlt?

BAföG wird nur für einen bestimmten Zeitraum gezahlt. Dieser orientiert sich an der in der Studien- und Prüfungsordnung festgelegten »Regelstudienzeit« eines Studiengangs, was für Bachelorstudierende an Universitäten meistens eine sechssemestrige Förderung und für Bachelorstudierende an Fachhochschulen eine sechs- oder siebensemestrige bedeutet. Das Studium in Masterstudiengängen wird gefördert, wenn vorher ein Bachelorstudiengang absolviert wurde.

Wer sein Studienfach wechselt, erhält nur dann eine Weiterförderung, wenn der Wechsel aus einem »wichtigen Grund« vorgenommen wurde und frühzeitig, das heißt bis zum Beginn des 4. Fachsemesters, erfolgte.

Wann stellt man den BAföG-Antrag?

Diese Frage ist leicht zu beantworten – so früh wie möglich, da die Bearbeitung der Anträge gerade zu Beginn des Semesters längere Zeit in Anspruch nimmt. Auf alle Fälle sollte der Antrag vor Studienbeginn und spätestens in dem Monat gestellt werden, in dem die Ausbildung beginnt: zu Beginn des Wintersemesters im Oktober (Universitäten) oder im September (Fachhochschulen) und zu Beginn des Sommersemesters im April (Universitäten) oder März (Fachhochschulen). Wer seinen Antrag verspätet stellt, erhält kein Geld rückwirkend.

Wie ist das mit der Rückzahlung des Darlehens?

Die Rückzahlung des Darlehens beginnt fünf Jahre nach Ende der Förderhöchstdauer (nicht nach Ende des Studiums). Die letzte Rate muss spätestens nach 20 Jahren gezahlt sein. Die monatliche Mindestrate beträgt derzeit 105 Euro, die an das Bundesverwaltungsamt (s. unter *www.bundesverwaltungsamt.de*) überwiesen werden muss. Bei Wohnungswechsel oder Namenswechsel sollte dies direkt mitgeteilt werden, weil ansonsten auf Kosten des Darlehensschuldners die neue Anschrift ermittelt wird (Bundesverwaltungsamt, 50728 Köln oder E-Mail: *bafoeg@bva.bund.de* oder über *www.bafoegonline.bva.bund.de*).

Weil nicht alle fünf Jahre nach nach dem Ende der Förderhöchstdauer einen gut bezahlten Arbeitsplatz gefunden haben, besteht bei niedrigem Einkommen die Möglichkeit, sich von der Rückzahlungsverpflichtung befreien zu lassen.

Wo erhält man weitergehende Informationen?

An allen Hochschulen gibt es BAföG-Ämter, in der Regel als eine Abteilung des Studentenwerkes. Sie geben auch gerne vor Studienbeginn Auskunft darüber, ob ein Antrag auf BAföG-Förderung Aussicht auf Erfolg hat. Die Adressen der Studentenwerke sind unter *www.studentenwerke.de* zu finden, ebenso detaillierte Informationen zu allen Aspekten des BAföG (Freibeträge, Auslands-BAföG etc.).

Für Begabte und Engagierte: Stipendienmöglichkeiten

Es gibt in Deutschland Einrichtungen, sogenannte Begabtenförderungswerke, die Stipendien an geeignete Studierende vergeben. Außerdem fördern sie Doktorarbeiten.

Die wichtigsten Begabtenförderungswerke, was die Anzahl der Stipendien anbelangt, sind die sechs politischen Stiftungen, die je einer Partei weltanschaulich nahestehen. Wir betonen »nahestehen«, weil sie nicht, wie viele glauben, zur jeweiligen Partei gehören, sondern mehr oder weniger unabhängig sind. Im Einzelnen handelt es sich um die **Konrad-Adenauer-Stiftung** (CDU), die **Friedrich-Ebert-Stiftung** (SPD), die **Friedrich-Naumann-Stiftung für die Freiheit** (FDP), die **Hanns-Seidel-Stiftung** (CSU), die **Heinrich-Böll-Stiftung** (Grüne) und die **Rosa-Luxemburg-Stiftung** (Die Linke). Daneben gibt es noch die **Studienstiftung des deutschen Volkes** und den Konfessionen nahestehende Förderungswerke: das **Cusanuswerk – Bischöfliche Studienförderung** (Katholische Kirche), das **Evangelische Studentenwerk Villigst** (Evangelische Kirche), das **Ernst-Ludwig Ehrlich-Studienwerk** (jüdische Studierende) und das Avicenna-Studienwerk (muslimische Studierende). Hinzu kommt die **Hans-Böckler-Stiftung** (Förderwerk des Deutschen Gewerkschaftsbundes) und die **Stiftung der Deutschen Wirtschaft – Studienförderwerk Klaus Murmann** (Arbeitgeber).

In der **Stiftung Begabtenförderung berufliche Bildung** werden Personen mit einer abgeschlossenen Ausbildung und mindestens zwei Jahren Berufserfahrung gefördert. Angesprochen werden besonders beruflich Begabte, die ihre Hochschulzugangsberechtigung nicht über das Abitur oder die Fachhochschulreife, sondern durch besondere Leistungen in der Ausbildung erworben haben (siehe *www.aufstiegsstipendium.de*).

Im Folgenden soll kurz erläutert werden, nach welchen Prinzipien die Begabtenförderungswerke ihre Stipendien vergeben. Diese sind unabhängig von den politischen oder weltanschaulichen Vorstellungen der jeweiligen Stiftung sehr ähnlich. Die Förderwerke erhalten ihre Mittel überwiegend aus staatlichen Zuschüssen, entscheiden aber selbst über die Verwendung der Mittel. Da es sich schließlich um Steuergelder handelt, sind sie angehalten, diese so effektiv wie möglich einzusetzen. Um von einer der Stiftungen gefördert zu werden, muss man nicht Mitglied der Partei sein, die hinter ihr steht. Die Zugehörigkeit zu irgendeiner politischen Partei ist auf der anderen Seite aber auch kein Ausschlussgrund für eine Förderung. Bei den Konfessionen nahestehenden Stiftungen sollte man nicht nur der jeweiligen Religionsgemeinschaft angehören, sondern seinen Glauben auch praktizieren. Alle Begabtenförderungswerke legen übereinstimmend Wert darauf, dass Personen gefördert werden, die nicht nur finanziell gefördert werden wollen, sondern auch an der Arbeit der Stiftung interessiert sind. So erwarten die Stiftungen, dass man entsprechende einführende und weiterführende Seminare besucht, Verbindungen zwischen den Stipendiaten unterhält, sich an der Bildungsarbeit aktiv beteiligt, sich später bei der Auswahl neuer Stipendiaten engagiert und sich generell auf Dauer der Stiftung verpflichtet fühlt.

Was Stipendiaten vorweisen sollten, kann vielfältig sein: Mitarbeit in der Jugendarbeit, im sozialen Bereich, in karitativen Organisationen, im Umweltschutz, in der kommunalen Politik, in der Hochschulpolitik, in Selbsthilfegruppen, in kirchlichen Organisationen, im Sport und bei vielem mehr. Natürlich wird nicht erwartet, dass man überall sein soziales, politisches oder kirchliches Engagement unter Beweis gestellt hat, aber es sollte schon deutlich werden, dass ein solches Interesse nicht nur theoretisch, sondern auch praktisch vorhanden ist.

Die Höhe der Stipendien ist überall ähnlich und entspricht etwa der BAföG-Förderung. Sie ist abhängig vom Einkommen und Vermögen der Eltern und des Studierenden. Auch das Einkommen des Ehepartners wird berücksichtigt.

Zu einem Grundbetrag von maximal 735 Euro pro Monat kommt noch eine sogenannte Studienkostenpauschale von 300 Euro pro Monat und für Verheiratete ein entsprechender Zuschlag hinzu (ca. 155 Euro), falls der Ehepartner bestimmte Einkommensgrenzen nicht überschreitet. Auch Auslandsaufenthalte zu Studienzwecken können finanziert werden.

Wer kann sich wie für ein Stipendium bewerben?

Grundsätzlich können sich alle Studierenden einer deutschen Hochschule unabhängig vom gewählten Studienfach bewerben. Üblich ist die Eigenbewerbung. Inzwischen ist bei der Studienstiftung des deutschen Volkes neben dem vorher ausschließlich praktizierten Vorschlagsverfahren jetzt auch die Eigenbewerbung möglich. Vorschlagsberechtigt sind der Direktor / die Direktorin der Schule nach dem Abitur und Hochschullehrer / -innen während des Studiums. Die Bewerbung bei der Hans-Böckler-Stiftung erfolgt über eine der im Deutschen Gewerkschaftsbund zusammengeschlossenen Einzelgewerkschaften. Bei der Stiftung der Deutschen Wirtschaft ist eine Bewerbung über einen Vertrauensdozenten der Stiftung erforderlich.

Die Mehrzahl der 13 Begabtenförderwerke fördert mittlerweile zum 1. Semester. Die Bewerbung erfolgt entweder zu bestimmten Terminen oder kann jederzeit stattfinden. Folgende Unterlagen werden üblicherweise erwartet: Ausgefüllte Formblätter (vorher anfordern oder von der Homepage herunterladen), Lebenslauf, Kopie des

Abiturzeugnisses, Immatrikulationsbescheinigung, Studienleistungen, zwei Gutachten von Hochschullehrern, Darstellung der wirtschaftlichen Situation.

Die eingereichten Unterlagen werden von der jeweiligen Stiftung im Hinblick auf die besonderen Förderrichtlinien durchgesehen. Es erfolgt eine Entscheidung, wer für nicht förderungswürdig erachtet wird (diejenigen erhalten einige Wochen oder Monate später ihre Unterlagen mit einem Schreiben der Stiftung zurück) und wer in die engere Auswahl kommt. Dieser Kreis erhält eine Einladung zu einem Vorstellungsgespräch, zumeist in Form eines mehrtägigen Auswahlseminars in einer Bildungsstätte der Stiftung. Wer die erste Hürde genommen hat, muss sich jetzt einem harten Auswahlverfahren unterwerfen. Auch wenn es hierbei von Stiftung zu Stiftung Unterschiede gibt, ist das Verfahren ähnlich und besteht aus schriftlichen und mündlichen Prüfungen sowie Einzel- und Gruppengesprächen. Nach Abschluss des Auswahlgesprächs geben die Prüfer eine Empfehlung ab, wer in den Kreis der Stipendiaten aufgenommen werden sollte. Üblich ist die Aufnahme für ein Jahr im Sinne einer Probeförderung. Über eine Weiterförderung wird später entschieden, wobei ein weiterhin erfolgreicher Studienverlauf eine wichtige Rolle spielt. Hierzu ist es üblich, dass die Stipendiaten der Stiftung einen Semesterbericht vorlegen. Im günstigen Fall wird man bis zum Ende der Förderhöchstdauer unterstützt. Diese orientiert sich am jeweiligen Studienfach und berücksichtigt einen Zeitrahmen, in dem man sein Studium abgeschlossen haben kann.

Wer schließlich für eine Förderung ausgewählt wurde, wird während des ganzen Studiums durch sogenannte Vertrauensdozenten an der Hochschule betreut.

Neben den Stipendien der Begabtenförderungswerke und der Stiftung Begabtenförderung berufliche Bildung gibt es seit 2011 das Deutschlandstipendium.

Dieses Stipendium wird vom Bund und privaten Geldgebern finanziert und bundesweit vergeben. Es wird einkommensunabhängig gewährt, nicht auf das BAföG angerechnet und beträgt 300 Euro im Monat. 150 Euro übernehmen private Förderer, die andere Hälfte der Bund. Die Hochschulen werben dabei Mittel von privaten Stiftern ein und zahlen den Gesamtbetrag anschließend an die Stipendiaten aus. Die Stipendien werden für mindestens zwei Semester und maximal bis zum Erreichen der Regelstudienzeit vergeben. Nach jedem Förderjahr prüft die Hochschule, ob die Förderkriterien noch erfüllt sind. Auch das Studium in Master- und Zweitstudiengängen wird unterstützt.

Antragsberechtigt sind Studierende aller Nationalitäten an deutschen Hochschulen. Neben herausragenden Schul- und / oder Studienleistungen wird von den Bewerberinnen und Bewerbern gesellschaftliches Engagement und die Bereitschaft, Verantwortung zu übernehmen, erwartet. Hierzu zählen etwa Aktivitäten in Vereinen oder in kirchlichen und politischen Organisationen. Auch besondere familiäre und soziale Gründe sollen bei der Auswahl einbezogen werden. Derzeit werden bundesweit etwa 26 000 Stipendien vergeben. Interessenten wenden sich für die Bewerbung an das zuständige Referat der Hochschule. Weitere Informationen sind unter *www.deutschlandstipendium.de* zu finden.

Neben diesen in ganz Deutschland vergebenen Stipendien gibt es weitere Stiftungen, die Stipendien vergeben:

- allgemein für Studierende
- für Studierende einzelner Fächer
- für Studierende an bestimmten Hochschulen
- für Studierende, die an einem bestimmten Hochschulort studieren
- für Studierende, die aus einer bestimmten Region stammen
- für Studierende einer bestimmten Konfession
- für Studierende, deren Eltern einer bestimmten Berufsgruppe angehören, usw.

Diese vielen – zumeist kleineren – Stiftungen, von denen es einige Hundert gibt und die in der Regel keine volle Studienförderung gewähren, sondern sachlich und zeitlich befristete Vorhaben wie z. B. eine Exkursion, einen Auslandsaufenthalt oder die Anfertigung einer Bachelor- oder Masterarbeit fördern, können sehr gut recherchiert werden unter: *www.stipendienlotse.de* oder *www.mystipendium.de*

Der Spagat: Studium und Jobben

Denjenigen, denen BAföG nicht zusteht, die keine Aussicht auf ein Stipendium haben und deren Eltern nicht in der Lage sind, jeden Monat mehrere hundert Euro für die Ausbildung ihrer Kinder auszugeben, bleibt nichts anderes übrig, als zu arbeiten. So gehen mittlerweile über 60 Prozent der Studierenden einer Erwerbstätigkeit nach. Die Frage, wie man einen gut bezahlten Job bekommt, ist nicht einfach zu beantworten. Auch studentische Jobs sind rar, und je nachdem, an welchem Ort man studiert, gibt es mehr oder weniger davon.

Um den Studierenden die Jobsuche zu erleichtern, haben die Arbeitsagenturen an den Hochschulorten eigene Arbeitsvermittlungen für Studierende eingerichtet, die

Tagesjobs und längere Beschäftigungsverhältnisse sowohl für die Semesterferien als auch für die Vorlesungszeit vermitteln. Vor allem in den Semesterferien werden Aushilfskräfte vielerorts benötigt.

Im Allgemeinen ist es leichter, eine Arbeit zu finden, wenn fachliche Qualifikationen vorhanden sind. Gefragt sind vor allem Fähigkeiten im Tastaturschreiben und Beherrschung der MS-Office-Programme (Word, Excel, Powerpoint).

Was Studierende sonst alles tun oder besser gesagt tun müssen, um ihr Studium zu finanzieren, ist vielfältig: Arbeit im Restaurant oder Café, in der Fabrik und an der Tankstelle, als Zeitungsausträger, bei Umzügen und auf dem Bau, als Babysitter, Stadtführer, Aufpasser in Museen oder an der Kasse eines Supermarktes. In Hochschulstädten, in denen der Anteil der Studierenden an der Gesamtbevölkerung sehr hoch ist, gibt es kaum eine Tätigkeit, die nicht von Studenten ausgeübt wird.

Auch an den Hochschulen gibt es studentische Jobs, die sowohl für den Geldbeutel als auch für die Ausbildung lohnend sind. Es handelt sich um sogenannte Tutorenoder studentische Hilfskraftstellen. Unter der Leitung einer Hochschullehrerin oder eines Hochschullehrers darf man Hilfsarbeiten im Forschungs- und Lehrbetrieb ausführen. Solche Stellen sind sehr begehrt und entsprechend rar. Für Studienanfänger kommen sie kaum infrage, da sie zumeist an Studierende vergeben werden, die einen Teil ihres Studiums erfolgreich abgeschlossen haben.

Mancher Euro lässt sich einsparen: Vergünstigungen für Studierende

Der Status als Student/-in bringt eine Reihe von finanziellen Vorteilen. Manchen Zeitgenossen erscheinen diese Vergünstigungen so groß, dass sie von einer vom Staat privilegierten Gruppe sprechen. Diese Ansicht ist zweifellos einseitig und unhaltbar. Da Studierende, im Gegensatz zu Auszubildenden, keine Ausbildungsvergütung bekommen und bei vielen die Studienfinanzierung auf unsicheren Beinen steht und selbst bei einer vollen Finanzierung durch die Eltern die Abhängigkeit groß ist, brauchen Studierende Vergünstigungen, die andere Gruppen der Gesellschaft nicht benötigen.

Der Nachweis für den Status als Student/-in ist der Studentenausweis. Mit diesem Ausweis sind eine Reihe von Vorteilen verbunden, die man erst einmal nicht vermuten würde:

- Man hat die Berechtigung, sich für ein studentisches Wohnheimzimmer oder Apartment zu bewerben, das preislich günstiger ist als Zimmer oder Wohnungen auf dem freien Wohnungsmarkt.

- Bei Vorlage des Studentenausweises kann man in der Mensa und in den Cafeterien der Hochschule preisgünstiger essen und trinken, als dies in einem Restaurant möglich ist.
- Mit dem Studentenausweis wird an einigen Hochschulen die Berechtigung erworben, mit Zahlung des Sozialbeitrags (s. S. 165 f.) kostenfrei die Verkehrsmittel im und rund um den Hochschulort zu nutzen.
- An fast allen Hochschulorten gibt es für Studierende ermäßigte Preise für Theater, Konzerte, Museen und mancherorts auch fürs Kino.
- Wer einen Studentenausweis hat, kann sich einen Internationalen Studentenausweis ausstellen lassen, der viele Vorteile bei Reisen im Ausland bringt.
- Studierende können die Sporteinrichtungen der Hochschule kostenfrei oder gegen geringe Gebühr nutzen.
- Es gibt Kreditinstitute, die die Konten ihrer studentischen Kunden kostenfrei oder gegen geringere Gebühr führen.
- Manche Zeitungs- und Zeitschriftenverlage bieten preisgünstige Studentenabonnements an.
- Die studentische Kranken- und Pflegeversicherung ist preislich günstiger als die Tarife für Berufstätige.
- Jeder Student und BAföG-Empfänger kann sich von seinem Rundfunkbeitrag befreien lassen, ebenso zahlen studentische Wohngemeinschaften nur einmal den Rundfunkbeitrag.
- In manchen Städten besteht für Studierende die Möglichkeit, einen sogenannten Sozialausweis zu beantragen, mit dem man innerhalb der Stadt weitere Vergünstigungen hat.

Wir dürfen auch eine Vergünstigung nicht vergessen, die so selbstverständlich ist, dass man sie nicht als Vergünstigung ansieht: Die Tatsache nämlich, dass in einer Stadt Studenten studieren und leben, führt dazu, dass Geschäfte auf studentische Geldbeutel zugeschnittene Waren und Dienstleistungen anbieten, die es in Orten ohne Studierende nicht gibt.

Nur im Notfall: Studienkredite

Studierende im Erststudium können zur Finanzierung ihrer Lebenshaltungskosten den **Studienkredit der KfW-Förderbank** in Anspruch nehmen und einen monatlichen Kredit von 100 bis 650 Euro beantragen. Er ist in der Regel auf maximal zehn Fachsemester beschränkt. Die KfW-Förderbank bietet den Studienkredit allen Studierenden zum gleichen Zinssatz an – unabhängig vom Studienfach, Studienort, von den bisherigen Studienleistungen, einem möglichen eigenen Einkommen oder dem Einkommen der Eltern oder des Ehepartners. Sicherheiten brauchen nicht gestellt zu werden. Der Zinssatz des KfW-Studienkredits ist variabel und wird halbjährlich neu festgelegt. Die Rückzahlung des Kredits erfolgt nach Eintritt in das Berufsleben in monatlichen Raten, die bis auf maximal 25 Jahre gestreckt werden können. Die Rückzahlung beginnt frühestens sechs, spätestens 23 Monate nach der letzten Auszahlung. Möglich ist auch eine außerplanmäßige Rückzahlung. Weiterhin ist eine Kombination mit anderen Studienfinanzierungsformen, wie etwa BAföG, möglich.

Antragsberechtigt sind Personen, die volljährig sind und bei Finanzierungsbeginn nicht älter als 30 Jahre. Sie müssen Vollzeitstudierende an einer staatlichen oder staatlich anerkannten Hochschule mit Sitz in Deutschland sein. Bedingung ist auch eine positive Schufa-Auskunft.

Weitere Informationen: *www.kfw-foerderbank.de* (Pfad »Für Privatpersonen«, dann »Studieren & Qualifizieren«).

Auch andere Kreditinstitute vergeben Studienkredite, wobei die meisten sich bei ihrem Angebot auf Studierende einer Hochschule oder einer Region oder auf Studierende bestimmter Fachrichtungen konzentrieren. Die Entscheidung für oder gegen einen Kredit sollte nicht überstürzt werden. Studierende sollten vorab prüfen, ob sie für BAföG, ein Stipendium oder für den staatlichen KfW-Studienkredit infrage kommen. Das Centrum für Hochschulentwicklung Gütersloh erstellt in regelmäßigen Abständen aktuelle Kreditvergleiche. Sehen Sie hierzu nach unter *www.CHE-Studienkredit-Test.de.*

Standard genügt: Versicherungen für Studierende

Nach den gesetzlichen Bestimmungen müssen alle Studierenden krankenversichert sein. Dafür stehen vier Möglichkeiten offen:

1. Kostenlose Mitversicherung in der gesetzlichen Krankenversicherung der Eltern (oder des Ehepartners). Diese Möglichkeit der sogenannten Familienversicherung besteht aber nur bis zum 25. Lebensjahr. Wer über seinen Ehepartner oder eingetragenen Lebenspartner versichert ist, für den gilt die Altersgrenze nicht. Studierende dürfen hierbei bestimmte Verdienstgrenzen beim Jobben nicht überschreiten. In einem Minijob etwa darf der Verdienst nicht höher als 450 Euro im Monat liegen.

2. Eigene studentische Krankenversicherung bei einem gesetzlichen Krankenversicherungsunternehmen. Die Kosten betragen pro Monat derzeit 66,33 Euro. Hinzu kommen Beiträge zur Pflegeversicherung von 15,25 Euro pro Monat (ab 23 Jahren 16,87 Euro, sofern die Versicherten kinderlos sind). Eine solche Versicherung kann bis zum Ende des 14. Fachsemesters oder bis zur Vollendung des 30. Lebensjahres genutzt werden.

3. Hat man die Altershöchstgrenze der gesetzlichen Krankenversicherung überschritten, besteht die Möglichkeit, sich im direkten Anschluss bis zu sechs Monate weiterzuversichern. Der Tarif richtet sich nach der finanziellen Leistungsfähigkeit des freiwilligen Mitglieds (derzeit etwa bei einem Einkommen unter 968 Euro brutto monatlich 98,96 Euro Krankenversicherung und 25,18 Euro Pflegeversicherung).

4. Eigene studentische Versicherung bei einem privaten Krankenversicherungsunternehmen. Die Kosten pro Monat sind abhängig von verschiedenen Faktoren, u. a. dem Eintrittsalter, dem gewählten Leistungsumfang und der Selbstbeteiligung. Hinzu kommt noch die Pflegeversicherung.

Studierende, die bis zum Beginn des Studiums Mitglied einer privaten Krankenversicherung waren, müssen sich zu Beginn des Studiums entscheiden, ob sie sich für die Dauer des Studiums bei einer gesetzlichen Krankenversicherung oder weiter privat versichern wollen. Diese Entscheidung gilt für die Dauer des Studiums und ist nicht widerrufbar.

Studierende, die während der Vorlesungszeit mehr als 20 Stunden pro Woche arbeiten oder den Jahresgrundfreibetrag (2018: 9 000 Euro) überschreiten, können studentische Tarife nicht in Anspruch nehmen und müssen die Arbeitnehmerbeiträge entrichten.

Studierende sind über den Sozialbeitrag oder Semesterbeitrag (s. S. 165 f.) im Rahmen der studentischen Unfallversicherung gegen Unfälle in der Hochschule, auf dem Weg zur Hochschule und auf dem Weg von der Hochschule nach Hause sowie (unter bestimmten Umständen) bei Familienheimfahrten versichert. Die Leistungen umfassen die Kosten der Heilbehandlung und der Rehabilitation sowie im schlimmsten Fall eine Rente.

Weitere Zwangsversicherungen bestehen normalerweise nicht. Haftpflicht-, Hausratversicherungen usw. sind freiwillig.

Für BAföG und Unterkunft:
Die Studentenwerke

Die Studentenwerke sind zuständig für alle sozialen Belange der Studierenden. Zu ihren Aufgaben gehören die Vergabe von eigenen Wohnheimzimmern, Apartments und Wohnungen, Vermittlung von Privatzimmern und Wohnungen auf dem freien Wohnungsmarkt, Unterhaltung von Mensen und Cafeterien und die Betreuung von besonderen Gruppen, z. B. von Studierenden mit Kindern und behinderten Studierenden. Wer einen Platz in einem Studentenwohnheim sucht, sollte bereits mehr als ein halbes Jahr vor dem Studienbeginn die Bewerbung starten. Vielerorts bestehen Wartelisten oder die Zimmer werden verlost. Die Bewerbung für das Wintersemester sollte in der Regel bis spätestens 15. Juni, für das Sommersemester bis zum 15. Dezember eingehen. Wenden Sie sich direkt an die Wohnheimverwaltung des für Sie zuständigen Studentenwerks und bewerben sich für einen Wohnheimplatz. Die meisten Studentenwerke stellen ihre Wohnheime auch auf der Homepage vor, was besonders hilfreich ist, wenn man in der Bewerbung Präferenzen für ein bestimmtes Heim äußern kann.

Der ideale Zeitraum für die Suche nach einem Zimmer oder einer entsprechenden Wohnung auf dem freien Wohnungsmarkt ist die vorlesungsfreie Zeit, da Studierende im Falle eines Ortswechsels oder bei Studienabschluss meistens zum Ende der Vorlesungszeit ihre Räumlichkeiten aufgeben: Also Suche im August oder im März unter Zuhilfenahme der Wohnraumvermittlung des Studentenwerks.

Bei den Studentenwerken ist ebenfalls eine andere wichtige Abteilung zu finden: das Amt für Ausbildungsförderung, auch BAföG-Amt genannt. Hier kann schon vor Studienbeginn in Erfahrung gebracht werden, ob ein Antrag auf BAföG Aussicht auf Erfolg haben wird oder nicht. Nicht vergessen: Ein BAföG-Antrag sollte nicht erst im ersten Studienmonat gestellt werden, sondern mehrere Wochen zuvor, da die Mitarbeiter des Studentenwerks erfahrungsgemäß zu Studienbeginn besonders überlastet sind. Rückwirkend wird BAföG nicht gezahlt.

Alle 58 Studentenwerke sind unter *www.studentenwerke.de* zu finden. Ein Studentenwerk betreut häufig mehrere Studienorte und Hochschulen. In welchen Zuständigkeitsbereich die eigene Zielhochschule fällt, erfährt man auf der Hochschul-Website.

Die deutschen Hochschulen im Überblick
(alphabetisch nach Hochschularten, einschließlich Internetadressen)

Nachfolgend finden Sie eine Liste der deutschen Hochschulen mit Internetadressen.
Die erste Anlaufstelle ist die jeweilige **Zentrale Studienberatung**, mancherorts heißt sie auch **Allgemeine Studienberatung**. Sie informiert über alle angebotenen Studienfächer der Hochschule, aber auch über Studienfinanzierung und Praktika.
Weitere wichtige Anlaufstellen der Hochschulen sind das Studierendensekretariat (für Bewerbung und Einschreibung), das BAföG-Amt (für die Studienförderung), die Wohnheimverwaltung des Studentenwerks (für Unterkunft) und die Fachstudienberatungen.

Universitäten

Universität **Augsburg**
www.uni-augsburg.de

Otto-Friedrich-Universität **Bamberg**
www.uni-bamberg.de

Universität **Bayreuth**
www.uni-bayreuth.de

Freie Universität **Berlin**
www.fu-berlin.de

Humboldt-Universität zu **Berlin**
www.hu-berlin.de

Universität **Bielefeld**
www.uni-bielefeld.de

Ruhr-Universität **Bochum**
www.ruhr-uni-bochum.de

Rheinische Friedrich-Wilhelms-
Universität **Bonn**
www.uni-bonn.de

Universität **Bremen**
www.uni-bremen.de

Technische Universität **Dresden**
www.tu-dresden.de

Universität **Duisburg-Essen**
www.uni-due.de

Heinrich-Heine-Universität
Düsseldorf
www.uni-duesseldorf.de

Universität **Erfurt**
www.uni-erfurt.de

Friedrich-Alexander-Universität
Erlangen-Nürnberg
www.uni-erlangen.de

Universität **Flensburg**
www.uni-flensburg.de

Johann Wolfgang Goethe-Universität
Frankfurt am Main
www.uni-frankfurt.de

Europa-Universität Viadrina
Frankfurt (Oder)
www.europa-uni.de

Albert-Ludwigs-Universität **Freiburg**
www.uni-freiburg.de

Justus-Liebig-Universität **Gießen**
www.uni-giessen.de

Georg-August-Universität **Göttingen**
www.uni-goettingen.de

Ernst-Moritz-Arndt-Universität
Greifswald
www.uni-greifswald.de

Martin-Luther-Universität
Halle-Wittenberg
www.uni-halle.de

Universität **Hamburg**
www.uni-hamburg.de

HafenCity Universität **Hamburg**
– Universität für Baukunst und
Metropolenentwicklung
www.hcu-hamburg.de

Gottfried Wilhelm Leibniz Universität
Hannover
www.uni-hannover.de

Medizinische Hochschule **Hannover**
www.mh-hannover.de

Stiftung Tierärztliche Hochschule
Hannover
www.tiho-hannover.de

Universität **Heidelberg**
www.uni-heidelberg.de

Hochschule für Jüdische Studien
Heidelberg
www.hfjs.eu

Stiftung Universität **Hildesheim**
www.uni-hildesheim.de

Universität Hohenheim **(Stuttgart)**
www.uni-hohenheim.de

Friedrich-Schiller-Universität **Jena**
www.uni-jena.de

Universität **Kassel**
www.uni-kassel.de

Christian-Albrechts-Universität zu **Kiel**
www.uni-kiel.de

Universität **Koblenz-Landau**
www.uni-koblenz-landau.de

Universität zu **Köln**
www.uni-koeln.de

Universität **Konstanz**
www.uni-konstanz.de

Universität **Leipzig**
www.uni-leipzig.de

Universität zu **Lübeck**
www.uni-luebeck.de

Leuphana Universität **Lüneburg**
www.leuphana.de

Otto-von-Guericke-Universität
Magdeburg
www.uni-magdeburg.de

Johannes Gutenberg-Universität
Mainz
www.uni-mainz.de

Universität **Mannheim**
www.uni-mannheim.de

Philipps-Universität **Marburg**
www.uni-marburg.de

Ludwig-Maximilians-Universität
München
www.uni-muenchen.de

Hochschule für Politik **München** an
der Technischen Universität München
www.hfpm.de

Westfälische Wilhelms-Universität
Münster
www.uni-muenster.de

Carl von Ossietzky Universität
Oldenburg
www.uni-oldenburg.de

Universität **Osnabrück**
www.uni-osnabrueck.de

Universität **Paderborn**
www.uni-paderborn.de

Universität **Passau**
www.uni-passau.de

Universität **Potsdam**
www.uni-potsdam.de

Universität **Regensburg**
www.uni-regensburg.de

Universität **Rostock**
www.uni-rostock.de

Universität des Saarlandes
(Saarbrücken und Homburg / Saar)
www.uni-saarland.de

Universität **Siegen**
www.uni-siegen.de

Deutsche Universität für
Verwaltungswissenschaften **Speyer**
www.uni-speyer.de

Universität **Stuttgart**
www.uni-stuttgart.de

Universität **Trier**
www.uni-trier.de

Eberhard-Karls-Universität **Tübingen**
www.uni-tuebingen.de

Universität **Ulm**
www.uni-ulm.de

Universität **Vechta**
www.uni-vechta.de

Bauhaus-Universität **Weimar**
www.uni-weimar.de

Bergische Universität **Wuppertal**
www.uni-wuppertal.de

Julius-Maximilians-Universität
Würzburg
www.uni-wuerzburg.de

Technische Universitäten

Rheinisch-Westfälische Technische
Hochschule **Aachen**
www.rwth-aachen.de

Technische Universität **Berlin**
www.tu-berlin.de

Technische Universität **Braunschweig**
www.tu-braunschweig.de

Technische Universität **Chemnitz**
www.tu-chemnitz.de

Technische Universität **Clausthal**
www.tu-clausthal.de

Brandenburgische Technische
Universität **Cottbus-Senftenberg**
www.b-tu.de

Technische Universität **Darmstadt**
www.tu-darmstadt.de

Technische Universität **Dortmund**
www.tu-dortmund.de

Technische Universität **Dresden**
www.tu-dresden.de

Technische Universität Bergakademie
Freiberg
www.tu-freiberg.de

Technische Universität
Hamburg-Harburg
www.tuhh.de

Technische Universität **Ilmenau**
www.tu-ilmenau.de

Technische Universität **Kaiserslautern**
www.uni-kl.de

Karlsruher Institut für Technologie
(KIT)
www.kit.edu

Technische Universität **München**
www.tum.de

Internationales Hochschulinstitut
Zittau
www.ihi-zittau.de

Fachhochschulen

Fachhochschule **Aachen** –
University of Applied Sciences
www.fh-aachen.de

Hochschule **Aalen** – Technik und
Wirtschaft
www.hs-aalen.de

Hochschule **Albstadt-Sigmaringen**
www.hs-albsig.de

Ostbayerische Technische Hochschule
Amberg-Weiden
www.oth-aw.de

Hochschule für angewandte
Wissenschaften **Ansbach**
www.hs-ansbach.de

Hochschule **Aschaffenburg**
www.h-ab.de

Hochschule **Augsburg**
www.hs-augsburg.de

Alice Salomon Hochschule **Berlin**
www.ash-berlin.eu

Hochschule für Technik und Wirtschaft
Berlin
www.htw-berlin.de

Hochschule für Wirtschaft und Recht
Berlin
www.hwr-berlin.de

Beuth Hochschule für Technik **Berlin**
www.beuth-hochschule.de

Hochschule **Biberach**. Biberach
University of Applied Sciences
www.hochschule-biberach.de

Fachhochschule **Bielefeld**
www.fh-bielefeld.de

Technische Hochschule **Bingen**
www.th-bingen.de

Hochschule **Bochum**
www.hochschule-bochum.de

Hochschule für Gesundheit, **Bochum**
www.hs-gesundheit.de

Technische Hochschule **Brandenburg**
www.th-brandenburg.de

Ostfalia – Hochschule für angewandte
Wissenschaften – Hochschule
Braunschweig / Wolfenbüttel
www.ostfalia.de

Hochschule **Bremen**
www.hs-bremen.de

Hochschule **Bremerhaven**
www.hs-bremerhaven.de

Hochschule für angewandte
Wissenschaften **Coburg**
www.hs-coburg.de

Hochschule **Darmstadt**
www.h-da.de

Technische Hochschule **Deggendorf**
www.th-deg.de

Fachhochschule **Dortmund**
www.fh-dortmund.de

Hochschule für Technik und Wirtschaft
Dresden
www.htw-dresden.de

Fachhochschule **Düsseldorf**
www.fh-duesseldorf.de

Hochschule für nachhaltige
Entwicklung **Eberswalde**
www.hnee.de

Hochschule **Emden / Leer**
www.hs-emden-leer.de

Fachhochschule **Erfurt**
www.fh-erfurt.de

Hochschule **Esslingen**
www.hs-esslingen.de

Fachhochschule **Flensburg**
www.fh-flensburg.de

Frankfurt University of Applied
Sciences
www.frankfurt-university.de

Hochschule Weihenstephan-Triesdorf,
Freising
www.hswt.de

Hochschule **Fulda**
www.hs-fulda.de

Hochschule **Furtwangen**
www.hs-furtwangen.de

Westfälische Hochschule
**(Gelsenkirchen, Bocholt,
Recklinghausen)**
www.w-hs.de

Duale Hochschule **Gera-Eisenach**
www.dhge.de

Technische Hochschule Mittelhessen,
Gießen
www.thm.de

Hochschule für Angewandte
Wissenschaften **Hamburg**
www.haw-hamburg.de

Hochschule **Hamm-Lippstadt**
www.hshl.de

Hochschule **Hannover**
www.hs-hannover.de

Fachhochschule Westküste –
Hochschule für Wirtschaft
und Technik, **Heide**
www.fh-westkueste.de

Duale Hochschule Baden-
Württemberg – **Heidenheim**
www.dhbw-heidenheim.de

Hochschule **Heilbronn** – Technik,
Wirtschaft, Informatik
www.hs-heilbronn.de

Hochschule für angewandte
Wissenschaft und Kunst **Hildesheim /
Holzminden / Göttingen**
www.hawk-hhg.de

Hochschule für Angewandte
Wissenschaften **Hof**
www.hof-university.de

Technische Hochschule **Ingolstadt**
www.thi.de

Fachhochschule Südwestfalen
**(Iserlohn, Hagen, Lüdenscheid,
Meschede, Soest)**
www.fh-swf.de

Ernst-Abbe-Hochschule **Jena**
www.eah-jena.de

Hochschule **Kaiserslautern**
www.fh-kl.de

Hochschule **Karlsruhe** – Technik und
Wirtschaft
www.hs-karlsruhe.de

Duale Hochschule Baden-
Württemberg – **Karlsruhe**
www.dhbw-karlsruhe.de

Hochschule für angewandte
Wissenschaften **Kempten**
www.hochschule-kempten.de

Fachhochschule **Kiel**
www.fh-kiel.de

Hochschule Rhein-Waal, **Kleve**
www.hochschule-rhein-waal.de

Hochschule **Koblenz**
www.hs-koblenz.de

Fachhochschule **Köln**
www.fh-koeln.de

Hochschule **Konstanz** Technik,
Wirtschaft und Gestaltung
www.htwg-konstanz.de

Hochschule Anhalt **(Köthen, Dessau,
Bernburg)**
www.hs-anhalt.de

Hochschule Niederrhein, **Krefeld**
www.hs-niederrhein.de

Hochschule für angewandte
Wissenschaften **Landshut**
www.haw-landshut.de

Hochschule für Technik, Wirtschaft
und Kultur **Leipzig**
www.htwk-leipzig.de

Hochschule Ostwestfalen-Lippe,
Lemgo
www.hs-owl.de

Fachhochschule **Lübeck**
www.fh-luebeck.de

Hochschule **Ludwigshafen** am Rhein
www.hs-lu.de

Hochschule **Magdeburg-Stendal**
www.hs-magdeburg.de

Fachhochschule **Mainz**
www.fh-mainz.de

Duale Hochschule Baden-
Württemberg – **Mannheim**
www.dhbw-mannheim.de

Hochschule **Mannheim**
www.hs-mannheim.de

Hochschule **Merseburg**
www.hs-merseburg.de

Hochschule **Mittweida**
www.hs-mittweida.de

Duale Hochschule Baden-
Württemberg **Mosbach**
www.dhbw-mosbach.de

Hochschule Ruhr West,
Mülheim an der Ruhr
www.hochschule-ruhr-west.de

Hochschule für angewandte
Wissenschaften **München**
www.hm.edu

Fachhochschule **Münster**
www.fh-muenster.de

Hochschule **Neubrandenburg**
www.hs-nb.de

Hochschule für angewandte
Wissenschaften **Neu-Ulm**
www.hs-neu-ulm.de

Hochschule **Nordhausen**
www.hs-nordhausen.de

Technische Hochschule **Nürnberg**
Georg Simon Ohm
www.th-nuernberg.de

Hochschule für Wirtschaft und Umwelt
Nürtingen-Geislingen
www.hfwu.de

Hochschule **Offenburg**
www.hs-offenburg.de

Hochschule **Osnabrück**
www.hs-osnabrueck.de

Hochschule für Künste im Sozialen,
Ottersberg
www.hks-ottersberg.de

Hochschule **Pforzheim**
www.hs-pforzheim.de

Fachhochschule **Potsdam**
www.fh-potsdam.de

Duale Hochschule Baden-Württemberg – **Ravensburg**
www.dhbw-ravensburg.de

Hochschule für Technik und Wirtschaft des Saarlandes, **Saarbrücken**
www.htwsaar.de

Hochschule Bonn-Rhein-Sieg, **Sankt Augustin**
www.h-brs.de

Fachhochschule **Schmalkalden**
www.fh-schmalkalden.de

Hochschule **Albstadt-Sigmaringen**
www.hs-albsig.de

Hochschule **Stralsund**
www.hochschule-stralsund.de

Hochschule der Medien **Stuttgart**
www.hdm-stuttgart.de

Duale Hochschule Baden-Württemberg – **Stuttgart**
www.dhbw-stuttgart.de

Hochschule für Technik **Stuttgart**
www.hft-stuttgart.de

Hochschule **Trier**
www.hochschule-trier.de

Hochschule **Ulm**
www.hs-ulm.de

Duale Hochschule Baden-Württemberg – **Villingen-Schwenningen**
www.dhbw-vs.de

Hochschule **Ravensburg-Weingarten**
www.hs-weingarten.de

Hochschule Rhein-Main **Wiesbaden Rüsselsheim**
www.hs-rm.de

Hochschule Harz, **Wernigerode**
www.hs-harz.de

Jade Hochschule **Wilhelmshaven / Oldenburg / Elsfleth**
www.jade-hs.de

Hochschule **Wismar**
www.hs-wismar.de

Hochschule **Worms**
www.hs-worms.de

Hochschule für angewandte Wissenschaften **Würzburg-Schweinfurt**
www.fhws.de

Technische Hochschule **Wildau**
www.th-wildau.de

Westsächsische Hochschule **Zwickau**
www.fh-zwickau.de

Hochschule **Zittau / Görlitz**
www.hszg.de

Kirchliche und Theologische Hochschulen

Evangelische Hochschule **Berlin**
www.eh-berlin.de

Katholische Hochschule für
Sozialwesen **Berlin**
www.khsb-berlin.de

Fachhochschule der Diakonie,
Bielefeld
www.fh-diakonie.de

Evangelische Hochschule Rheinland-
Westfalen-Lippe, **Bochum**
www.eh-bochum.de

Evangelische Hochschule **Darmstadt**
www.vh-darmstadt.de

Katholische Universität
Eichstätt-Ingolstadt
www.ku.de

Evangelische Hochschule für Soziale
Arbeit **Dresden**
www.ehs-dresden.de

Philosophisch-Theologische
Hochschule Sankt Georgen,
Frankfurt am Main
www.sankt-georgen.de

Evangelische Hochschule **Freiburg**
www.eh-freiburg.de

Katholische Hochschule **Freiburg**
www.kh-freiburg.de

Theologische Hochschule **Friedensau**
www.thh-friedensau.de

Theologische Fakultät **Fulda**
www.thf-fulda.de

Das Rauhe Haus – Evangelische
Hochschule für Soziale Arbeit &
Diakonie, **Hamburg**
www.ev-hochschule-hh.de

Katholische Hochschule Nordrhein-
Westfalen, **Köln (Münster,
Paderborn, Aachen)**
www.katho-nrw.de

Evangelische Hochschule
Ludwigsburg
www.eh-ludwigsburg.de

Katholische Hochschule **Mainz**
www.kh-mz.de

Evangelische Hochschule **Moritzburg**
www.eh-moritzburg.de

Hochschule für Philosophie **München**
www.hfph.de

Katholische Stiftungshochschule
München
www.ksh-muenchen.de

Philosophisch-Theologische
Hochschule **Münster**
www.pth-muenster.de

Augustana – Theologische Hochschule der Evangelisch-Lutherischen Kirche in Bayern, **Neuendettelsau**
www.augustana.de

Evangelische Hochschule **Nürnberg**
www.evhn.de

Lutherische Theologische Hochschule, **Oberursel**
www.lthh.de

Theologische Fakultät **Paderborn**
www.thf-paderborn.de

Philosophisch-Theologische Hochschule SVD **St. Augustin**
www.pth-augustin.eu

Philosophisch-Theologische Hochschule **Vallendar**
www.pthv.de

Kirchliche Hochschule **Wuppertal / Bethel** – Hochschule für Kirche und Diakonie
www.kiho-wb.de

Pädagogische Hochschulen

Pädagogische Hochschule **Freiburg**
www.ph-freiburg.de

Pädagogische Hochschule **Heidelberg**
www.ph-heidelberg.de

Pädagogische Hochschule **Karlsruhe**
www.ph-karlsruhe.de

Pädagogische Hochschule **Ludwigsburg**
www.ph-ludwigsburg.de

Pädagogische Hochschule **Schwäbisch Gmünd**
www.ph-gmuend.de

Pädagogische Hochschule **Weingarten**
www.ph-weingarten.de

Künstlerische Hochschulen

Alanus Hochschule für Kunst und
Gesellschaft, **Alfter**
www.alanus.edu

Hochschule für evangelische
Kirchenmusik der Evangelisch-
Lutherischen Kirche in Bayern,
Bayreuth
www.hfk-bayreuth.de

Hochschule für Musik »Hanns Eisler«
Berlin
www.hfm-berlin.de

Hochschule für Schauspielkunst
»Ernst Busch« **Berlin**
www.hfs-berlin.de

Universität der Künste **Berlin**
www.udk-berlin.de

Weißensee Kunsthochschule **Berlin**
www.kh-berlin.de

Hochschule für Bildende Künste
Braunschweig
www.hbk-bs.de

Hochschule für Künste **Bremen**
www.hfk-bremen.de

Hochschule für Musik **Detmold**
www.hfm-detmold.de

Hochschule für Bildende Künste
Dresden
www.hfbk-dresden.de

Hochschule für Kirchenmusik **Dresden**
www.kirchenmusik-dresden.de

Hochschule für Musik Carl Maria von
Weber **Dresden**
www.hfmdd.de

Palucca Hochschule für Tanz **Dresden**
www.palucca.eu

Robert-Schumann-Hochschule
Düsseldorf
www.rsh-duesseldorf.de

Kunstakademie **Düsseldorf**
www.kunstakademie-duesseldorf.de

Folkwang Universität der Künste, **Essen**
www.folkwang-uni.de

Staatliche Hochschule für Bildende
Künste – Städelschule,
Frankfurt am Main
www.staedelschule.de

Hochschule für Musik und Darstellende
Kunst **Frankfurt am Main**
www.hfmdk-frankfurt.info

Hochschule für Musik **Freiburg**
www.mh-freiburg.de

Evangelische Hochschule für
Kirchenmusik **Halle an der Saale**
www.ehk-halle.de

Burg Giebichenstein – Kunsthochschule
Halle
www.burg-halle.de

Hochschule für bildende Künste
Hamburg
www.hfbk-hamburg.de

Hochschule für Musik und Theater
Hamburg
www.hfmt-hamburg.de

Hochschule für Musik, Theater und
Medien **Hannover**
www.hmtm-hannover.de

Hochschule für Kirchenmusik
Heidelberg
www.hfk-heidelberg.de

Hochschule für Kirchenmusik der
Evangelischen Kirche von Westfalen,
Herford
www.hochschule-herford.de

Staatliche Akademie der Bildenden
Künste **Karlsruhe**
www.kunstakademie-karlsruhe.de

Staatliche Hochschule für Gestaltung
Karlsruhe
www.hfg-karlsruhe.de

Hochschule für Musik **Karlsruhe**
www.hfm-karlsruhe.de

Muthesius Kunsthochschule, **Kiel**
www.muthesius-kunsthochschule.de

Hochschule für Musik und Tanz **Köln**
www.hfmt-koeln.de

Kunsthochschule für Medien **Köln**
www.khm.de

Hochschule für Grafik und Buchkunst
Leipzig
www.hgb-leipzig.de

Hochschule für Musik und Theater
»Felix Mendelssohn Bartholdy«
Leipzig
www.hmt-leipzig.de

Musikhochschule **Lübeck**
www.mh-luebeck.de

Akademie für Darstellende Kunst
Baden-Württemberg, **Ludwigsburg**
www.adk-bw.de

Filmakademie Baden-Württemberg,
Ludwigsburg
www.filmakademie.de

Hochschule für Musik und Darstellende
Kunst **Mannheim**
www.muho-mannheim.de

Popakademie Baden-Württemberg,
Mannheim
www.popakademie.de

Akademie der Bildenden Künste
München
www.adbk.de

Hochschule für Fernsehen und Film
München
www.hff-muc.de

Hochschule für Musik und Theater
München
www.musikhochschule-muenchen.de

Kunstakademie **Münster** Hochschule
für Bildende Künste
www.kunstakademie-muenster.de

Akademie der Bildenden Künste in
Nürnberg
www.adbk-nuernberg.de

Hochschule für Musik **Nürnberg**
www.hfm-nuernberg.de

Hochschule für Gestaltung
Offenbach am Main
www.hfg-offenbach.de

Filmuniversität Babelsberg KONRAD
WOLF **Potsdam**
www.filmuniversitaet.de

Hochschule für katholische
Kirchenmusik und Musikpädagogik,
Regensburg
www.hfkm-regensburg.de

Hochschule für Musik und Theater
Rostock
www.hmt-rostock.de

Hochschule für Kirchenmusik der
Diözese **Rottenburg-Stuttgart**
www.kirchenmusik-hochschule.org

Hochschule der Bildenden Künste Saar,
Saarbrücken
www.hbksaar.de

Hochschule für Musik Saar,
Saarbrücken
www.hfm.saarland.de

Merz Akademie – Hochschule für
Gestaltung, Kunst und Medien
Stuttgart
www.merz-akademie.de

Staatliche Akademie der Bildenden
Künste **Stuttgart**
www.abk-stuttgart.de

Staatliche Hochschule für Musik und
Darstellende Kunst **Stuttgart**
www.mh-stuttgart.de

Hochschule für Gestaltung
Schwäbisch Gmünd
www.hfg-gmuend.de

Staatliche Hochschule für Musik
Trossingen
www.mh-trossingen.de

Hochschule für Musik FRANZ LISZT
Weimar
www.hfm-weimar.de

Hochschule für Kirchenmusik
Tübingen
www.kirchenmusikhochschule.de

Hochschule für Musik **Würzburg**
www.hfm-wuerzburg.de

Die deutsche Sporthochschule

Deutsche Sporthochschule **Köln**
www.dshs-koeln.de

Fernhochschulen (staatlich und privat)

FernUniversität in **Hagen**
www.fernuni-hagen.de

Hamburger Fern-Hochschule (HFH)
www.hfh-fernstudium.de

Apollon Hochschule der
Gesundheitswirtschaft, **Bremen**
www.apollon-hochschule.de

Allensbach Hochschule **Konstanz**
www.allensbach-hochschule.de

Wilhelm Büchner Hochschule,
Private Fernhochschule Darmstadt,
Pfungstadt
www.wb-fernstudium.de

SRH Fernhochschule – The Mobile
University, **Riedlingen**
www.mobile-university.de

AKAD Hochschule **Stuttgart**
www.akad.de

Europäische Fernhochschule **Hamburg**
www.euro-fh.de

Universitäten der Bundeswehr

Helmut-Schmidt-Universität –
Universität der Bundeswehr **Hamburg**
www.hsu-hh.de

Universität der Bundeswehr **München**
www.unibw.de

Private Hochschulen

accadis Hochschule **Bad Homburg**
www.accadis.com

IUBH Internationale Hochschule,
Bad Honnef
www.iubh.de

Diploma – Private staatliche anerkannte
Hochschule, **Bad Sooden-Allendorf**
www.diploma.de

bbw Hochschule, **Berlin**
www.bbw-hochschule.de

Design Akademie **Berlin** – SRH
Hochschule für Kommunikation und
Design
www.design-akademie-berlin.de

ESCP Europe Campus **Berlin**
www.escpeurope.eu

Hochschule für Medien,
Kommunikation und Wirtschaft
(HMKW), **Berlin**
www.hmkw.de

Mediadesign Hochschule für Design
und Informatik, **Berlin**
www.mediadesign.de

Medical School **Berlin**. Hochschule für
Gesundheit und Medizin
www.medicalschool-berlin.de

SRH Hochschule **Berlin**
www.srh-hochschule-berlin.de

Steinbeis-Hochschule **Berlin**
www.steinbeis-smi.de

Fachhochschule des Mittelstandes
(FHM), **Bielefeld**
www.fh-mittelstand.de

EBZ Business School, **Bochum**
www.ebz-business-school.de

Technische Hochschule Georg Agricola,
Bochum
www.thga.de

Jacobs University **Bremen**
www.jacobs-university.de

Europäische Fachhochschule **Rhein /
Erft, Brühl**
www.eufh.de

Hochschule 21, **Buxtehude**
www.hs21.de

International School of Management
(ISM), **Dortmund**
www.ism.de

Dresden International University (DIU)
www.di-uni.de

Fliedner Fachhochschule **Düsseldorf**
www.fliedner-fachhochschule.de

Nordakademie. Hochschule der
Wirtschaft, **Elmshorn**
www.nordakademie.de

Fachhochschule für Oekonomie &
Management, **Essen**
www.fom.de

Frankfurt School of Finance and
Management
www.frankfurt-school.de

Provadis School of International
Management and Technology AG,
Frankfurt am Main
www.provadis-hochschule.de

Zeppelin Universität, **Friedrichshafen**
www.zu.de

SRH Hochschule für Gesundheit, **Gera**
www.gesundheitshochschule.de

Private Fachhochschule **Göttingen**
www.pfh.de

Bucerius Law School. Hochschule für
Rechtswissenschaft, **Hamburg**
www.law-school.de

Hamburg School of Business (HSBA)
www.hsba.de

Medical School **Hamburg**. University
of Applied Sciences und Medical
University
www.medicalschool-hamburg.de

Northern Business School, **Hamburg**
www.nbs.de

SRH Hochschule für Logistik und
Wirtschaft, **Hamm**
www.fh-hamm.de

Hochschule Weserbergland, **Hameln**
www.hsw-hameln.de

Fachhochschule für die Wirtschaft
Hannover (FHDW)
www.fhdw-hannover.de

SRH Hochschule **Heidelberg**
www.hochschule-heidelberg.de

Hochschule Fresenius, **Idstein** (Köln,
Hamburg, München, Düsseldorf,
Frankfurt, Berlin und New York)
www.hs-fresenius.de

Fachhochschule für angewandtes
Management, **Ismaning**
www.fham.de

Hochschule für Angewandte
Wissenschaften Europa – **Iserlohn
Berlin Hamburg**
www.bits-hochschule.de

Naturwissenschaftlich-Technische Akademie Prof. Dr. Grübler gGmbH, **Isny im Allgäu**, Fachhochschule und Berufskolleg
www.nta-isny.de

Rheinische Fachhochschule **Köln**
www.rfh-koeln.de

Graduate School of Management **Leipzig (HHL)**
www.hhl.de

Hochschule für Telekommunikation **Leipzig**
www.hft-leipzig.de

Medizinische Hochschule Brandenburg Theodor Fontane, **Neuruppin**
www.mhb-fontane.de

Fachhochschule der Wirtschaft (FHDW), **Paderborn (Bielefeld, Bergisch Gladbach, Mettmann, Marburg)**
www.fhdw.de

Freie Hochschule **Stuttgart** – Seminar für Waldorfpädagogik
www.freie-hochschule-stuttgart.de

WHU – Otto Beisheim School of Management, **Vallendar**
www.whu.edu

Staatlich anerkannte Fachhochschule **Wedel**
www.fh-wedel.de

Universität für Wirtschaft und Recht (EBS), **Wiesbaden**
www.ebs.edu

Universität **Witten / Herdecke**
www.uni-wh.de

Wichtige Literatur und Websites

Literatur

- Angela Verse-Herrmann, Dieter Herrmann, *1000 Wege nach dem Abitur. So entscheide ich mich richtig*, 2016
- Angela Verse-Herrmann, Dieter Herrmann, *Der große Studienwahltest. So entscheide ich mich für das richtige Studienfach*, 2015
- Angela Verse-Herrmann, Dieter Herrmann, Joachim Edler, *Der große Berufswahltest. So entscheide ich mich richtig*, 2018
- Angela Verse-Herrmann, Dieter Herrmann, *Erfolgreich bewerben an Hochschulen. So bekommen Sie Ihren Wunschstudienplatz*, 2014
- *Studienwahl 2018/2019*, hrsg. von der Stiftung für Hochschulzulassung und der Bundesagentur für Arbeit, 2018 (wird in den Schulen kostenfrei an Schüler der Oberstufe abgegeben)

Websites

- *www.ausbildungplus.de*
  Recherche nach Lehrstellen mit Zusatzqualifikationen, etwa Fremdsprachenkursen, und nach dualen Studienangeboten
- *www.studienwahl.de*
  Informationen rund um das Studium in Deutschland; sehr nützlich ist die Datenbank der Studiengänge, mit der nach Studiengängen bundesweit, auch dualen und internationalen, recherchiert werden kann. Sehen Sie hierzu unter *www.studienwahl.de/de/studieren/finder.htm*
- *www.hochschulkompass.de*
  Informationen zu den über 300 in der Hochschulrektorenkonferenz zusammengeschlossenen Mitgliedshochschulen in Deutschland; auch hier wird eine Datenbank der Studiengänge angeboten.
- *www.studentenwerke.de*
  Recherche nach dem Angebot des Studentenwerks am gewünschten Hochschulort, etwa nach Wohnheimzimmern und dem BAföG-Amt, enthält auch umfassende Informationen zum BAföG.

- *www.stipendiumplus.de*
  Website der 13 Begabtenförderungswerke
- *www.stipendienlotse.de und www.mystipendium.de*
  Datenbanken mit vielfältigen Stipendienmöglichkeiten
- *www.deutschlandstipendium.de*
  Informationen zum Deutschlandstipendium

Glossar

Akademisches Auslandsamt

An jeder Hochschule eingerichtetes Referat, das die deutschen Studierenden über das Auslandsstudium berät und zugleich ausländische Studierende über das Studium in Deutschland.

Alma mater (lateinisch »Nährende Mutter«)

Bezeichnung für eine Universität

Bachelorstudiengang

Er soll die fachlichen und methodischen Grundlagen eines Faches und berufsfeldbezogene Qualifikationen vermitteln. Eine Spezialisierung ist vor allem in den letzten zwei oder drei Semestern des Studiums vorgesehen. Kennzeichen sind die Unterteilung in *Module* und die kontinuierliche Bewertung der Studienleistungen mit *Leistungspunkten / Credit Points*.

Dauer: An Universitäten und Technischen Universitäten in der Regel 3 Jahre, an Fachhochschulen 3 oder 3,5 Jahre. Abhängig vom Studienfach werden die akademischen Grade Bachelor of Arts (abgekürzt B.A.), Bachelor of Science (B.Sc.), Bachelor of Engineering (B.Eng.), Bachelor of Education (B.Ed.) u.a. vergeben.

BAföG (Abkürzung von »Bundesausbildungsförderungsgesetz«)

Gesetz, das die finanzielle Unterstützung von Studierenden während des Studiums ermöglicht. Siehe hierzu ausführlich ab S.166.

BAföG-Amt

Abteilung des Studentenwerks, die rund um das Thema BAföG berät und bei der man auch schon vor dem Studium in Erfahrung bringen kann, ob man die Voraussetzungen für BAföG erfüllt.

c.t. (Abkürzung vom lateinischen »cum tempore«)

Weist auf die »akademische Viertelstunde« hin. Steht hinter dem Termin einer Lehrveranstaltung *c.t.*, heißt dies, dass die Lehrveranstaltung eine Viertelstunde später als im Vorlesungsverzeichnis angegeben beginnt. Bei dem Hinweis *s.t.* (lateinisch: »sine tempore«) beginnt die Lehrveranstaltung pünktlich zur angegebenen Zeit.

Deutscher Akademischer Austauschdienst (DAAD)

Staatliche Einrichtung mit Sitz in Bonn zur Förderung des internationalen Austausches von Studierenden und Wissenschaftlern. Über die vom DAAD vergebenen Stipendien informiert an jeder Hochschule das *Akademische Auslandsamt*.

European Credit Transfer System (ECTS)

Leistungspunktesystem, das die Studienleistungen in Europa vergleichbar machen soll. Studierende in Bachelor- und Masterstudiengänge erhalten nach diesem System für ihre Studienleistungen kontinuierlich sogenannte *Leistungspunkte*, vielfach wird hierfür auch der englische Begriff *Credit Points* verwendet.

Exmatrikulation

Ausschreibung von der Hochschule

hochschulstart.de

Eigentlich »Stiftung für Hochschulzulassung«, die sich nach ihrer Internetpräsenz *www.hochschulstart.de* benennt. Sie ist hervorgegangen aus der ZVS (Zentralstelle für die Vergabe von Studienplätzen). Die Bewerbung für die Studienfächer Medizin, Zahnmedizin, Tiermedizin und Pharmazie führt ausschließlich über *hochschulstart.de*.

Auch ist *hochschulstart.de* im sogenannten *Dialogorientierten Serviceverfahren* an der Auswahl der Studierenden für mehrere hundert örtlich zulassungsbeschränkte Studiengänge Studiengänge aller Fächergruppen beteiligt.

Immatrikulation

Einschreibung an der Hochschule

International Office

s. „Akademisches Auslandsamt".

Leistungspunkte / Credit Points

Die in Bachelor- und Masterstudiengängen erbrachten Studienleistungen werden kontinuierlich mit Leistungspunkten bewertet. Für den Abschluss eines Bachelorstudiums sind mindestens 180 und maximal 240 Leistungspunkte vorgesehen, für ein Masterstudium weitere 90 oder 120 Punkte. Ein Leistungspunkt entspricht dabei 30 Stunden Arbeit, wobei der Besuch von Lehrveranstaltungen, häusliche Arbeit und Praktika eingerechnet werden. Für ein Semester werden 30 Leistungspunkte veranschlagt. Masterabsolventen haben somit in der Regel nach fünf Jahren Studium 300 Leistungspunkte vorzuweisen.

Masterstudiengang

Er kann nach Abschluss eines Bachelorstudiengangs belegt werden. Man unterscheidet:

Konsekutive Masterstudiengänge, die eine inhaltliche Vertiefung des vorangegangenen Bachelorstudiengangs darstellen;

Nichtkonsekutive Masterstudiengänge, die das Studium in einem inhaltlich angrenzenden oder in einem interdisziplinär angelegten Masterstudiengang weiterführen;

Weiterbildende Masterstudiengänge, die sich an bereits Berufstätige richten und in der Regel Berufspraxis als Zulassungsvoraussetzung haben.
Dauer: An Universitäten und Technischen Universitäten in der Regel zwei Jahre, an Fachhochschulen 1,5 oder 2 Jahre. Abhängig vom Studienfach werden die akademischen Grade Master of Arts (abgekürzt M.A.), Master of Science (M.Sc.), Master of Engineering (M.Eng.), Master of Education (M.Ed.) u. a. vergeben.

Module
Sind Kennzeichen von Bachelor- und Masterstudiengängen. Man versteht darunter mehrere zu einem Oberthema angebotene Lehrveranstaltungen (Vorlesung, Seminar, Übung, Exkursion, Praktikum). Erst wenn alle Einzelveranstaltungen erfolgreich abgeschlossen sind, hat man auch das Modul abgeschlossen. Da die zu einem Modul gehörenden Lehrveranstaltungen oft nicht alle in einem Semester angeboten werden, erstreckt sich der erfolgreiche Abschluss eines Moduls meistens über zwei, zuweilen auch über drei Semester.

Modulhandbuch / Studienordnung / Prüfungsordnung
Das Modulhandbuch legt in Bachelor- und Masterstudiengängen, die Studien- und Prüfungsordnung in Staatsexamensstudiengängen fest, welche Lehrveranstaltungen in welchem Umfang und in welcher Reihenfolge besucht und mit welchem Nachweis (Teilnahme, Klausur, Mündliche Prüfung, Referat, Protokoll u. a.) abgeschlossen werden. Entweder ist das Modulhandbuch bzw. die Studien- und Prüfungsordnung auf der Homepage der Hochschule eingestellt oder in der Zentralen Studienberatung erhältlich.

Numerus clausus (lateinisch »geschlossene/begrenzte Zahl«) / NC
Zulassungsbeschränkung für einen Studiengang

Sozialbeitrag / Semesterbeitrag
Ist von allen Studierenden für jedes Semester zu entrichten und wird verwendet für die studentische Selbstverwaltung, das Studentenwerk und die studentische Unfallversicherung. Höhe: An manchen Hochschulen bis zu 200 – 250 Euro, weil gleichzeitig das Geld für die Nutzung der Verkehrsbetriebe (Busse, Bahn, Straßenbahn …) eingezogen wird. Diese können dann von den Studierenden unter Vorlage des Studentenausweises ohne weitere Kosten genutzt werden. Man spricht in diesem Fall häufig auch vom Studenten-Ticket oder Studi-Ticket.

Staatsexamensstudiengang
Staatsexamensstudiengänge werden für Medizin, Zahnmedizin, Tiermedizin, Pharmazie, Lebensmittelchemie, Rechtswissenschaft und einige Lehramtsstudiengänge angeboten. Modulstruktur und studienbegleitende Vergabe von *Leistungspunkten* für erbrachte Studienleistungen sind hier nicht vorgesehen.

Die Studiengänge enden mit zentralen Abschlussprüfungen am Ende des Studiums. Die Studienzeit ist abhängig vom jeweiligen Fach: von etwa vier Jahren (Pharmazie) bis sechs- oder sechseinhalb (Humanmedizin).

Studentenwerke

Sie sind für alle sozialen Belange der Studierenden zuständig. Zu ihren wichtigsten Aufgaben gehört die Vergabe von eigenen Wohnheimzimmern am jeweiligen Hochschulort und die Vermittlung von Zimmern und Wohnungen auf dem freien Wohnungsmarkt. Sie unterhalten Mensen und Cafeterien und betreuen und beraten besondere Gruppen, etwa Studierende mit Kindern und behinderte Studierende. Zudem ist in den Studentenwerken das Amt für Ausbildungsförderung, auch BAföG-Amt genannt, angesiedelt, wo man sich auch schon vor dem Studium informieren kann, ob der eigene BAföG-Antrag Chancen auf Erfolg hat.

Studium generale

Lehrveranstaltungen zu allgemeinbildenden Themen, die allen Studierenden einer Hochschule offenstehen.

Vorlesungsverzeichnis

Zu jedem Semester herausgegebener Überblick über die angebotenen Lehrveranstaltungen einer Hochschule. Zu jeder Lehrveranstaltung werden die zentralen Informationen vermerkt: Dozent/-in, Thema, Zeitpunkt, Dauer, Raum. In der Regel ist das Vorlesungsverzeichnis auf der Hochschul-Homepage eingestellt.

Erfolgreich ins Studium

Erfolgreich durchs Studium

Erfolgreich in den Beruf

Individuelle Studien- und Berufsberatung durch

Dr. Angela Verse-Herrmann

Autorin der Standardwerke
»Studieren, aber was?«, »Erfolgreich bewerben an
Hochschulen« und »Der große Studienwahltest«

Mögliche Beratungsthemen:

· Die richtige Fächerwahl
· Uni- oder FH-Studium?
· Der optimale Studienort
· Bewerbung um den Studienplatz und
  Hochschulauswahlverfahren
· Studienfinanzierung
· Auslandsstudium

Weitere Informationen:

St.-Gereon-Straße 28
55299 Nackenheim
Tel. 0 61 35 / 95 00 67
Fax 0 61 35 / 95 17 02
E-Mail: info@bw-dienste.de
Homepage: www.bw-dienste.de

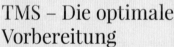